SEMPRE
Avanti!

CIS Educational

CIS Educational
245 Cardigan Street
Carlton Victoria Australia 3053
Telephone (03) 347 9144
Fax (03) 347 0175

© CIS Educational 1986

All rights reserved
No part of this publication may be reproduced in any
form by photocopier, tape recorder or other means
without permission in writing from the publisher

First published as a book in 1986
Reprinted 1986, 1987, 1988, 1990

Designed by Mimmo Cozzolino with the assistance of
Rosanna Di Risio, Shane Nagle, Neil Curtis, Megan Stone,
Elio Guarnuccio and Michael Sedunary
Illustrated by Neil Curtis
Additional illustrations by Gaston Vanzet
Photography by Mimmo Cozzolino and Elio Guarnuccio
Radio producer: Elizabeth Woods

Typeset in Trade Gothic by Leader Composition Pty Ltd and
A. G. Markby - The Typesetting Studio Pty. Ltd. Melbourne

Printed in Singapore by Toppan Printing Co. (S) Pte. Ltd.
Colour separations by Image Scan, Collingwood, Victoria

National Library of Australia Cataloguing-in-Publication data

Guarnuccio, Elio.
Sempre Avanti! A fun-filled comprehensive Italian course.
Includes index.

ISBN 0 949919 05 5.

1. Italian language - Compostition and exercises.
I. Sedunary, Michael, II. Curtis, Neil. III. Title.

458.2'421

SEMPRE AVANTI!

A FUN-FILLED COMPREHENSIVE ITALIAN COURSE

ELIO GUARNUCCIO AND MICHAEL SEDUNARY

DESIGNED BY MIMMO COZZOLINO

ILLUSTRATED BY NEIL CURTIS

CIS EDUCATIONAL

RADIO PRODUCER: ELIZABETH WOODS

SEMPRE AVANTI! WAS PRODUCED FOR RADIO BY ABC EDUCATION WITH THE TITLE OF "AVANTI! SERIES 2".

TWO CASSETTE KITS CONTAINING ALL THE RADIO PROGRAMS PLUS THE SPEAKING AND LISTENING EXERCISES ARE AVAILABLE FROM CIS EDUCATIONAL BOOKSHOP (MELBOURNE) OR THE ABC IN YOUR STATE

CONTENTS

INDEX: GRAMMAR AND VOCABULARY			**9**
INTRODUCTION			**10**
ACKNOWLEDGEMENTS			**12**

CAPITOLO UNO: ALL'AEROPORTO — 13

Communicative Tasks	Situations and Vocabulary groups	Cultural background	Grammar
Greetings. Asking and saying how you feel. Asking and telling names. Asking simple questions. Replying in the negative. Expressing agreement. Describing people and things. Borrowing and lending.	All'aeroporto. A scuola. I numeri 1-10. Adjectives.	Viaggio in Italia — images of Italy. Family of languages.	**Essere, avere** — present tense. Nouns, adjectives — singular. Definite article — singular. Indefinite article. **Questo, questa, quest'.** **Molto, troppo, veramente.** **Quasi, così, un po'.** **-issimo, -issima.**

CAPITOLO DUE: LA PARTENZA — 28

Communicative Tasks	Situations and Vocabulary groups	Cultural background	Grammar
Identifying people and making comparisons. Introducing and meeting people. Describing people's appearance. Choosing between the **Lei** and **tu** forms of address. Talking about where you're going.	Abbigliamento. I colori. I numeri 11-20.	**Parliamo con le mani** — communicating through signs and gestures.	Singular present tense of regular verbs. **Andare.** Comparatives — **più**. **Lei** form of address. Subject pronouns.

CAPITOLO TRE: IL TERRORISTA — 41

Communicative Tasks	Situations and Vocabulary groups	Cultural background	Grammar
Asking questions — where, when, what, who. Quarrelling. Understanding classroom commands. Giving excuses.	Le nazioni, le lingue e le nazionalità. Insulti.	**Paese che vai, usanza che trovi** — Italian social customs through the eyes of a young Australian.	Plural of nouns and adjectives. Plural of definite article. Present tense of regular verbs, singular and plural. **Voi** imperative. Expressions with **avere**.

CAPITOLO QUATTRO: L'INTERVISTA — 51

Communicative Tasks	Situations and Vocabulary groups	Cultural background	Grammar
Changing from **Lei** to **tu**. More about asking and answering questions. Describing the weather.	Il tempo. Le stagioni. I numeri 11-50. Giocare/praticare gli sport.	**Gli italiani amano lo sport** — is soccer the only sport Italians play?	**-ire** verbs with **-isc-**. Simple use of **che**. **C'è, ci sono.** **Fare, avere, essere** + **caldo, freddo**.

Canzone: La Ballata di Gino Zappalà, pagina 60.

CONTENTS

CAPITOLO CINQUE: I MOTORINI — 63

Communicative Tasks	Situations and Vocabulary groups	Cultural background	Grammar
Saying what you've done. Suggesting things to do. Expressing likes, dislikes and preferences. Asking and telling the day and date. Saying what you want to do. Saying what you can do.	**La settimana.** **I mesi.** **Automobilismo.**	**Motorini e macchine** — young Italians on wheels.	**Volere, potere** — singular, present tense. **Vorrei.** Perfect tense of **-are, -ire** verbs. **Mi/ti piace.** **Bisogna, basta** + infinitive.

CAPITOLO SEI: LA GITA TURISTICA — 75

Communicative Tasks	Situations and Vocabulary groups	Cultural background	Grammar
Asking and giving directions. Wishing people well. Checking that it's alright to do something. Buying a city map or guide.	**La moneta italiana.** **I numeri ordinali.** **Posti da visitare in e fuori città.**	**Roma** — a light-hearted look at the eternal city.	**Volere, potere** — singular and plural. **Piace/piacciono.** **A** + definite article. Impersonal **si**. Forms of **santo, buono**. Some irregular nouns.

CAPITOLO SETTE: COSA DICIAMO? — 88

Communicative Tasks	Situations and Vocabulary groups	Cultural background	Grammar
Expressing obligation. Using the 24 hour clock. Inviting and arranging to go out. Accepting and declining invitations. Asking for further explanation. Asking and answering how you say . . .	**I mestieri.**	**Negozi e alberghi** — where to go for what you want.	**Dovere**. Irregular verbs — **sapere, dire, fare**. Past participles of **-ere** verbs. **Sapere** and **conoscere**. **Cercare di** — to try to. Suffixes.
	Canzone: I Mestieri, pagina 93.		

CAPITOLO OTTO: ALLA TRATTORIA — 101

Communicative Tasks	Situations and Vocabulary groups	Cultural background	Grammar
Ordering food at a restaurant. Um-ing and er-ing. Letter writing.	**Il menù.** **Scrivere una lettera.** **Giorno/giornata.** **Dove, quando, cosa mangiare.** **Dal fruttivendolo.**	**Al ristorante.** **La pasta.** Use of titles — **dottore, ingegnere**, etc. **Una gita a Capri.**	Irregular verbs — **bere, venire**. **Da** articulated. Use of the definite article.

CONTENTS

CAPITOLO NOVE: ALLA STAZIONE — 120

Communicative Tasks	Situations and Vocabulary groups	Cultural background	Grammar
Convincing and persuading. Making excuses. Buying a snack. Getting information and buying tickets.	**Al bar.** **Al generi alimentari.** **Alla stazione.** **Fare** expressions.	**I treni italiani** — everything you always wanted to know about rail transport in Italy but were too afraid to ask.	**Mi, ti, ci, vi** — direct object pronouns. **Eccolo, la, li, le.** **Fare** expressions. Use of **fare** with occupations. Articulated prepositions. Negative expressions. Some irregular plurals. Adverbs.

CAPITOLO DIECI: SUL TRENO — 134

Communicative Tasks	Situations and Vocabulary groups	Cultural background	Grammar
Describing daily routine. Coping with paper work and office procedures. Seeking and giving help on public transport. Expressing capability. Using the telephone.	**All'ufficio postale.** **Al telefono pubblico.** **Alla banca.** **Sull'autobus.**	**La posta e i telefoni** — getting in touch Italian style.	Reflexive verbs. **Sapere** + infinitives. **Come!** Irregular verbs: **salire, uscire.** Polite imperatives with **pure.**

CAPITOLO UNDICI: KEVIN, COSA TI È SUCCESSO? — 146

Communicative Tasks	Situations and Vocabulary groups	Cultural background	Grammar
Discussing trips and outings. Feeling unwell — saying what's wrong with you. How not to chat up girls/boys.	**Il corpo.** **Dal medico.**	**Viaggio in Sicilia** — ferries, watermelons, puppets and the odd Greek temple.	Perfect tense with **essere** — reflexive verbs. Object pronouns **lo, la, li, le.** Irregular verbs — **rimanere, sedersi.** Irregular adverbs. **Fermare, fermarsi** and **smettere di.**

CAPITOLO DODICI: AL MARE — 162

Communicative Tasks	Situations and Vocabulary groups	Cultural background	Grammar
Discussing ownership. Arguing, accusing and defending yourself. Talking about the beach.	**Al mare.** **Permesso.** **Gli animali.**	**L'estate in Italia** — an inside look at the Italian beach scene.	Possessives — singular. Irregular plurals of nouns. **Non . . . mica.** Preposition **da.** More about the **Lei** form.

CONTENTS

CAPITOLO TREDICI: GIORGIO DÀ UNA MANO — 178

Communicative Tasks	Situations and Vocabulary groups	Cultural background	Grammar
Organising a party. Hiring and negotiating a price. Discussing your plans for the weekend.	La famiglia.	**Destinazione Venezia** — a peek at Mrs. Casati's diary. **Il compare e la comare.**	Indirect object pronouns. **Gli/le piace, piacciono.** Possessives with family. **Ce l'ho.**

CAPITOLO QUATTORDICI: LA RIVINCITA DI FAYE — 191

Communicative Tasks	Situations and Vocabulary groups	Cultural background	Grammar
Expressing opinions. Filling out a form. Identifying.	In albergo.	**Vivere a Venezia** — behind the Venetians, how they really live.	Possessives — plural. Ways of saying some. **Quello, bello.** **Dare, dare** expressions. Some irregular nouns. Disjunctive pronouns.
	Canzone: L'inno di Mameli, pagina 197.		

CAPITOLO QUINDICI: LE BELLEZZE DI SIENA — 206

Communicative Tasks	Situations and Vocabulary groups	Cultural background	Grammar
Telling people what to do and what not to do. Making people feel welcome, at home. Encouraging and hurrying people up. Asking and granting permission. Asking and answering how to do something.	La radio e la televisione.	**Facciamo gli sbandieratori** — the flag-throwers from Assisi prepare to do battle with their rivals from Siena.	Imperative — **tu, voi, noi.** Negative imperative. Imperative used with pronouns. Irregular imperatives. Imperatives of reflexive verbs. **Si figuri, s'accomodi . . . Vada, faccia pure!**

CAPITOLO SEDICI: RAGAZZI SCAPPIAMO! — 222

Communicative Tasks	Situations and Vocabulary groups	Cultural background	Grammar
Offering assistance. Inviting people over. Discussing hobbies.	**Proverbi. Passatempi. La musica. Le carte Italiane.**	**La lingua italiana** — are all Italians bilingual?	Agreement of past participle. Relative pronouns: **che, chi, quello che.** **Domandare/dire a . . . di . . .**

CONTENTS

CAPITOLO DICIASSETTE: VALIGIA MIA, DOVE SEI? 237

Communicative Tasks	Situations and Vocabulary groups	Cultural background	Grammar
Expressing dissatisfaction and complaining. Describing past situations.	La moda. La parola jeans.	Milano — un Duomo, una fiera e un paio di jeans.	Imperfect tense — forms and usage. Perfect versus imperfect tense.
	Canzone: Quant'è Bel Viaggiare, pagina 243.		

CAPITOLO DICIOTTO: SIRMIONE E I SUOI RICORDI! 251

Communicative Tasks	Situations and Vocabulary groups	Cultural background	Grammar
Remembering how things used to be. Getting to know someone better. Talking about school.	In una discoteca. La scuola italiana e le materie.	Scuola, siamo sempre là — talking to school students in Italy.	Imperfect — used in reminiscing. **Ci** — there. **Ne** — of it, of them. **Ce n'è, ce ne sono.** **Piacere** — past tenses. Imperfect of **dire** and **fare**. Gerund.

CAPITOLO DICIANNOVE: GLI OROSCOPI NON DICONO BUGIE 264

Communicative Tasks	Situations and Vocabulary groups	Cultural background	Grammar
Speculating about, and making plans for the future.	L'oroscopo. Il tempo — il minuto, l'anno, ecc.	Dei ragazzi sardi — a group of young Sardinians prepare their boat for the America's Cup.	Future tense — forms and usage. Irregular future tenses. Pronoun combinations with **mi, ti, ci, vi**.

CAPITOLO VENTI: È QUESTA LA FINE? 276

Communicative Tasks	Situations and Vocabulary groups	Cultural background	Grammar
More sophisticated ways of getting information. More ways of expressing opinions.	You've had enough haven't you? It's time to do some revision.	Impressioni d'Italia — what the characters will remember most about their trip.	Conditional — forms and usage. Pronoun combinations with **lo, la, li, le**. **La gente/le persone.** Subjunctive — **sia, siano, abbia, abbiano**.

USING THE VOCABULARY 289

VOCABOLARIO: ITALIANO/INGLESE 289

VOCABOLARIO: INGLESE/ITALIANO 297

INDEX

GRAMMAR AND VOCABULARY

a 34
   articulated 78, 91, 100, 107, 133, 138
adjectives 17, 27, 33, 46, 55, 68, 126
adverbs 18, 27, 33, 126, 133, 161
andare 34, 40, 69
animals vocab 168
articles
   definite 17, 27, 50, 55
   indefinite 17, 18, 27
   use of 119
   with prepositions 133
avere 18, 27, 46, 248, 275, 280, 281, 288
   expressions 46, 50, 55
bank vocab 143, 144
bar vocab 127
beach vocab 176
bello 194, 205, 269
bere 119, 152, 161
body vocab 154
buono 79, 87
bus vocab 143, 144
caldo (essere, fare, avere) 59, 62
ce l'ho 184, 187
c'è 55, 62
ce n'è 256, 263
centuries 274
cercare di 100
che 55, 62, 229, 236
chi 167, 227, 236
chiedere a...di 228, 236
ci 255, 263
classroom vocab 20, 48
clothes 39
colours 38
com'è 138, 145
conditional 280, 281, 287
conoscere 100
credo che + subjunctive 281, 288
da articulated 107, 119, 133, 138
   usage 177
dare + expressions 205
dates + days 72, 73
di articulated 125, 133
dire 92, 100, 263
directions 78, 80
domandare a...di 228
dovere 91, 92, 100, 106, 280
eccolo 125, 133, 138
essere 17, 18, 46, 55, 248, 275, 280, 281, 288
family vocab 184
fare 92, 100, 263. expressions 126
   with occupations 125, 132, 133

fashion vocab 250
feeling unwell 154
fermare 161
filling in forms 203
films 234
food 107, 108, 111
freddo (essere, avere, fare) 59, 62
fruit 111
future tense 268, 275
gente 288
gerund 256, 263
hobbies 229
horoscopes 273
hotel accommodation 203
imperatives 45, 50, 145, 212, 213, 221, 228, 242, 281
imperfect tense 241, 242, 248, 249, 256, 263
impersonal **si** 79
in 34
   articulated 125, 133, 138
infinitive, use of 45, 67, 69, 72, 73, 139, 145
insults 49
-issimo 18, 27
languages 49
letter writing 110
mica 167, 177
molto 18, 27
motoring 74
nations + nationality 49
ne 255, 263
negation 17, 18, 33
nessuno (subject) 125, 133
nouns
   endings 27, 46, 50, 55
   irregular 133, 167, 177, 205
numbers 20, 38, 55, 124
occupations 92, 94, 107, 133, 167
partitive 194, 195, 204
penso che + subjunctive 281, 288
perfect tense 68, 69, 73, 79, 91, 100, 107, 150, 151, 160, 161, 167, 213, 255
   agreement of past participle 227, 236, 242
   irregular past participles 100, 107, 168, 227, 236
   versus imperfect 249
piacere 69, 72, 73, 79, 107, 167, 183, 184, 187, 256, 263

più comparatives 33, 40
places 82, 92
polite form 34, 40, 46, 54, 62, 177, 183
possessives 166, 167, 168, 177
   with family 183, 187, 194, 204
post office vocab 143, 144
potere 67, 68, 73, 79, 106, 139, 280
preferire 69, 72
prego 94
present tense 34, 40, 45, 46, 50, 62, 67, 78, 106
pronouns
   gli, le 182, 183
   lo, la, li, le 151, 161, 167, 182
   mi, ti, ci vi 124, 125, 133, 137, 182
   chart 187
   combination 269, 275, 280, 281, 288
   disjunctive 195, 205
   reflexive 145
   subject 40
proverbs 236
pure 145
quello 33, 194, 205, 269
quello che 228, 236
questions 17, 27
question words 45, 67
questo 17, 18, 27, 152
radio + TV vocab 220
reflexive verbs 137, 138, 145
restaurant vocab 108, 112
rimanere 152, 161
salire 139, 145
santo 79, 87
sapere 92, 138, 139
   usage 100
school vocab 20
   subjects 262
sedersi 161
sport vocab 62
smettere di 161
stare (+ expressions) 221
   with gerund 256
su articulated 125, 133, 138
suffixes 100
telephone vocab 144
time 91, 92, 93, 98, 138, 274
titles 107, 113
un po' 18
uscire 139, 145
venire 106, 119
volere 67, 68, 73, 79, 106, 280
weather 55, 58, 61

INTRODUCTION

Elio and Michael researching **Sempre Avanti!** in Italy

☼ As the title suggests, **Sempre Avanti!** is directed primarily at the young graduates of the **Avanti!** course. A quick glance at the comic strips will show that the characters have done some growing up and are ready to meet the more sophisticated tastes and interests of Intermediate level students.

☼ Since no previous knowledge of Italian is assumed, **Sempre Avanti!** would also be the ideal beginning text for students embarking on their Italian study at years 8, 9 and 10 levels. The topics treated and the pace of progress through the language also make **Sempre Avanti!** particularly suitable as an adult text.

☼ The cartoons, photographic pages, cultural units and the language used are all designed to put students in touch with today's Italy. In **Sempre Avanti!** you will encounter people who speak a modern, conversational Italian, laced with colourful colloquial expressions, against an authentic Italian backdrop. A young **sbandieratore** lounging at a cafe table in the **Campo** in Siena roars with laughter at a mistake made by Laura: **Che cavolo hai detto?**

☼ The comprehensive, communicative method used in **Avanti!** is extended in **Sempre Avanti!** Most of the language presented is functional, enabling students to handle competently the demands of everyday situations. The notional understanding of the language is supported by a carefully designed grammatical structure reinforced by numerous speaking and writing exercises.

The Cartoon Strip pages

☼ In each chapter life begins with the deeds and misdeeds of the infamous gang of six who have agreed to escort their teacher, Mrs. Casati, on a four month tour of Italy. They offer a refreshing look at life **all'italiana** through the eyes of young Australians. These cartoon pages are the uniting point in each chapter: through them the reader is immersed in the culture, vocabulary and grammar which is then "combed out" in subsequent sections.

☼ Each cartoon strip is most effectively introduced in conjunction with the tape of the appropriate program from the second series of the **Avanti! broadcasts on ABC Radio**. The combination of drawings, voice inflections and sound effects is designed to promote ready understanding of the text. The "paused" version of the script is provided to give students the opportunity to imitate not only the correct sounds but also the sort of intonation that will make their Italian more expressive.

☼ It is strongly recommended that after students have enjoyed a cartoon script as a whole that it be broken into small sub-scenes of manageable length. By acting these out, students will begin to absorb the language patterns or structures that are being taught in the chapter.

From Parliamo to Conversiamo

☼ The **Parliamo** exercises employ audio-lingual techniques to bring into sharper focus a particular language point. The repetition drills enable students to hear themselves using key structures. Although these exercises are intended primarily as speaking exercises, some students will find it very useful to prepare for them by writing in their responses.

☼ It is strongly recommended that **Parliamo** exercises be given some sort of realistic context, i.e. that students be told where and when they might be called on to say that sort of thing. The use of simple props and realia add to the realistic feel of an exercise. The worst possible method would be to set aside one lesson to "do" all of the **Parliamo** exercises in one chapter and to march relentlessly from exercise A to exercise Z. There is scope for presenting these exercises in a number of different and imaginative ways.

☼ In the first phase of the **Conversiamo** exercises students have to perform a brief communicative task in the form of a simple conversation. The elements of language are provided; it is up to students to combine them appropriately and intelligently.

☼ In the second phase the exercises are far less structured. A situation is suggested and students are expected to produce language they have acquired that is appropriate to that situation. As students grow in confidence and competence, the amount of preparation for these exercises can be decreased. Teachers should feel free to make up situations of their own and students should be encouraged to improvise with language of their own.

☼ In short, the progress from **Parliamo** to **Conversiamo** is intended to be from carefully structured to freely composed spoken Italian.

The Cultural Units — L'Italia Oggi

☼ The aim of the **Cultural Units** is to introduce students to aspects of life in contemporary Italy. In the selection of photographs to be used, preference was given to those shots that show Italians going about their daily lives rather than those that are purely scenic or monumental.

INTRODUCTION

○ The language used in these units sometimes goes beyond that which has been "officially" acquired by the students. The intention is to extend reading skills such as comprehension through context. Footnotes are provided to help with particularly difficult expressions.

○ While the focus is on the lifestyle of fourteen to sixteen-year-olds, the needs of the potential tourist have not been neglected. Information and language skills necessary for coping with public transport, accommodation and eating out are all provided.

Riassunto di Grammatica

○ As with **Avanti!** the formal treatment of grammar is held off until the end of each chapter. An understanding of how the language works is a point of arrival, growing out of the experience of language situations within the chapter.

○ The treatment of grammar is intended to match the functional, modern style of Italian language presented in the text. For example, **mi/ti piace, vorrei** and polite imperatives such as **dica** are not banished to the "advanced" chapters but kept "up front" as part of everyday situations. Some teachers may be surprised to see that the passato remoto is not dealt with whereas the subjunctive is touched on briefly to enable students to say things like, **Credo che sia un po' stanco.** The passato remoto is not part of mainstream conversational Italian: the expression of opinion is.

○ Where appropriate, the grammar explanations contained in the text are amplified in the accompanying **Workbooks.** The Workbooks also contain a number of written exercises to give practice in and reinforcement of grammar points treated in the chapter.

Parole Nuove

○ To veterans of the **Avanti!** course the **parole** introduced in the early chapters of **Sempre Avanti!** are not necessarily **nuove.** What may appear to be an avalanche of vocabulary in the early chapters should not be as intimidating as it might at first appear.

○ The aim has been to provide students and teachers with comprehensive word lists to do away with the necessity of finding vocabulary books to supplement the main text. As well as lists necessary for the comprehension of the cartoon scripts there are lists arranged according to topics such as **Alla stazione, In banca, Al ristorante,** etc.

○ The use of vocabulary lists will be a matter for the teacher to decide. It may be wise to select the most valuable words for underlining and learning by heart, leaving the remainder available for reference, or for mastery at a later date.

○ The vocabularies at the end of the book are extensive and should provide a valuable resource for students, as well as practice in dictionary skills.

THE TWO WORKBOOKS

○ The Workbooks provide numerous exercises and activities which provide extensive practice in writing Italian. The exercises vary in degree of difficulty, as indicated by the **star symbols** ★ at the head of each one. If you can do a one star exercise, you're a star; two stars, you're a superstar; three stars, you're a megastar!

○ Where the grammar has been treated schematically in the text, the explanations in the Workbooks are more discursive, sometimes requiring the students to answer questions about the way the language works. The grammar exercises deal separately with the various topics treated and then with the language content of the chapter as a whole.

○ The **Ascoltiamo** section provides a variety of exercises in listening comprehension for which students will need the appropriate **ABC cassette.** Some of these are dictation-style exercises, requiring students to reproduce in writing what they have heard on the tape.

○ The **Culture Units** in the text are used for various exercises in reading comprehension and even some translation into English. As well as improving reading skills these exercises also ensure that the content of the Culture Units are not glossed over too superficially.

○ In each chapter there are ideas for writing tasks which will give students some practice in Italian composition. These tasks include letters, postcards, notices and invitations as well as the more traditional compositions.

○ The Workbooks also contain crosswords, forms to be filled in, facsimiles of "realia" such as tickets, cartoons, and a variety of activities to reinforce the language content in an enjoyable way.

THE ABC CASSETTES

○ The ABC cassette kits contain 2 types of recordings:
a) the programs as broadcast on ABC Radio.
b) the **Parliamo** and **Ascoltiamo** exercises with all the appropriate pauses.

○ The radio programs are of approximately fifteen minutes duration and contain an enactment of the cartoon story, followed by the same story with pauses for pronunciation practice. Four of these programs contain the songs printed in the **Sempre Avanti!** text.

○ People in schools are encouraged to make copies of these tapes and to set up a lending system so that they become readily available to students for private use.

Spot the differences... and win prizes!!

○ Neil Curtis, who illustrated the cartoon pages of **Sempre Avanti!**, is fed up with everyone taking his drawings for granted and has come up with a scheme to keep us on our toes. Every so often he has deliberately drawn a picture that doesn't quite match what is said in the text or what happens in the radio program. Look at Angela's skirt in Chapter One, for example. It looks suspiciously like a pair of slacks, doesn't it? And what about Dario's silver earring?

○ So that we will keep looking closely at the drawings, Neil has sprinkled these inconsistencies throughout the book. It's up to you to spot them and make a note of them. When your class has drawn up its list in Italian, send it in to CIS Educational and become eligible for prizes such as books, games, puzzles, posters and Avanti! stickers. Prizes are awarded at the end of each school year.

Buone investigazioni!
Elio Guarnuccio and Michael Sedunary.

ACKNOWLEDGEMENTS

Students in Perugia: Grazia Susta, Fabio Menconi and Barbara Pilati

We wish to express our gratitude to the following people in Italy who assisted us in the preparation of this course.

★The young people in Italy, some of whom are pictured in this book, who cooperated so willingly and gave of their time:
in Perugia: the students from the Liceo Linguistico Pietro Vannucci, in particular Fabio, Isabella, Grazia, Barbara, Alessandra and Gianmarco;
in Venice; the students from the Liceo Classico Marco Polo, in particular Chiara Vaccari, Luisa Carleschi, Federico Toso, Erika Rasador, Stephan Frassoni, Lorenzo Fort, Federico Guerriero and Lorenzo Calasanti;
in Lonato: the students from the Istituto Tecnico;
in Castiglione delle Stiviere: the students from the Scuola Alberghiera;
in Assisi: the Sbandieratori;
in Arzachena: Antonio Fresi, Maria Caterina Ragnedda, Katharine Gasparini and Margherita Fresi;
in Capri: Ciro Autiero and Angela Sannino.

★The headmasters and teachers of the schools we visited who were always so friendly and welcoming, and all other people who extended their hospitality to us:
in Sicily: Stefano and Maria Tomasi, Salvatore Tomasi, Santa Brullo, Giuseppina, Emanuele and Sandra Guarnuccio;
in Liguria: Alfonso, Rosemary, Patrizia and Loredana Sannino;
in Abruzzo: Amalia Cianchetta, Armando Cianchetta, Eugenio and Irma Mininni;
in Verona: Bruno and Masina Donini;
in Campania: Carmela, Gennaro, Ciro and Giuseppina Sannino;
in Umbria: Paolo and Antonella Dominici. The videos and interviews were made with the technical expertise and hard work of Paolo Dominici;
in Friuli: Speranza Trivelli;
in Sardinia: Francesca, Giovanna, Anita, Antonia and Pasqualina Degosciu and Maria and Nicola Scognamiglio;
in Lombardia: Franco, Rosetta and Marco Guarnuccio.

We acknowledge the contribution of the following:
★**Word processing:** Christina Jancar. **Typing:** Lorraine Posar, Bianca Guarnuccio. **Proofreading:** Manuela Cipriani, Sue Romanin, Bianca Guarnuccio, Adua Paciocco, Danielle Rossi. **Extra photographs:** Michael Sedunary, Arthur D'Aprano. **Typesetting:** Tom Riddell and the staff at Leader Composition.
★Thanks also to the staff and students of St. Bede's College, Mentone, and Padua College, Mornington, for their patience and support.
★Finally we recognise that **Sempre Avanti!** would never have been completed without the constant encouragement, patience and support of Bianca Guarnuccio and Maree Sedunary.

★ **ABC Radio Programs.**
Producer: Elizabeth Woods. **Presenter:** Barbara Horn. **Italian Speakers:** Lidia Arvanitakis, Gianna Bruno, Manuela Cipriani, Adriana Frosi, Anna Fusella, Piero Genovesi, Jo Ghiocas, Bianca Guarnuccio, Claudio Guarnuccio, Elio Guarnuccio, Laura Lattuada, Mimmo Mangione, Imma Pellone, Rino Pellone, Antonio Verrocchi. **Musicians:** Manuela Cipriani, Tony Cursio, Paolo Dominici, Ross Inglis, Diana Mastramico, Lorraine Milne (original score and arrangements), Peter Novakovic.

CAPITOLO UNO
ALL'AEROPORTO

Siamo a Tullamarine, l'aeroporto di Melbourne.

Attenzione! Alitalia volo AZ1761 per Roma via Singapore e Bombay. L'aereo è quasi pronto per la partenza. Avete solo venti minuti!

Presto, mamma, abbiamo solo venti minuti.

Ma, Angelina cara, sei sicura che hai tutto?

Mamma, non sono una bambina. Sì, ho tutto, sono sicura. Questo zaino è pieno. Guarda! È pienissimo!

Sì, è pienissimo, ma … Presto! Apri lo zaino!

Mammaaa!!!! Sei veramente antipatica.

— Ma Angelina, dov'è il pullover giallo? Non c'è!!
— Ma ho il golfino rosso. Presto mamma, siamo in ritardo.

— E questa gonna lunga con lo spacco??
— Mamma, a Roma ho bisogno di un vestito di moda. Non sono una bambina.

— Buongiorno, signora. Ciao, Angela. Tutto pronto?
— Buongiorno, Dario. Ma Dario, sei così differente! Sei più alto, sei più magro. E questo, che cos'è?

— Un orecchino, signora. È argento puro.
— Mamma, sei così antiquata. Dario è simpatico e non è molto magro.
— Un ragazzo con un orecchino??? Aaa, la gioventù di oggi!

Ho bisogno di un giornale o una rivista per il volo. C'è un giornalaio qui?

Scusa dov'è il... Dopo l'edicola?

Sì, dopo l'edicola.

Grazie, sono un po' nervoso.

Uffa! Questa valigia è veramente pesante. Ho bisogno di aiuto. Angela, aiuto!!

Giorgio, sta' zitto. Macchè, non sei forte?

Sono forte, sì, ma sono anche stanco.

Giorgio, sei così pigro.

SCALA MOBILE ⬇

No, non sono pigro. È la valigia. È pesantissima! Tu non hai una valigia così pesante.

Che disastro!

Giorgio, ma sei scemo! È ridicolo. Non hai bisogno di tutto questo. L'Italia è famosa per la pasta.

Ma con tutto questo sono più sicuro. Con lo stomaco pieno sono contento. Quando ho lo stomaco vuoto sono antipatico. E se durante il volo ho fame...

Ma sei impossibile!

Io ho tutta la roba in questa valigia.

Oh, Kevin, sei così bravo, così intelligente. Guarda, Giorgio, Kevin ha tutto in questa valigia piccolissima.

Tutta la roba in una valigia così piccola? Impossibile!!

È forte, no? Così leggera, così comoda, così compatta.

Che barba! Sei veramente antipatico!

DOMANDE SUL FUMETTO

Answer in Italian these questions based on the cartoon script. Begin your sentence with either **sì** or **no**.

Modello:
Angela è una bambina?   **No, non è una bambina.**
La mamma di Angela è antiquata? **Sì, è antiquata.**

1. Angela ha tutto?...................................
2. Lo zaino è pieno?..................................
3. Angela ha il pullover giallo?........................
4. Dario è più alto?...................................
5. Ha un orecchino?..................................
6. È magro?..
7. È un po' nervoso?.................................
8. Giorgio è forte?...................................
9. È simpatico quando ha lo stomaco vuoto?.........
10. Kevin ha la roba in uno zaino?....................

PARLIAMO

A. Questo, questa, quest', un, una, un', uno

Questo ragazzo è stanco.	Sì, è **un** ragazzo veramente stanco.
Questa valigia è compatta.	Sì, è **una** valigia ....
Quest' aeroporto è antiquato.	Sì, è **un** aeroporto ....
Questa ragazza è antipatica.	Sì, è ....
Quest'aula è brutta.	Sì, ...
Questa zia è impossibile.	....
Questo zio è simpatico.	....
Questa ragazza è magra.	....

Come on now! Aren't you supposed to be strong?

B. *Adjectives* + sei, sono

Macchè, non **sei** forte?	**Sono** forte, sì, ma **sono** anche intelligente.
Macchè, non **sei** forte?	.... sì, ma **sono** anche pigro/a.
Macchè, non **sei** forte?	.... **sono** anche stanco/a.
Macchè, non **sei** forte?	.... anche nervoso/a.
Macchè, non **sei** forte?	.... elegante.
Macchè, non **sei** forte?	.... magro/a.
Macchè, non **sei** forte?	.... simpatico/a.
Macchè, non **sei** forte?	.... antipatico/a.

C. il, lo, l', la + *questions*

Questa gonna è lunga.	Sei sicuro? La gonna è lunga?
Questo golfino è comodo.	Sei sicuro? Il golfino ....
Quest' aereo è in partenza.	Sei sicuro? ....
Questo zaino è vuoto.	....
Questo spacco è ridicolo.	....
Questo cane è birichino.	....
Questa canzone è antiquata.	....
Quest' orecchino è pesante.	....

D. Essere + non

Sei a Roma?	No, **non sono** a Roma.
Siete in ritardo?	No, **non siamo** ....
Dario è antiquato?	No, **non** ....
Angela e Laura sono in Italia?	....
Io sono contento?	....
Sei in Italia?	....
Siete in tempo?	....
Io sono antipatica?	....

PARLIAMO

E. Essere, avere

Sono in ritardo, signora?	No, ma **hai** venti minuti.
Dario è in ritardo, signora?	No, ma **ha** ....
Angela è in ritardo, signora?	No, ma ....
Siamo in ritardo, signora?	No, ...
Dario e Angela sono in ritardo, signora?	....
Le ragazze sono in ritardo, signora?	....

F. -issimo, -issima, veramente + *adjective*

Questo zaino è **veramente** pieno.	Sì, è pien**issimo.**
Questa gonna è **veramente** lunga.	Sì, è lungh**issima.**
Dario è **veramente** magro.	Sì, è ....
Quest'argento è **veramente** puro.	Sì, ...
Questa valigia è **veramente** pesante.	....
Giorgio è **veramente** pigro.	....
Kevin è **veramente** bravo.	....
La pasta è **veramente** italiana.	....
Giorgio è **veramente** antipatico.	....

G. Molto, troppo, non

Dario è molto magro.	Sì, ma **non è troppo** magro.
Giorgio è molto pigro.	Sì, ma **non è troppo** ....
La valigia è molto compatta.	Sì, ma ....
Lo zaino è molto pesante.	....
La Signora Casati è molto stanca.	....
Mamma è molto antiquata.	....

H. Un po', molto

Dario è un po' nervoso.	Un **po'**??! È **molto** nervoso.
L'orecchino è un po' pesante.	Un **po'**??! ....
Il golfino è un po' piccolo.	....
La gonna è un po' lunga.	....
La valigia è un po' piena.	....
È un po' antipatico.	....

I. Un, una, un', questo, questa

Dov'è il pullover?	Ecco **un** pullover. È **questo?**
Dov'è la valigia?	Ecco **una** .... ?
Dov'è l'edicola?	Ecco .... ?
Dov'è l'aereo?	.... ?
Dov'è il vestito?	.... ?
Dov'è la gonna?	.... ?
Dov'è l'orecchino?	.... ?
Dov'è lo zaino?	.... ?

J. Avere

Hai il giornale e la rivista?	**Ho** il giornale ma non **ho** .....
Avete il giornale e le riviste?	**Abbiamo** il giornale ....
Dario ha il giornale e la rivista?	**Ha** ....
Dario e Angela hanno il giornale e la rivista?	....
Hai lo zaino e la valigia?	....
Avete lo zaino e la valigia?	....
Dario ha lo zaino e la valigia?	....
Dario e Angela hanno lo zaino e la valigia?	....

I couldn't agree more!

THE FAMILY OF LANGUAGES

Italian and English both belong to the same family of languages called the Indo-European group. In all there are about twenty main language families but the Indo-European one is by far the biggest with about half the people in the world speaking one of its languages. The family tree looks something like this:

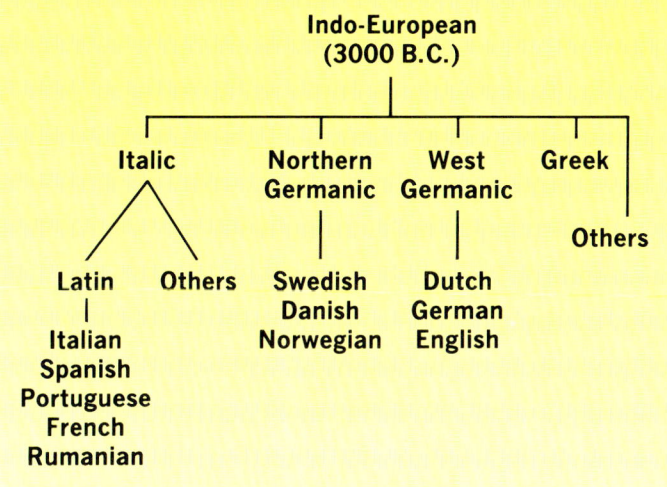

```
                    Indo-European
                     (3000 B.C.)
        ┌──────────┬──────────┬──────────┐
      Italic    Northern     West      Greek
                Germanic   Germanic
                                         Others
     ┌────┬──────┐    │          │
   Latin  Others  Swedish      Dutch
     │            Danish       German
  Italian        Norwegian     English
  Spanish
  Portuguese
  French
  Rumanian
```

To illustrate the relationship of languages just look at the word mother

Italian	madre	Swedish	moder
Spanish	madre	Hindi	mata
French	mère	Portuguese	mâe
German	Mutter	Rumanian	mamà
Dutch	moeder	English	mother

As well as being related, English and Italian have also borrowed words from each other.

I'd like two gelati, please.

Vorrei un sandwich, per favore.

And thirdly, English took many words from Latin, which, as you can see from the family tree is the language that Italian comes from.
All this simply means that by knowing English you may be able to recognise quite a few Italian words.
In the section entitled **Parole Simili** you'll be shown how some English suffixes have an Italian equivalent.

Research

A. Find the translation for the words fish and three in as many of the Indo-European languages as you can.

B. Looking through a dictionary and checking your old **Avanti!** book find some words that Italian has borrowed from English.

C. Find some words that English has taken from Italian. Many of these words have to do with food. Why do you think this is so?

Mamma mia, che famiglia!

PAROLE SIMILI

The Italian word for compact is **compatto**. You will find that English words with -ct in them have an Italian equivalent in -tt- e.g. fact: **fatto**
What would you guess the Italian equivalents for the following to be?

pact . . . . contact . . . .
insect . . . . direct . . . .
perfect . . . . respect . . . .

Does the method work *every* time? Check with your teacher! Do you know what a pact is? If not, find out! (Never write words unless you know what they mean.)

PAROLE NUOVE

La scuola	The school	la lavagna	the blackboard	
l' astuccio	the pencil-case	la lezione	the lesson	
l' aula	the classroom	il libro	the book	
il banco	the desk	la matita	the pencil	
il cancellino	the duster	la penna	the pen	
la carta	the paper	la porta	the door	
la cartella	the school bag	il professore	the teacher (male)	
la classe	the class	la professoressa	the teacher (female)	
la finestra	the window	il quaderno	the exercise book	
il gesso	the chalk	la riga	the ruler	
la gomma	the rubber	la sedia	the chair	

I numeri
- uno 1
- due 2
- tre 3
- quattro 4
- cinque 5
- sei 6
- sette 7
- otto 8
- nove 9
- dieci 10

CONVERSIAMO

1. In classe.

a) Come ti chiami? / Come si chiama lui? / Come si chiama lei? / Come si chiama Lei?

Mi chiamo . . . . .
Si chiama . . . . . .

b) Come si dice . . . . . . in inglese? / in italiano?

Si dice . . . . .

c) C'è Giulio? / Dov'è Carla?

Sì c'è.
No, non c'è.
È qui.
Non è qui.

d) Mi presti il cancellino? / la carta? / la gomma? / il libro? / la matita? / la penna? / la riga?

Sì — certo! / prego! / come no!
No — mi dispiace! / ne ho bisogno!

e) Apri / Chiudi l'astuccio / la cartella / il libro / il quaderno / la finestra / la porta — per favore!

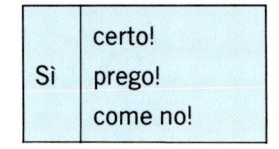

Sì — certo! / prego! / come no!

CONTINUA

Sempre Avanti! ☞ 20

CONVERSIAMO

2. Come sta?

Buongiorno	Giacomo	
Buonasera	Signora Smith	
Ciao	Professore	come sta?
Salve	Professoressa	come stai?
	Signor Balducci	
	Signorina	
	Signora	
	Emilia	

Molto bene	
Benissimo	
Benone	grazie, e Lei?
Così così	grazie, e tu?
Non c'è male	
Benino	
Abbastanza bene	

Molto bene	grazie.
Sto male.	
Molto male.	
Malissimo.	

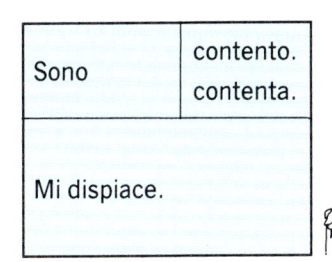

Sono	contento.
	contenta.
Mi dispiace.	

Practise greeting people using all the different ways of saying how you feel.

A. You meet a friend you haven't seen for a while.
- Exchange greetings (how is he/she anyway?)
- You notice the friend looks different (taller, thinner, etc.)
- Your friend is worried (am I too tall, thin, etc.)
- You make up an answer.

B. Mum is driving you to school.
- Tell her to hurry, you've only ten minutes.
- She asks if you're sure you have everything.
- Answer that you're sure (you're not a baby after all.)

C. You're the new teacher.
- Say good morning to the class.
- Ask the names of some of your students.
- Ask if so and so is there.
- Borrow something.
- Test to see if they know the Italian word for some things in the classroom.

Ciao Antonio, è da molto che non ti vedo.

PAROLE NUOVE

abbastanza	reasonably, enough
l'aereo	the plane
l'aeroporto	the airport
aiuto	help
alto	tall
anche	also
antipatico	disagreeable (a pain!)
antiquato	old-fashioned
apri!	open!
argento	silver
attenzione!	attention!
avere	to have
la bambina	the little girl
bene	well
benino	not too badly
benissimo	very well
benone	quite well
birichino	cheeky
brutto	ugly
buongiorno	good morning
buonasera	good evening, good afternoon
la canzone	the song
caro	dear
certo	certainly
che cosa?	what?
chiudi!	close!
comodo	comfortable
compatto	compact
contento	happy
cosa?	what? (like che cosa)
così	so
differente	different
dopo	after
dove	where
durante	during
ecco	here is, here are
l'edicola	the newspaper stand
elegante	elegant
essere	to be
famoso	famous
forte	strong
il gabinetto	the toilet
giallo	yellow
il giornalaio	the news agent
il giornale	the newspaper
la gioventù	the young people
il golfino	the jumper
grazie	thankyou
guarda!	look!
impossibile	impossible
inglese	English
intelligente	intelligent
italiano	Italian
leggero	light
lei	she
Lei	you (formal)
lui	he
lungo	long
lunghissimo	very long

Ma no! Questa canzone è troppo antiquata.

ma	but
macchè!	what! certainly not!
magro	skinny
male	not well, badly
malissimo	very badly
la mamma	the mother
il minuto	the minute
la moda	the fashion
molto	very
nervoso	nervous
non	not
oggi	today
l'orecchino	the ear-ring
parlare	to speak
la partenza	the departure
la pasta	the pasta
pesante	heavy
pesantissimo	very heavy
piccolo	small

pieno	full
pigro	lazy
più	more
prego	you're welcome
presto!	hurry!
pronto	ready
puro	pure
quando	when
questo	this
qui	here
il ragazzo	the boy
i ragazzi	the boys
la ragazza	the girl
le ragazze	the girls
ridicolo	ridiculous
la rivista	the magazine
la roba	the things, stuff
rosso	red
salve!	hello!
scemo	fool, imbecile
scusa	excuse me
se	if
sì	yes
sicuro	sure
signora	madam, Mrs., Ms.
signore	Sir, Mr.
signorina	Miss
simpatico	likeable, cute
lo spacco	the split
stanco	tired
lo stomaco	the stomach
il tempo	the time
troppo	too
tu	you
tutto	everything, all
uffa!	. . . . !
uno, una	one, a, an
la valigia	the suitcase
venti	twenty
veramente	really
il vestito	the dress, suit
vicino	near
il volo	the flight
vuoto	empty
lo zaino	the backpack

Espressioni	Expressions
c'è	there is
Che barba!	How boring!
Che cos'è?	What is it?
Che disastro!	What a disaster!
Dov'è?	Where is it?
È forte, no?	It's great, isn't it?
ho bisogno di	I need
in ritardo	late
più alto	taller
Sta' zitto!	Keep quiet!

Espressioni	Expressions
Come ti chiami?	What's your name?
Mi chiamo . . .	My name is . . .
Come si dice . . . ?	How do you say . . . ?
Come sta?	How are you?
Come va?	How are you going?
Mi dispiace!	I'm sorry!
Ne ho bisogno.	I need it.
per favore	please
Mi presti . . . ?	Will you lend me . . . ?
un po'	a little

VIAGGIO IN ITALIA

Panorama di Roma

Tempio greco ad Agrigento

Che barba! I soliti monumenti[4]!

Il Duomo di Milano

Italy is one of the world's most popular tourist destinations. It's a country that has something for everyone. To visit Italy is to take a step back into history. Rome, the very cradle of civilization, the Gothic architecture of Milan's cathedral, the Greek temples of Agrigento . . .

But modern Italians really know how to enjoy life. They love to eat well, and boy, do they enjoy their sport!

Che forte! Ho una nuova macchina fotografica.[1] Vorrei fotografare[2] tutti questi posti[3].

Ecco Angela, questa è l'Italia. La Juventus, gli spaghetti alla napoletana, le cotolette alla milanese, l'Inter . . . la Fiorentina . . .

Sempre Avanti! ☞ 23
CAPITOLO 1

VIAGGIO IN ITALIA

Panorama di Firenze

Il Ponte Vecchio

Il Canal Grande a Venezia

Florence, art capital of the world, birthplace of the Renaissance. Home of Michelangelo, Leonardo, Dante, Machiavelli and Franco Cozzolino.

Franco Cozzolino?! Chi è[5]? Conosco Michelangelo[6], Dante, ma Franco Cozzolino . . .??

Non conosci Franco Cozzolino?! Ha un negozio[7] sul Ponte Vecchio. Vende libri, mobili[8]... un po' di tutto.

And who could go to Italy and not visit Venice?! Its gondolas gliding gracefully along canals flanked by ornate palaces, the beautiful St. Mark's square . . .

Venezia? La mia famiglia è di Venezia. I Bevilacqua sono famosi[9] a Venezia. Ho uno zio che è gondoliere . . .

Sempre Avanti! 24

La riviera ligure, San Remo

Giovani in città, Bologna

O no, non ci credo. Un Bevilacqua è già troppo[10].

Monumenti, parenti!! Che barba! Io vorrei incontrare la gente[11], incontrare i giovani al mare, a scuola, in piazza . . .

Piazza del Campo a Siena

Barattolo di Vegemite

Ponte di Modica in Sicilia

At all stages of history, Italians have produced masterpieces of architecture and engineering. From the Via Appia of ancient Rome to the modern "autostrade", from the Leaning Tower of Pisa to the sky scrapers of Milan and Turin . . .

Il ponte va bene, ma ho un'idea per raddrizzare la torre[12].

Sempre Avanti! 25
CAPITOLO 1

But let us not overlook the beautiful Italian countryside. Travel from the rugged beauty of the Mezzogiorno to the lush, rolling hills of Tuscany and Umbria, to the fertile Po Valley at the foot of the Alps.

Una villa in Toscana, vicino Lucca

Giorgio, questo è tuo zio?

Spiritoso!

Campagna in Umbria, vicino Norcia

And when you tire of travelling, relax, take a real holiday. Put on your bathing costume and enjoy that Mediterranean sun for which Italy is famous.

Il porto di Capri

Aaa, l'isola di Capri, la Costa Smeralda in Sardegna . . . il mare, il sole, finalmente una vacanza.

La Costa Smeralda in Sardegna

Sì signora, una vera vacanza[13].

1. **una nuova macchina fotografica:** a new camera
2. **vorrei fotografare:** I'd like to photograph
3. **posti:** places
4. **I soliti monumenti:** the same old monuments
5. **chi è?:** who is it?
6. **conosco Michelangelo:** I know who Michelangelo is
7. **un negozio:** a shop
8. **vende libri, mobili:** he sells books, furniture
9. **I Bevilacqua sono famosi:** the Bevilacqua family is famous
10. **Un Bevilacqua è già troppo:** one Bevilacqua is more than enough
11. **io vorrei incontrare la gente:** I'd like to meet the people
12. **raddrizzare la torre:** to straighten the tower
13. **una vera vacanza:** a real holiday

Sempre Avanti! ☞ 26

RIASSUNTO DI GRAMMATICA

PAROLE NUOVE

Here is a list of adjectives used in this chapter:

alto	tall
antiquato	old-fashioned
birichino	cheeky
comodo	convenient, comfortable
compatto	compact
differente	different
forte	strong
giallo	yellow
giovane	young
impossibile	impossible
intelligente	intelligent
leggero	light
lungo	long
magro	thin
nervoso	nervous
pesante	heavy
piccolo	small
pieno	full
pigro	lazy
puro	pure
ridicolo	ridiculous
rosso	red
sicuro	sure
stanco	tired
vuoto	empty

1. | **Essere** to be | | **Avere** to have | |
   |---|---|---|---|
   | sono | I am | ho | I have |
   | sei | you are (sing.) | hai | you have (sing.) |
   | è | he, she, it, is | ha | he, she, it, has |
   | siamo | we are | abbiamo | we have |
   | siete | you are (plur.) | avete | you have (plur.) |
   | sono | they are | hanno | they have |

2. **Adjectives** — *singular endings*

   masculine -o -e e.g. pien**o**, pesant**e**
   feminine   -a -e e.g. pien**a**, pesant**e**

3. **Nouns** — *singular endings*

   masculine -o -e e.g. ragazz**o**, can**e**
   feminine   -a -e e.g. valig**ia**, canzon**e**

4. **Indefinite article** *a, an*

   masculine **un uno** e.g. **un** vestito, **un** anno, **uno** zaino
   feminine   **una un'** e.g. **una** gonna, **un'**edicola

5. **Definite article** — *singular: the*

   masculine **il lo l'** e.g. **il** cane, **lo** spacco, **l'**aereo
   feminine   **la, l'**   e.g. **la** canzone, **l'**edicola

6. **Questo, questa, quest':** *this*

   e.g. **questo** ragazzo, **questa** mamma, **quest'**edicola, **quest'**orecchino.

   Now study this chart summarising 3-6:

masculine			feminine		
this	the	a	this	the	a
questo	il	un vestit**o**	questa	la	una gonn**a**
quest'	l'	un orecchin**o**	quest'	l'	un' edicol**a**
questo	lo	uno zain**o**	questa	la	una z**ia**
questo	il	un can**e**	questa	la	una canzon**e**
questo	lo	uno student**e**	questa	la	una stazion**e**

7. **Adverbs** — **molto**: very, **troppo**: too, **veramente**: really

   e.g.
   Lo zaino è **veramente** pieno.
   Ma non è **troppo** pesante.
   La valigia è **molto** piena.
   Ma non è **troppo** pesante.

   Quasi: almost, **così:** so, **un po':** a little

8. **Absolute superlatives:** -issimo, -issima

   e.g.
   La valigia è pien**issima.**
   Il ragazzo è alt**issimo.**
   Il giornale è pesant**issimo.**

9. **Questions and negation**

   e.g.
   Dario è magro? No, **non** è magro.

These are easy. They never change their endings.

Now check these sentences.

These words don't change either.

CAPITOLO DUE
LA PARTENZA

- Chi è?
- Ma non vedi? È la signora Casati.
- Sì, sì, lo so, lo so, ma chi parla con la signora Casati?
- Non lo so. Forse è il marito.

- Ma no! Il marito non è così giovane; quest'uomo è più alto, più biondo.
- Ciao, Bertoldo, saluti a mamma.
- Ma chi è; chi è? Forse abbiamo uno scandalo!

- Chi è, signora? Non è il signor Casati.
- No, è Bertoldo, mio fratello.
- Fratello, signora. Sicura???
- Sfacciata! Ma Laura, sei veramente birichina.
- Mi dispiace, signora, è uno scherzo.

Sempre Avanti! 28

Va bene. Dunque, siamo tutti qui? Ecco Laura, Faye, Giorgio, Kevin, Angela, ma dov'è Dario? Dario non c'è.

Dario è sempre in ritardo.

Non è vero. Sono qui. Sono in tempo.

Bravo, Dario. Dunque, andiamo.

Uei, presto ragazzi, l'aereo è in partenza.

Preghiamo i signori passeggeri di allacciare le cinture di sicurezza e estinguere le sigarette. Siamo pronti per il decollo. Ladies and gentlemen we kindly request that you extinguish your seat belts and fasten your cigarettes. We are now ready for take off.

L'aereo parte in tempo.

Non ho paura, l'aereo è nuovo... Ma sono così giovane!

Guarda Kevin, chi sono quelli?

Mamma mia, non è possibile! Non ci credo!

Che cosa non credi?

Quello con la maglia bianconera è Paolo Rossi... e quello con la tuta è, è, è, Tardelli... giocano per la Juventus... C'è tutta la squadra... mamma mia, non ci credo.

Sempre Avanti! ☛ 30

E chi è quello con la giacca azzurra e i pantaloni grigi? È simpaticissimo.
Chi, quello che dorme? Quello è Cabrini.
E quello che legge il giornale? Vado a domandare come si chiama.
No. Dove vai?
Scusi signore, buongiorno.
Buongiorno.
Io mi chiamo Angela e Lei come si chiama?
Mi chiamo Dino, Dino Zoff.
Piacere Signor Zoff.
Molto lieto Signorina.
È vero che Lei gioca per la Juventus e per l'Italia?
Be' adesso non gioco più.
Kevin, questo è il Signor Zoff. Signor Zoff, ecco Kevin.
Piacere Kevin. Come va? Anche tu giochi al calcio?

Pia … Pia … Pia …

Piacere Signor Zoff. Sì, gioca al calcio. È una punta. Segna 1.19 gol per partita. Ha quindici anni, dieci mesi e dodici giorni … Adesso va in Italia e …

Va bene, basta! Silenzio!!!

Aiii, la gamba, la gamba, … Aiii … dov'è quella ragazza australiana!!?? Aiii …!! Chiama un dottore!

Angela mettiti questo cappotto, questo cappello e questi occhiali … così non ti vede.

Va bene!

DOMANDE SUL FUMETTO

Answer in Italian these questions based on the cartoon script.

A. Modello:
C'è la Signora Casati?   **Sì, c'è.**
C'è il marito?   **No, non c'è.**

1. C'è Bertoldo?   ....
2. C'è la mamma di Bertoldo?   ....
3. C'è Salvatore?   ....
4. C'è Laura?   ....
5. C'è la mamma di Faye?   ....

C. Modello:
L'aereo è in partenza?   **Sì, è in partenza.**
Angela è nervosa?   **No, non è nervosa.**

1. Giorgio è nervoso?   ....
2. Dario è in tempo?   ....
3. Kevin parla con Dino Zoff?   ....
4. Paolo Rossi gioca per la Juventus?   ....
5. Dino Zoff gioca per la Juventus?   ....

B. Modello:
Chi è sempre in ritardo?   **Dario è sempre in ritardo.**
Chi parla con Faye?   **Laura parla con Faye.**

1. Chi parla con Dino Zoff?   ....
2. Chi dorme?   ....
3. Chi legge il giornale?   ....
4. Chi è sfacciata?   ....
5. Chi si mette il cappotto?   ....

PARLIAMO

A. *Adjectives*

La signora Casati è **alta**.   Anche Bertoldo è **alto**.
La signora Casati è **giovane**.   Anche ....
La signora Casati è **bruna**.   Anche ....
La signora Casati è **elegante**.   ....
La signora Casati è **magra**.   ....
La signora Casati è **forte**.   ....

Perhaps Bertoldo is Mrs Casati's brother – they are certainly alike.

B. *Adjectives* + **così**

Chi è? Il marito, forse?   Ma no, il marito non è **così alto**.
Chi è? Il fratello, forse?   Ma no, il fratello non è **così bass_**.
Chi è? La zia, forse?   Ma no, la zia .... **magr_**.
Chi è? Lo zio, forse?   Ma no, ... **biond_**.
Chi è? La mamma, forse?   .... **fort_**.
Chi è? Il papà, forse?   .... **giovan_**.
Chi è? L'altoparlante, forse?   .... **grass_**.
Chi è? La Signora, forse?   .... **brun_**.

C. *Più comparatives*

Il marito è alto.   Ma quest'uomo è **più** alto.
Il marito è giovane.   Ma quest'uomo è **più** ....
Il marito è biondo.   Ma quest'uomo è ....
Il marito è magro.   Ma quest'uomo ....
Il marito è forte.   Ma ....
Il marito è elegante.   ....
Il marito è bravo.   ....
Il marito è ridicolo.   ....

We can be sure that Bertoldo isn't the husband.

D. *Negation* + **quello, quella**

Non ci credo, è Angela.   Ma no, **quella** non è Angela.
Non ci credo, è Giorgio.   Ma no, **quello** non........
Non ci credo, è La Signora Casati.   Ma no, **quella** ....
Non ci credo, è il marito.   Ma no, ...
Non ci credo, è la sorella di Laura.   ....
Non ci credo, è il fratello di Dario.   ....
Non ci credo, è Marco Tardelli.   ....

PARLIAMO

E. *Meeting people — piacere*

Io mi chiamo Ermelina Casati.	**Piacere** Signora Casati.
Io mi chiamo Dino Zoff.	**Piacere** Signor ......
Io mi chiamo Angela.	**Piacere** Angela ......
Io mi chiamo Marco Tardelli.	**Piacere** ....
Io mi chiamo Kevin.	....
Io mi chiamo Irene Fo.	....

F. *Meeting people — lieto, lieta*

Angela, questo è il Signor Bevilacqua.	Molto **lieta,** Signor Bevilacqua.
Kevin, questa è la Signorina Verdi.	Molto **lieto,** Signorina Verdi.
Angela, questa è Laura.	Molto **lieta,** ....
Kevin, questo è il Signor Zoff.	....
Angela, questo è Giorgio.	....
Kevin, questa è la Signora Casati.	....

Sono un po' nervoso. Anche tu sei un po' nervosa?

G. io, tu — *present tense*

Parl**o** italiano.	Anche tu parl**i** italiano?
Ved**o** Paolo Rossi.	Anche tu ved**i** ...... ?
Dorm**o** molto.	Anche .... ?
Part**o** per l'Italia.	.... ?
Sono un po' nervoso/a.	.... ?
Ho uno zaino.	.... ?

H. io, tu, lui, lei — *present tense*

Parl**i**?	Io non parl**o** ma	lui parl**a**.
Gioch**i**?	Io	lei ......
Segn**i**?	....	lui ......
Cred**i**?	....	lei cred**e**.
Part**i**?	....	......
Legg**i**?	....	......

I. **Lei** *form*

Parli italiano?	Signora, **Lei** parla italiano?
Parti per l'Italia?	Signora, **Lei** parte ..... ?
Giochi a calcio?	Signora, **Lei** .... ?
Dormi sempre?	.... ?
Sei in ritardo?	.... ?
Hai dieci minuti?	.... ?

J. Anche lui — *present tense*

Sono birichina.	Anche lui **è** birichino.
Ho bisogno di una valigia.	Anche lui **ha** ....
Parlo troppo.	Anche lui ....
Gioco sempre.	....
Parto per l'Italia.	....
Credo a Giorgio.	....

K. Andare in, a

Dunque, vai **a Roma**?	Sì, vado **a Roma**.
Dunque, vai **in Italia**?	Sì, vado **in** .....
Dunque, vai **a Venezia**?	....
Dunque, vai **in Europa**?	....
Dunque, andate **a Firenze**?	Sì, andiamo.....
Dunque, andate **in Australia**?	....
Dunque, andate **a Perth**?	....
Dunque, andate **in Francia**?	....

L. Andare

E Dario?	**Va** anche lui.
E i ragazzi?	**Vanno** anche loro.
E Faye?	**Va** .... lei.
E le ragazze?	....
E i giocatori?	....
E Kevin?	....

Sempre Avanti! ☞ 34

CONVERSIAMO

1. Conosci queste persone?

Conosci	Verena?	Veramente no.
	Angelo?	Non credo.
		Penso di no.

Allora ti presento	Angelo.	Piacere, sono	contento	di conoscerti.
	Verena.		contenta	

2. Conosce queste persone?

3rd person

Conosce	la Signora Zeno?	Veramente no.
	il Signor Vanni?	Non penso.
		Credo di no.

Allora Le presento	la Signora Zeno.	Piacere, molto	lieto.
	il Signor Vanni.		lieta.

What! You don't know anyone in your class! Well you need to be introduced then.

A. You're at a party with lots of people.
▶ A friend points to someone and asks if you know him/her.
▶ You answer that you don't.
▶ You are then introduced.

B. While speaking with a friend you notice someone at a distance.
▶ One person suggests possibilities as to who it might be.
▶ The other person answers that it can't be. He/she is too short, tall, old etc.
▶ You finally agree on who it is.

Chi è quello?

PARLIAMO CON LE MANI

The spoken language is not the only way we can communicate. Signs and gestures are at times just as effective, or they can add strength to what we say. Italians are very expressive with their hands. They like to use hand gestures much more than we do.

If two Italians were speaking and you were watching them from a distance, you might be excused for thinking that they were "speaking with their hands". The following are photographs of some typical gestures with a few likely meanings.

Non c'è niente da fare!
We can't do anything about it!

Quanto costa?
How much does it cost?

Niente!
Nothing!

Che cosa ci possiamo fare?
What can we do about it?

Ma fammi il piacere!
Come off it!

Che cosa ci posso fare?
What can I do about it?

Che cosa vuoi?
What do you want?

Ma sei pazza!
Ma sei scema?
Are you crazy?

Dov'è? Where is he/she/it?

E be'? So what?

Non l'ho visto! I didn't see it!

Non lo so! I don't know!

Perfetto! Perfect!

Ottimo! Excellent!

Ascolta bene! Listen well!

Ma non capisce? Can't you understand?

È chiaro, no? It's clear, isn't it?

Activities

A. Practice saying those phrases together with the gestures.

B. Obviously something must have been said or done to prompt each of the gestures we see in these photographs. See if you can make up a short lead-up conversation for one or two of them. For example, for the above top right hand photo you could have an angry voice saying: **"Ma signorina, è severamente vietato."**

C. Act out the cartoon script using as many hand gestures as you can. And don't be afraid to exaggerate them!

D. Italian people you know may be able to show you gestures not shown here. Learn how to make them, then show them to your classmates.

PAROLE NUOVE

adesso	now
andare	to go
l'anno	the year
australiano	Australian
basta!	that's enough!
bianconero	black and white
biondo	blond
birichino	cheeky
bruno	dark
il calcio	soccer
che	who, whom
chi?	who?
conosci(e)?	do you know?
credere	to believe
domandare	to ask
dormire	to sleep
il dottore	the doctor
dunque	well then, therefore
elegante	elegant
Europa	Europe
forse	perhaps
Francia	France
fratello	brother
la gamba	the leg
giocare	to play
il giocatore	the player
il giorno	the day
giovane	young
il gol	the goal
guardare	to look at
io	I
italiano	Italian
leggere	to read
lieto	happy
il marito	the husband
il mese	the month
mettere	to put
mio/a	my
nuovo	new
occhiali (gli)	glasses
parlare	to speak
partire	to leave
la partita	the match
piacere	pleased to meet you
possibile	possible
la punta	{ the forward (position on the field)
quello	that
saluti	cheers, greetings
lo scandalo	the scandal
lo scherzo	the joke, trick
scusi	excuse me (Lei form)
segnare	to score goals
sempre	always
sfacciato	cheeky
silenzio!	quiet! silence!
la sorella	the sister
la squadra	the team
vado	I go
vai	you go
vedere	to see
vero	true

Espressioni / Expressions

Chi è?	Who is it?
Chi sono quelli?	Who are they?
è in partenza	it's leaving
la mamma di Bertoldo	Bertoldo's mother
lo so	I know
quello che dorme	the one who is asleep
molto lieto	very happy to meet you
non ci credo!	I can't believe it!
non gioco più	I no longer play
non ho paura	I'm not afraid
non lo so	I don't know
saluti a mamma!	say hello to mum!
sono contento di conoscerti	I'm pleased to meet you
ti/Le presento	I'd like to introduce ... to you

Vendo giocattoli di tutti i colori.

I colori / The colours

nero	black
bianco	white
rosso	red
giallo	yellow
azzurro	blue
blu	dark blue
verde	green
rosa	pink
marrone	brown
arancione	orange
grigio	grey
celeste	light blue
viola	purple

I numeri

undici	11
dodici	12
tredici	13
quattordici	14
quindici	15
sedici	16
diciassette	17
diciotto	18
diciannove	19
venti	20

PAROLE NUOVE

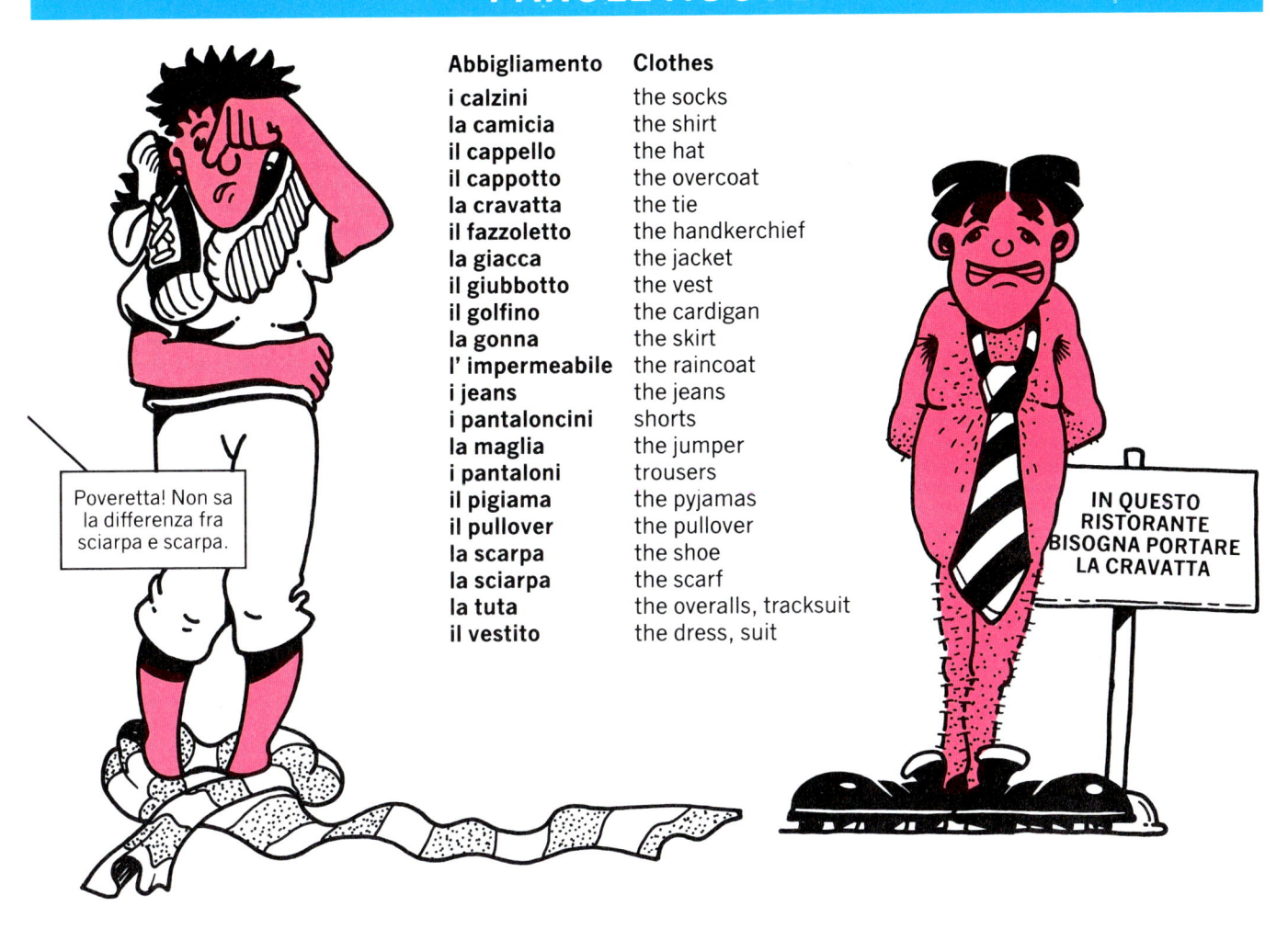

Abbigliamento	Clothes
i calzini	the socks
la camicia	the shirt
il cappello	the hat
il cappotto	the overcoat
la cravatta	the tie
il fazzoletto	the handkerchief
la giacca	the jacket
il giubbotto	the vest
il golfino	the cardigan
la gonna	the skirt
l' impermeabile	the raincoat
i jeans	the jeans
i pantaloncini	shorts
la maglia	the jumper
i pantaloni	trousers
il pigiama	the pyjamas
il pullover	the pullover
la scarpa	the shoe
la sciarpa	the scarf
la tuta	the overalls, tracksuit
il vestito	the dress, suit

Poveretta! Non sa la differenza fra sciarpa e scarpa.

IN QUESTO RISTORANTE BISOGNA PORTARE LA CRAVATTA

PAROLE SIMILI

The Italian word for <u>intelligent</u> is **intelligente** and for <u>student</u> it is **studente**.
You will often find that English nouns and adjectives ending in **-ent** have an Italian equivalent ending in **-ente**.
Guess the Italian equivalent for these words:

Nouns	Adjectives
agent	urgent . . . .
adolescent	present . . . .
client	transparent . . . .
serpent	excellent . . . .
president	eminent . . . .

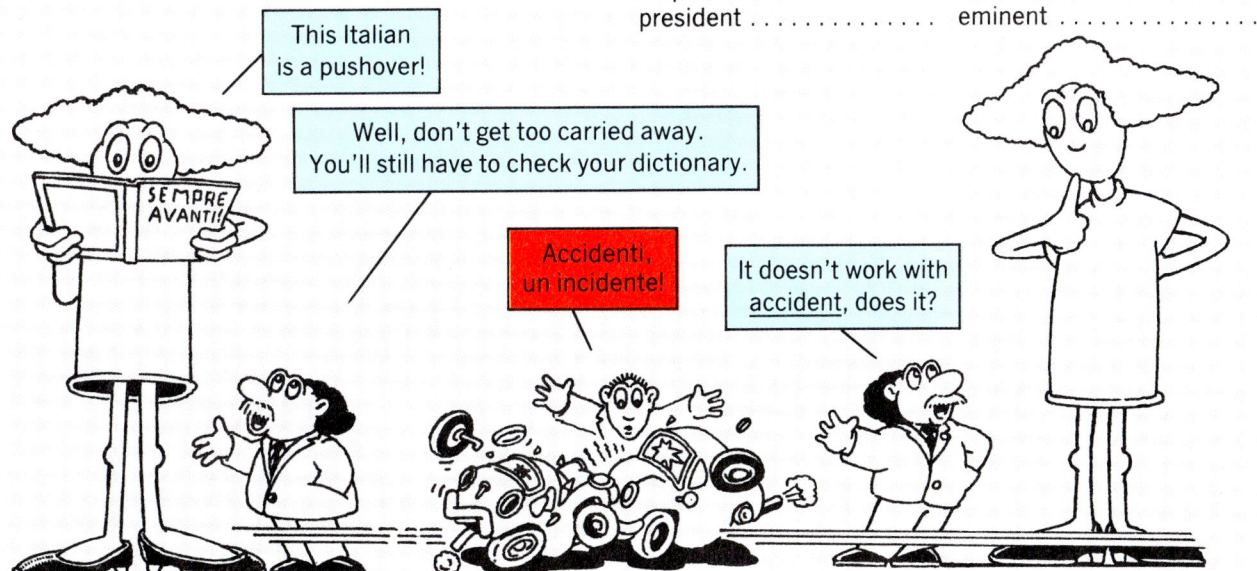

This Italian is a pushover!

Well, don't get too carried away. You'll still have to check your dictionary.

Accidenti, un incidente!

It doesn't work with <u>accident</u>, does it?

RIASSUNTO DI GRAMMATICA

1. **Present tense of regular verbs**

parl**are**	to speak	ved**ere**	to see	dorm**ire**	to sleep
parl**o**	I speak	ved**o**	I see	dorm**o**	I sleep
parl**i**	you speak	ved**i**	you see	dorm**i**	you sleep
parl**a**	he, she it speaks	ved**e**	he, she, it sees	dorm**e**	he, she, it sleeps
	you speak (formal)		you see (formal)		you sleep (formal)

   Here are the other verbs used in this chapter:
   giocare, segnare, parlare, chiamare, credere, leggere, partire.

2. **Irregular verbs**

essere	avere	andare	to go
sono	ho	vado	I go
sei	hai	vai	you go
è	ha	va	he, she, it goes; you go
siamo	abbiamo	andiamo	we go
siete	avete	andate	you go (plur.)
sono	hanno	vanno	they go

3. **Più**: more

più ridicolo	more ridiculous
più alto	taller
più intelligente	more intelligent
più magro	thinner

4. **Lei** *form of address*

Giorgio, **sei** così pigro!	Signor Bevilacqua, **Lei è** così pigro.
Ermelina, **hai** il giornale?	Signora Casati, **ha** il giornale?
Kevin, **parli** polacco?	Signor Allsop, **Lei parla** polacco?
Dario, **leggi** la rivista?	Signor Lampa, **legge** la rivista?

   * Note that Italians use **Lei** before a verb much more often than **tu**.

5. **Subject pronouns**

io	I
tu	you (sing.)
lui, lei	he, she
Lei	you (formal)
noi	we
voi	you (plur.)
loro	they

   These pronouns are used only for emphasis.
   Giochi al calcio?   No, gioco al tennis.
   Io gioco al calcio ma **tu** giochi al tennis.

Campagna toscana.

CAPITOLO TRE
IL TERRORISTA

Dopo un volo di ventitré ore i ragazzi arrivano stanchi morti all'aeroporto di Roma. C'è molta confusione. I carabinieri cercano un terrorista che ha una bomba. Ci sono anche molti giornalisti che aspettano una famosa tennista australiana, la Signorina O'Rally.

DOGANA

Scusi signora, bisogna mettere tutte le valige sopra il banco.

Va bene. Presto ragazzi, mettete le valige qui!

Ma signore, siamo tutti così stanchi, abbiamo fame, abbiamo sete, abbiamo fretta e abbiamo …

Uffa, ma questa valigia è così piena, così pesante.

Bisogna aprire tutte le valige?

Presto ragazzi, aprite le valige!

Sì, signora. Mi dispiace.

Va bene, va bene, apriamo solo questa valigia.

Grazie, signore. Sei molto gentile.

Faye, ma sei maleducata!!! Mi dispiace, signore. Lei è molto gentile.

Sì, Lei è molto gentile, signore. Grazie.

Aaaaaa, la bomba!!!! La bomba!!!! Il terrorista!!!!!! Aiuto!!!! Bisogna chiamare i carabinieri! Presto, chiamate i carabinieri! Aiuto!!!!!

Uei! Mario, Gaetano, presto! Non sentite?? Se perdete questo terrorista siete fritti.

Hai ragione!

Presto, Mario, andiamo.

Un momento, un momento! Non vedete che mangio?

Ma dai, Mario, mangi sempre.

Non è vero. Mangio solo quando ho fame.

Sì, e quando non dormi, hai fame.

Spiritoso!! Va bene, io mangio molto ma tu fumi troppo.

Non è vero, fumo solo quando ho paura.

Ah ecco perchè fumi sempre. Fifone!!!

Ghiottone!!!

Fifone!

Ghiottone!

Uei, ragazzi, presto! Hanno il terrorista. Basta con le chiacchiere.

Questa è la bomba.

Sempre Avanti! 43

CAPITOLO 3

E questo è il terrorista.

Bomba?!?!? Ridicolo!!!!
È un pallone australiano. Noi australiani giochiamo con questo.

TERRORISTA

Giocate con questo? Ma voi siete pazzi!

Il robot passa la palla a Angela.

Grazie. Se credete che questa è una bomba, guardate!

I carabinieri perdono un terrorista. Arrestano una studentessa australiana. Prendono un pallone per una bomba. L'australiana segna un gol.

Mamma mia, se il capitano compra un giornale e legge questa storia crede che noi siamo scemi.

Il capitano ha ragione. Tu sei scemo.

E tu sei pazzo.

Sciocco!

Matto!

Ghiottone!

Fifone! …

Sempre Avanti! 44

DOMANDE SUL FUMETTO

The following are important question words in Italian:

dove? where? **che cosa?** what?
quando? when? **chi?** who?

Answer the following questions in Italian:

1. Dove sono i ragazzi? ....
2. Chi cerca un terrorista? ....
3. Dove bisogna mettere le valige? ....
4. Aprono tutte le valige? ....
5. Che cosa c'è nella valigia di Kevin? ....
6. Che cosa mangia Mario? ....
7. Quando ha fame Mario? ....
8. Quando fuma Gaetano? ....

Dov'è la bomba?

PARLIAMO

A. *Infinitive → voi (imperative)*

Mi dispiace, ma bisogna ap**rire** le valige.   Presto ragazzi, ap**rite** le valige!
Mi dispiace, ma bisogna chiam**are** i carabinieri.   Presto ragazzi, chiam**ate** i carabinieri!
Mi dispiace, ma bisogna prend**ere** l'autobus.   Presto ragazzi, prend**ete** l'autobus!
Mi dispiace, ma bisogna cerc**are** il terrorista.   ....!
Mi dispiace, ma bisogna mett**ere** le valige qui.   ....!
Mi dispiace, ma bisogna part**ire** subito.   ....!

*Ma dai, Mario, piang**i** sempre!*

B. *Present tense — tu → io*

Ma dai, Mario, mang**i** sempre!   Non è vero, non mang**io** sempre.
Ma dai, Mario, gioch**i** sempre!   Non è vero, non ....
Ma dai, Mario, dorm**i** sempre!   ....
Ma dai, Mario, piang**i** sempre!   ....
Ma dai, Mario, bev**i** sempre!   ....
Ma dai, Mario, fum**i** sempre!   ....

C. *Present tense — noi → voi*

Gioch**iamo** con questo.   Gioc**ate** con questo? Siete pazzi!
Cerch**iamo** il terrorista.   Cerc**ate** .... ? ......!
Mang**iamo** tutto.   ....!
Fum**iamo** sempre.   ....!
Cred**iamo** questa storia.   Cred**ete** questa storia? Siete pazzi!
Perd**iamo** sempre tutto.   Perd**ete** .... ? !
Mett**iamo** tutto sopra il banco.   ....!
Prend**iamo** la bomba.   ....!
Apr**iamo** le valige.   Apr**ite** le valige? Siete pazzi!
Part**iamo** subito.   Part**ite** ..... ? ......!
Dorm**iamo** qui.   ....!
Sent**iamo** un rumore.   ....!

*Gioc**ate** con questo? Siete pazzi!*

D. *Lui, Lei → loro (-are)*

Mario mang**ia** sempre.   Ma non tutti i carabinieri mang**iano** sempre.
Mario arres**ta** il capitano.   Ma non tutti i carabinieri arrest**ano**........
Mario gioc**a** al pallone.   ....
Mario par**la** francese.   ....
Mario cer**ca** il terrorista.   ....
Mario aspet**ta** il weekend.   ....

PARLIAMO

E. Lui, lei → loro (-ere)

Chi prend**e** la bomba?	I due carabinieri prend**ono** la bomba.
Chi cred**e** il giornale?	I due carabinieri cred**ono** ....
Chi ved**e** il terrorista?	....
Chi ricev**e** molte lettere?	....
Chi perd**e** sempre tutto?	....
Chi mett**e** le valige qui?	....

F. *Formal* Lei (essere, avere)

Sei australiano?	Signore, **Lei è** australiano?
Hai una valigia?	Signore, **Lei ha** .... ?
Sei famoso?	Signore, ... ?
Hai fretta?	.... ?
Sei in ritardo?	.... ?
Hai fame?	.... ?

G. *Formal* Lei *(present tense)*

Arriv**i** in tempo?	Signore, Lei arriv**a** ..... ?
Compr**i** un pallone?	Signore, ... ?
Mang**i** molto durante il volo?	.... ?
Perd**i** sempre tutto?	Signore, Lei perde ..... ?
Ved**i** il terrorista?	Signore, ... ?
Dorm**i** bene con lo stomaco pieno?	.... ?
Sent**i** l'altoparlante?	.... ?
Part**i** sempre in ritardo?	.... ?

H. *Expressions with* avere

Un panino, per favore, **ho fame**.	Ma **hai** sempre f**ame**.
Presto, presto, **ho fretta**.	Ma **hai** sempre .....
Sono stanca, **ho sonno**.	Ma **hai** ....
Ecco la bomba, **ho paura**.	....
È il marito, **ho ragione**.	....
Una limonata, per favore, **ho sete**.	....
Sei in ritardo, ma **ho pazienza**.	....
Sono giovane, **ho ventun'anni**.	....

I. *Plural of nouns*

Avete una matit**a**?	Sì abbiamo quattro matit**e**.
Avete un libr**o**?	Sì abbiamo quattro libr**i**.
Avete un pallon**e**?	.... palloni.
Avete una cartell**a**?	....
Avete un quadern**o**?	....
Avete una penn**a**?	....
Avete un giornal**e**?	....
Avete un professor**e**?	....

J. *Plurals of nouns and adjectives*

Il carabinier**e** è intelligent**e**.	Ma tutti **i** carabinier**i** sono intelligent**i**.
La valigi**a** è pesant**e**.	Ma tutte **le** valig**e** sono pesant**i**.
L'orecchin**o** è elegant**e**.	Ma tutti **gli** orecchini ....
L'edicol**a** è vecchi**a**.	Ma tutte **le** ....
La bomb**a** è pericolos**a**.	....
Il terrorist**a** è nervos**o**.	....

Signora, Lei sente l'altoparlante?

Che cosa?

Ma tutti gli orecchini sono eleganti.

PAESE CHE VAI USANZA CHE TROVI!

When in Rome do as the Romans do!

Stephen Greco is a year 10 student at a secondary school in Australia. He has just returned to school after a three month stay in Italy with his family.

Where did you go, Steve?
We bought this **Fiat Ritmo** and travelled all around. You know, the main places – Rome, Naples, Venice, and we even went to Switzerland and France. But mainly we stayed in the town where mum comes from.

What was it like?
It was really great! You made lots of friends. I had this cousin and he took me around with all his mates. We mucked around together all the time.

Well, that's the same as here then.
No, it's really different. Like, for example, here you're over at someone's place. Over there, you're always out in a group – in the main street, or in the **piazza.** We used to meet at the **Bar dello Sport** every night and talk and have a good time until pretty late.

Did you just sit around all the time?
No, they have this thing where you walk up and down the street for ages, just talking and looking at all the other people, it's called **la passeggiata.** And you'd keep meeting other people, and every time you did you had to shake hands, even with other kids.

What were your parents doing while you were out?
They were out having a passeggiata with their friends and relatives; you'd bump into them too. They were always introducing me to some new cousin and we'd have to give a kiss on each cheek. It took a while to get used to all the handshaking and kissing.

Tony reckons when he was there, during the passeggiata everyone walked arm in arm. Is that true?
Well, not all the time. But sometimes when you're walking along someone might hold you by the arm. It's no big deal. You get used to that too. It's called **camminare a braccetto.**

Did you meet any girls?
I reckon! That's the best part of the passeggiata. Anyway, what have you guys been up to?

La Galleria di Milano: a popular place to go for a **passeggiata.**

CONVERSIAMO

1. **Permette che mi presento?**

Scusi, permette che mi presento? Sono	la Signora Thatcher. il Papa. Paolo Rossi. Olivia Newton-John.

Ah, ma Lei è	inglese! polacco! italiano! australiana!	E parla anche	inglese? polacco? italiano?

Ma certo.	Lei è	un vero una vera	linguista.
	Quante lingue parla?			

Parlo	due tre quattro	lingue.	Parlo	francese. inglese. tedesco. italiano. greco.	Mi dispiace, io parlo solo italiano.

Go on, introduce yourself and find out if they speak your language!

2. **In classe.**

Siediti Alzati Scrivi Ripeti Ascolta	subito adesso	per favore!

Sedetevi Alzatevi Scrivete Ripetete Ascoltate	subito adesso	per favore!

A. You're on holidays and you don't feel like doing a thing.
★ Ask your mum or dad if it's really necessary to do certain things, e.g. **Ma bisogna comprare i panini? Ma bisogna aprire la porta?**
★ You are told that it is necessary.
★ You object and give an excuse, e.g. you're tired, thirsty, hungry, etc.

B. You're in a bad mood and arguing with a friend.
★ You accuse your friend of always doing something e.g. **Ma Graziella, mangi sempre!**
★ Your friend denies this and comes back with a similar accusation. e.g. **E tu dormi troppo!**
★ This argument could go on and on.
★ Destroy your friendship with a few decent insults e.g. **Ghiottone, pazzo/a,** etc.

C. Still at the same party, you're left on your own.
★ You decide to introduce yourself to someone.
★ He/she asks if you speak German, Polish, Greek etc.
★ You answer saying how many languages you speak.
★ He/she asks if you play certain sports.

D. You're a strict teacher! And you've decided to make the class work hard.
★ Give lots of commands both to the whole class and to individuals – sit down, write, open this, close this etc.
★ You thank the class (with a wry grin) and say goodbye.

PAROLE NUOVE

a	to
aprire	to open
arrestare	to arrest
arrivare	to arrive
aspettare	to wait for
l'autobus	the bus
avanti!	come on ! come in!
il banco	the bench, counter, desk
bevi	you drink
la bomba	the bomb
il capitano	the captain
il carabiniere	type of policeman
cercare	to look for
le chiacchiere	the chatter, talk
chiamare	to call
comprare	to buy
con	with
la confusione	the confusion
dai!	come on
il dente	the tooth
la dogana	the customs
il doganiere	the customs agent
fame(avere)	hunger, (to be hungry)
fretta(avere)	hurry, (to be in a hurry)
fritto	fried
fumare	to smoke
gentile	kind
la lettera	the letter
la limonata	the lemonade
mangiare	to eat
il paese	the town, country
la palla	the ball
il pallone	the football
il panino	the bread roll
paura(avere)	fear, (to be afraid)
pazienza(avere)	patience, (to be patient)
perchè	because, why
perdere	to lose
prendere	to take
ragione(avere)	reason, (to be right)
ricevere	to receive
il robot	the robot
il rumore	the noise
sentire	to hear
sete(avere)	thirst, (to be thirsty)
solo	only, alone
sonno(avere)	sleep, (to be sleepy)
sopra	on, on top of
la storia	the story
la studentessa	the student(female)
subito	immediately
il/la tennista	the tennis player
il/la terrorista	the terrorist
torto(avere)	wrong, (to be wrong)
vecchio	old
ventun'anni	twenty one years

Le nazioni	The nations	Le lingue e le nazionalità	The languages and nationalities
Australia	Australia	**australiano**	Australian
Cina	China	**cinese**	Chinese
Francia	France	**francese**	French
Germania	Germany	**tedesco**	German
Giappone	Japan	**giapponese**	Japanese
Grecia	Greece	**greco**	Greek
Inghilterra	England	**inglese**	English
Italia	Italy	**italiano**	Italian
Iugoslavia	Yugoslavia	**serbo, croato**	Serbian, Croat
Malesia	Malaysia	**malese**	Malay
Olanda	Holland	**olandese**	Dutch
Russia	Russia	**russo**	Russian
Spagna	Spain	**spagnolo**	Spanish
Stati Uniti	United States	**americano**	American
Vietnam	Vietnam	**vietnamita**	Vietnamese

Espressioni / Expressions

Basta con le chiacchiere. — That's enough talk. / I've had enough of talking.
bisogna aprire — it is necessary to open
bisogna chiamare — it is necessary to call
ecco perchè — that's why
Ma dai! — come on! come off it!
Permette che mi presento? — May I introduce myself?
prendere ... per ... — to mistake ... for ...
stanco morto — dead tired
un momento! — just a moment!
Paese che vai usanza che trovi. — When in Rome do as the Romans do.

Gli insulti! / Insults!

fifone! — coward! (someone easily scared)
ghiottone! — glutton!
maleducato! — rude person! (bad mannered)
matto! — mad! insane!
pazzo! — mad! crazy!
scemo! — idiot! imbecile!
sciocco! — fool! thick-head!
spiritoso! — smart aleck! (someone trying to be funny)

Nessuno è perfetto.

In classe / In the classroom

alzati!	stand up!
ascolta!	listen!
certo	certainly
ripeti!	repeat!
scrivi!	write!
siediti!	sit down!
silenzio!	quiet!

RIASSUNTO DI GRAMMATICA

1. Plural of nouns

	singular	plural
masculine	-o	-i
masc. + fem.	-e	-i
feminine	-a	-e

e.g.
il ragazz**o**	**i** ragazz**i**
il carabinier**e**	**i** carabinier**i**
l' animal**e**	**gli** animal**i**
lo student**e**	**gli** student**i**
la domand**a**	**le** domand**e**
la canzon**e**	**le** canzon**i**
l' aul**a**	**le** aul**e**

2. Plural of definite article

	singular	plural
masculine	il	i
masculine	l'	gli
masculine	lo	gli
feminine	la	le
feminine	l'	le

3. Plural of adjectives

Some adjectives follow this pattern:

	singular	plural
masculine	-o	-i
feminine	-a	-e

Others follow this pattern:

	singular	plural
masculine	-e	-i
feminine	-e	-i

4. The present tense

	Parl**are**: to speak	Mett**ere**: to put	Dorm**ire**: to sleep
io	parl**o**	mett**o**	dorm**o**
tu	parl**i**	mett**i**	dorm**i**
Lei/lui/lei	parl**a**	mett**e**	dorm**e**
noi	parl**iamo**	mett**iamo**	dorm**iamo**
voi	parl**ate**	mett**ete**	dorm**ite**
loro	parl**ano**	mett**ono**	dorm**ono**

5. The imperative

The Italian **voi** form of the present tense is very versatile. It can be used in statements, questions and commands, (i.e. the imperative).

e.g. **Parlate italiano.** You speak Italian. *(statement)*
Parlate italiano? Do you speak Italian? *(question)*
Parlate italiano! Speak Italian! *(imperative)*

Of course all these forms are plural.

6. Expressions with *avere*

avere fame	to be hungry	**avere paura**	to be afraid
avere fretta	to be in a hurry	**avere ragione**	to be right
avere torto	to be wrong	**avere pazienza**	to be patient
avere sonno	to be sleepy	**avere sete**	to be thirsty

e.g. **avere quindici anni** to be fifteen years old.

Ho fame, ho sete e ho sonno.

Sì, ma hai molta pazienza.

CAPITOLO QUATTRO
L'INTERVISTA

Ci sono molti giornalisti all'aeroporto, che aspettano una famosa tennista.

Finalmente, è lei, la Signorina O'Rally. Presto, andiamo!

Signorina, Lei è irlandese o australiana? Parla italiano?

Sono australiana. Parlo italiano, francese e inglese.

Molte tenniste hanno una dieta speciale. Lei ha una dieta speciale o mangia un po' di tutto?

Non ho una dieta. Quando ho fame mangio molto.

Signorina, ha un lavoro in Australia o gioca sempre a tennis?

No, non gioco sempre a tennis. Che ridicolo, hi, hi, hi! Gioco a pallavolo, futbol, pallacanestro...

Gli australiani sono bravi tennisti, perchè?

Ci sono molti campi da tennis in Australia?

Preferisce il doppio o il singolo?

Signorina, dorme bene quando c'è un torneo importante?

Riceve molte lettere da tifosi italiani?

Signorina, la tennista russa Martina Karnitemova piange quando perde. Lei piange se perde?

Lei pulisce le scarpe vecchie o mette scarpe nuove per ogni partita?

Trova che l'Italia è bella o preferisce l'Australia?

Ma non so. Tutte queste domande!! Non capisco.

Panel 1: Ma Lei è la Signorina O'Rally, la famosa tennista australiana?

Panel 2: Be', sono australiana e gioco a tennis, ma diamoci del tu. Mi chiamo Laura. Sei libero stasera? Dove vai?

Panel 3: Accidenti!!!!! Signorina Lei è… E va bene diamoci del tu. Sei veramente sfacciata.

Panel 4: Ecco arriva adesso. Presto. Perdiamo tempo qui.

Panel 5: Presto, Laura, non c'è molto tempo. L'autobus parte per Roma adesso.

Panel 6: Arrivo subito. Signora Casati, Lei piange quando pulisce le scarpe? Dorme bene quando mangia un po' di tutto? Parla irlandese o russo?

Sempre Avanti! 53

CAPITOLO 4

DOMANDE SUL FUMETTO

Answer the following questions in Italian:
1. Dov'è Laura?
2. Quando mangia molto Laura?
3. Laura parla solo inglese?
4. Ci sono molti campi da tennis in Australia?
5. A che cosa gioca Laura?
6. I giornalisti, chi cercano?
7. Perchè la signora Casati ha fretta?
8. La signora Casati capisce Laura?

PARLIAMO

A. Io, tu — (-ire)

Non dor**mo** in quest'aereo.	Perchè non dor**mi** in quest'aereo?
Non cap**isco** questa lingua.	Perchè non cap**isci**.......... ?
Non fin**isco** questa partita.	Perchè non............. ?
Non apr**o** questo zaino.	.... ?
Non sent**o** questa domanda.	.... ?
Non pul**isco** queste scarpe.	.... ?
Non part**o** per Roma oggi.	.... ?

Perchè non dor**mi** in quest'aereo?

B. Voi, loro — (-ire)

Voi fin**ite** oggi. E loro?	No, loro non fin**iscono** oggi.
Voi part**ite** domani. E loro?	No, loro non part**ono** .....
Voi cap**ite** l'italiano. E loro?	No, loro non ....
Voi sent**ite** l'altoparlante. E loro?	No, ...
Voi prefer**ite** la tuta grigia. E loro?	....
Voi apr**ite** tutte le valige. E loro?	....
Voi pul**ite** le tute bianche. E loro?	....
Voi dorm**ite** all'aeroporto. E loro?	....

C. Lui, loro — (-ire)

Dario apr**e** le valige.	Ma tutti i ragazzi apr**ono** le valige.
Dario prefer**isce** il singolo.	Ma tutti i ragazzi prefer**iscono** ...
Dario dorm**e** molto bene.	....
Dario pul**isce** le scarpe.	....
Dario part**e** per Roma.	....
Dario cap**isce** le domande.	....

D. Io, lui/lei

Io **sono** in ritardo. E Giulio?	Anche lui **è** in ritardo
Io **ho** sempre fame. E Giulia?	Anche lei **ha** ....
Io **vado** in Italia. E Giulio?	Anche lui ....
Io **cerco** la cartella. E Giulia?	....
Io **piango** sempre. E Giulio?	....
Io **parto** per Roma. E Giulia?	....
Io **capisco** l'italiano. E Giulio?	....
Io **preferisco** il nuoto. E Giulia?	....

Io **preferisco** il nuoto.

E. Diamoci del tu

Signorina, **Lei è** birichina!	Ma diamoci del tu. Va bene! **Sei** birichina!
Signorina, **gioca** al tennis?	Ma diamoci del tu. Va bene! **Giochi** ... ?
Signorina, **parte** per l'Italia?	Ma diamoci del tu. Va bene! .... ?
Signorina, **Lei dorme** troppo.	Ma diamoci del tu. ....
Signorina, **Lei ha** una valigia pesante?	Ma diamoci del tu. .... ?
Signorina, **Lei parla** italiano.	Ma diamoci del tu. ....
Signorina, **Lei legge** le riviste.	Ma diamoci del tu. ....
Signorina, **Lei preferisce** il doppio?	Ma diamoci del tu. .... ?

PARLIAMO

F. Che: who

I carabinieri mangiano. Questi sono i carabinieri **che** mangiano.
I tifosi guardano. Questi sono i tifosi **che** . . . .
I tennisti giocano. . . . .
I ragazzi piangono. . . . .
Le ragazze leggono. . . . .
I giornalisti dormono. . . . .

G. C'è — ci sono

C'è un giornalista qui? **Ci sono** molt**i** giornalist**i** qui.
C'è una tennista qui? **Ci sono** molt**e** tennist**e** . . . .
C'è un carabiniere qui? **Ci sono** molti . . . .
C'è un terrorista qui? . . . .
C'è uno zaino qui? . . . .
C'è un giornale qui? . . . .
C'è un autobus qui? **Ci sono** molti auto**b**us qui.

Questo paese è piccolo.

H. I, gli, le + *plural nouns, adjectives*

Questa domanda è ridicola. Ma tutte **le** domand**e** sono ridicol**e**.
Questo giornale è grande. Ma tutti **i** . . . .
Questa storia è interessante. Ma . . . .
Questo paese è piccolo. . . . .
Questo studente è sfacciato. . . . .
Questo zaino è pieno. . . . .
Quest'italiano è spiritoso. . . . .
Quest' australiana è birichina. . . . .

I. Essere, avere *expressions*

Kevin **è** intelligentissimo. Sì, **ha** sempre **ragione**.
Giorgio **è** veramente scemo. . . . . . **ha** sempre **torto**.
Lucia **ha** nove maglie. . . . . . . sempre **freddo**.
Enrico non **ha** il golfino. . . . . **caldo**.
Gino **beve** sempre. . . . . **sete**.
Luigi **mangia** moltissimo. . . . .
Dino **è** fifone. . . . .

J. Weather

C'è sole. Sì, fa caldo.
C'è neve. Sì, fa freddo.
C'è afa. . . . .
C'è pioggia. . . . .
Ci sono nuvole. . . . .
C'è vento. . . . .

PAROLE NUOVE

I numeri		ventitrè	23	quarantasette	47
undici	11	ventiquattro	24	quarantotto	48
dodici	12	ventotto	28	quarantanove	49
tredici	13	trenta	30	cinquanta	50
quattordici	14	trentuno	31		
quindici	15	trentadue	32		
sedici	16	trentatrè	33		
diciassette	17	trentotto	38		
diciotto	18	quaranta	40		
diciannove	19	quarantuno	41		
venti	20	quarantatrè	43		
ventuno	21	quarantasei	46		

From 20 to 50 the numbers follow an easy pattern. Why are 21, 28, 31, 38, 41, 48 different? And what about 23, 33 and 43?

GLI ITALIANI AMANO LO SPORT!

1. Agli italiani piace moltissimo lo sport. Ma, come anche gli australiani, gli italiani preferiscono più guardare piuttosto che¹ giocare. Lo sport preferito² in Italia è senza dubbio³ il calcio. Quando c'è una partita importante, e specialmente quando gioca la Nazionale Italiana, le vie delle città sembrano deserte.⁴ Tutti guardano la partita alla televisione o l'ascoltano alla radio o, se possono⁵, vanno allo stadio. Questi⁶, sono tifosi allo Stadio Olimpico a Roma, o sono spettatori ad una festa che guardano i fuochi d'artificio⁷?

2. Quelli ed anche questi sono tifosi naturalmente! Tutti i paesi e le città hanno almeno⁸ una squadra di calcio. E ci sono tante classifiche, ma la classifica più alta⁹ è la Serie A. Certe grandi città hanno due squadre forti. Per esempio Genova ha il **Genoa** e la **Sampdoria**; Milano ha l'**Inter** e il **Milan**; Roma ha la **Lazio** e la **Roma**; e Torino ha il **Torino** e la **Juventus**. La Juventus è la squadra che ha più tifosi di tutte le altre¹⁰ squadre. Forse perchè la Juventus ha vinto il numero record di scudetti¹¹.

3. Il tennis è anche molto popolare. L'Italia ha avuto grandi campioni¹² come Adriano Panatta e Nicola Pietrangeli, ed ha anche vinto¹³ la Coppa Davis una volta. Il campo da tennis più famoso in Italia è il Foro Italico a Roma. È molto vicino allo¹⁴ Stadio Olimpico.

4. Ma per giocare molti sport bisogna essere in forma. E per essere in forma bisogna allenarsi, fare un po' di footing.

> Anch'io sono una campionessa. Non perdo mai¹⁵.

> Non perdi mai perchè giochi sempre da sola!¹⁶

> Bravissima! In gamba! E dai! Forza!

> Mi piace giocare a pallacanestro, ma non mi piace l'allenamento.

> Ma Laura, sei veramente pigra!

Scusi signorina, ma questo è ridicolo, non siamo in un campo da tennis.

Ma io sono la famosa signorina O'Rally. Dovunque vado[18] porto sempre la racchetta da tennis. Adesso mi alleno nella battuta.[19] Scusi, per favore!

Marcello crede di essere superman!

5. Gli Sport acquatici sono tanti. Ci sono spesso[17] campionati di windsurf, di yachting, di nuoto, di sci acquatico e di canottaggio.

6. Le scuole offrono l'opportunità di praticare tanti sport; la ginnastica, l'atletica leggera, il calcio, il tennis, il nuoto...

Un sorriso per la stampa![21]

Non posso[22]. Sono stanco morto.

7. Il ciclismo, lo sport della bicicletta, è un'altro sport di grande importanza. L'Italia ha avuto grandi campioni come Fausto Coppi, Gino Bartali e Felice Gimondi. Le due gare più importanti[20] per il ciclismo sono il Tour de France e il **Giro d'Italia**. Sapete che cos'è il Giro d'Italia?

1. **preferire...piuttosto che...:** to prefer...more than...
2. **lo sport preferito:** the favorite sport
3. **senza dubbio:** without a doubt
4. **sembrano deserte:** seem deserted
5. **se possono:** if they can
6. **questi:** these people
7. **i fuochi d'artificio:** fireworks
8. **almeno:** at least
9. **la classifica più alta:** the highest division, league
10. **di tutte le altre:** than all the others
11. **scudetto:** the championship (it is also a badge sewn to the jumper as a sign of having won)
12. **ha avuto grandi campioni:** has had great champions
13. **ha anche vinto:** has also won
14. **è molto vicino allo:** it's very close to the
15. **Non perdo mai!:** I never lose!
16. **da sola:** alone, on your own
17. **spesso:** often
18. **dovunque vado:** wherever I go
19. **la battuta:** the service (in tennis)
20. **le due gare più importanti:** the two most important races
21. **Un sorriso per la stampa!:** Smile for the press!
22. **Non posso:** I can't
23. **l'automobilismo:** car racing
24. **l'ippica:** horse racing

Altri sport popolari sono lo sci alpino, l'automobilismo[23], il pallacanestro e l'ippica[24].

CONVERSIAMO

1. **Che tempo fa?**

| Che tempo fa in | Italia
Australia
Antartica
Queensland | in autunno?
d'inverno?
in primavera?
d'estate? |

Fa	freddo. caldo. bel tempo. brutto tempo.
Non c'è male.	

2. **Che tempo fa lì adesso?**

| Che tempo fa lì adesso? |

| È | bellissimo.
bruttissimo. | C'è | vento.
il temporale.
il sole.
la luna. |

| Ah, benissimo.
Mi dispiace. | Qui è | nuvoloso.
afoso.
bello.
brutto.
così così. |

Che tempo fa?

Panel 1: È una bella giornata oggi. Il sole splende, l'aria è fresca... amo la primavera. Quando arriva Kevin andiamo in campagna.

Panel 2: **Bip Bip** A Singapore fa troppo caldo... è una giornata afosa A New York piove e c'è molto vento... in Antartica fa freddissimo, è 34 gradi sotto zero e nevica,...

Panel 3: ...sto malissimo... vado a casa... a dormire...

A. You are a journalist waiting for a VIP to arrive at the airport.
- You try to catch the VIP's attention by greeting him/her and saying who you are.
- He/she says he's in a hurry and gives a reason (e.g. he/she is hungry, thirsty, has only ten minutes to spare).
- Using the **Lei** form ask as many questions as you like.
- The VIP makes up appropriate answers.
- At some point the VIP invites you to use the **tu** form.

B. You've made an ISD phone call overseas to a friend.
- Ask about the weather.
- He/she answers.
- You say you're pleased/sorry and describe the weather you're having.
- Your friend says the weather is always like that in that particular season.

LA GIORNATA DI ALDO PAOLETTI

Fa freddo o è freddo?

6:30 — Fa freddo, molto freddo, e c'è una nebbia fitta.
Mamma mia! Ho freddo.

6:45 — *Accidenti! L'acqua è troppo calda.*

7:05 — *Iac! Questo caffè è freddo.*

7:27 — Aldo è in ritardo. L'autobus è in partenza.

7:29 — *Mi dispiace. Ho caldo adesso.*

9:45 — *Uffa! Fa caldo in quest'ufficio.* *Sì. Ma fuori fa freddo. Non vedi quelle nuvole nere?*

4:15 — *Che brutto tempo!* *Adesso piove. Meno male che non nevica.*

5:38

CANZONE: LA BALLATA DI GINO ZAPPALÀ

Musica: Tarantella Napoletana

Gino:
Signorina, come sta? Sono Gino Zappalà
Sono bruno, forte e bello; quest'è solo la metà.
Signorina dove va? Questa sera cosa fa?
Con il mio motorino vuol venire in città?

Sono simpatico, practico, molto romantico e voglio sapere perchè . . .
Lei non vuole sentire, non vuole capire non vuole venire con me.
La la la la la . . .

Faye:
Uei ragazzo, tu sei pazzo, io non vado mai con te.
Ed io viaggio solo in Alfa . . . e non in macinacaffè.
Mi dispiace se ti vede il mio bello Antonello
è alto due metri ed è molto geloso di me. (due volte)

Gino:
Signorina Lei non sa quanto è ricco mio papà.
Ha tre ville in campagna, sei palazzi in città.
Signorina venga qua, che un'Alfa già ce l'ho,
due Ferrari, quattro Fiat . . . quest'è solo la metà!

Sono simpatico, practico, molto romantico e voglio sapere perchè . . .
Lei non vuole sentire, non vuole capire non vuole venire con me.
La la la la la . . .

Faye:
Caro Gino, birichino, la tua macchina dov'è?
Hai un'Alfa e non importa . . . se sei uno scimpanzè.
Mi dispiace per lo scherzo, Antonello è mio fratello.
Ti amo veramente ed io voglio venire con te! (due volte)

PAROLE NUOVE

Italian	English	Italian	English
Il tempo	The weather	Che tempo fa?	What's the weather like?
l'afa	sultriness	c'è afa	it's sultry
il caldo	the heat	fa caldo	it's hot
il freddo	the cold	fa freddo	it's cold
la neve	the snow	nevica	it's snowing
la nuvola	the cloud	è nuvoloso	it's cloudy
la pioggia	the rain	piove	it's raining
il temporale	the storm	c'è il temporale	it's stormy
il vento	the wind	c'è vento	it's windy

Italian	English	Italian	English
l'aria è pura	the air is pure	gradi	degrees
l'aria è fresca	the air is fresh	la luna	the moon
l'aria è inquinata	the air is polluted	il sole splende	the sun is shining
il cielo	the sky	le stelle	the stars
fitto	thick		

accidenti!	good grief!
amare	to love
brutto	awful, ugly
la campagna	the countryside
il campo	the sports ground
capire (-isc-)	to understand
la casa	the house, home
da	from
la dieta	the diet
la domanda	the question
domani	tomorrow
il doppio	the double, doubles
finalmente	finally
finire(-isc-)	to finish
fuori	outside
la giornata, il giorno	the day
importante	important
interessante	interesting
l'intervista	the interview
irlandese	Irish
il lavoro	the work
libero	free, not engaged
oggi	today
ogni	every
piangere	to cry
preferire(-isc-)	to prefer
pulire(-isc-)	to clean
il singolo	singles
sotto	under
speciale	special
stasera	this evening
i tifosi	the supporters
il torneo	the tournament
l'ufficio	the office

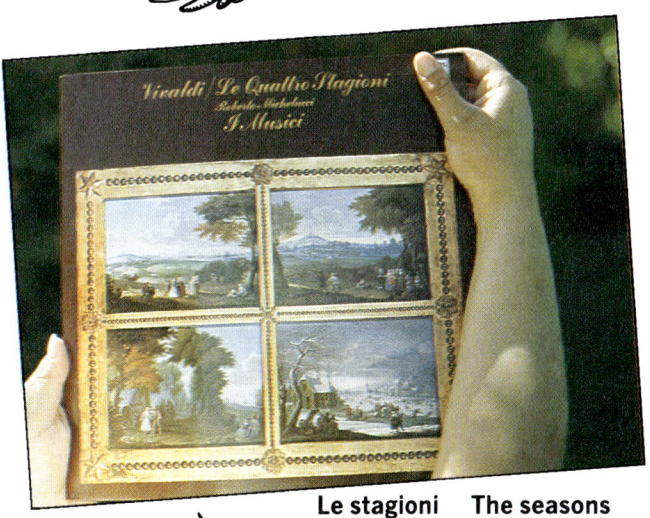

Le stagioni	The seasons
l'autunno	the autumn
l'inverno	the winter
la primavera	the spring
l'estate	the summer

Espressioni	Expressions
andare a casa	to go home
Diamoci del tu	Let's use the **tu**
andare in campagna	to go to the country
non c'è male	it's not too bad
Arrivo subito!	I'll be there in a second!
perdere tempo	to waste time
il campo da tennis	the tennis court
per ogni partita	for every game
Che tempo fa?	What's the weather like?
un po' di tutto	a little of everything
fare il footing	to jog

RIASSUNTO DI GRAMMATICA

1. **-ire verbs with -isc**

Dormire - to sleep	Finire - to finish
dormo	finisco
dormi	finisci
dorme	finisce
dormiamo	finiamo
dormite	finite
dormono	finiscono

   e.g. aprire, sentire, partire

   e.g. capire, preferire, pulire, arrossire.

2. **Che**

   I carabinieri cercano un terrorista che ha una bomba.
   The police are looking for a terrorist who has a bomb.

   Il capitano crede che siamo scemi.
   The captain thinks that we're silly.

3. **Diamoci del tu**

   Diamoci del tu is an expression that may be used to invite someone to speak on more familiar terms.
   e.g. **Giornalista:** Signorina, **Lei è** veramente sfacciata.
       Laura: Ma **diamoci del tu**.
       Giornalista: Va bene, **sei** veramente sfacciata.

4. **C'è, ci sono**

   C' è un giornalista all'aeroporto.
   There is a journalist at the airport.

   Ci sono molti giornalisti all'aeroporto.
   There are many journalists at the airport.

5. **Caldo, Freddo**

   Study these sentences:

   Fa caldo oggi ma l'acqua è fredda.
   It's hot today but the water is cold.

   Oggi fa molto freddo. Prendete un caffè! È caldo.
   It's very cold today. Have a coffee! It's hot.

   Fa bel tempo ma ho freddo e sono stanco.
   The weather's fine but I'm cold and tired.

PAROLE NUOVE

Lo sport

Gioco a . . .	I play . . .
il calcio	soccer
il futbol australiano	aussie rules
il pallacanestro, **(il basket)**	basketball
pallavolo	volleyball
il tennis	tennis
pratico . . .	I play, practise, participate in.
l'atletica leggera	athletics
il canottaggio	rowing
il ciclismo	cycling
il nuoto	swimming
il pattinaggio	skating
la scherma	fencing
lo sci	skiing

Many sports that are not commonly played in Italy keep their English names e.g. il golf, il cricket, lo squash.

Per chi tifi?

Sono romanista. Tifo per la Roma.

Note

Tifoso comes from the Italian word **tifo:** typhus, a dangerous fever.
Tifoso is not a bad word to use for sports fans, is it? Italians have invented the word **tifare** which means to barrack.

Ti piace fare il canottaggio?

Those Roma supporters really paint the town red . . . and yellow.

CAPITOLO CINQUE
I MOTORINI

Lunedì il 3 maggio, di mattina. Mentre la signora Casati visita un cugino, i ragazzi camminano soli per le vie di Roma.

Sono stanco morto. Non voglio camminare più.

Su, Dario! Voglio vedere tutto. C'è ancora il Colosseo, San Pietro, il Foro Romano...

Anch'io sono stanco. Non posso andare avanti. Voglio rimanere qui. Ho sete.

Non puoi rimanere qui. Hai sentito, Angela? Giorgio ha camminato per tre ore e non può camminare più.

Sì, ho sentito. Ma questi ragazzi australiani sono deboli! Guardate gl'italiani. Loro non sono stanchi.

Ciao, bella. Vuoi vedere Roma con noi?

Noi siamo veri romani. Vuoi venire con noi?

Ti piace Roma?

Non vuole andare con voi. È contenta con noi.

Non puoi parlare sempre con i ragazzi. Non vuoi vedere la città?

Gl'italiani non sono stanchi perchè non hanno camminato per tre ore. Hanno il motorino.

Allora, perchè non prendiamo un motorino anche noi?

Ma bisogna avere la patente; noi non abbiamo la patente.

Ma Kevin, lo sai che ho quattordici anni.

Va bene, puoi guidare un motorino. In Italia non è necessario avere la patente. Basta avere quattordici anni.

Non è vero. Senti, Angela, quanti anni hai?

Che forte!! Andiamo!

Ma Angela, con tutto il traffico è troppo pericoloso guidare qui. Io preferisco camminare. Andiamo al bar, ho sete.
Hai sentito, Laura? Giorgio ha paura. Se hai paura, Giorgio, posso guidare io.
Anch'io voglio guidare. Andiamo!
IL GAMBERO
Scusi signore, c'è un bar qui vicino?
MOTORINI
Vespa
Buongiorno signorina. Desidera?
Buongiorno, signore. Vorrei noleggiare due motorini…
Sì, abbiamo camminato troppo.
Va bene. Che tipo vuole, signorina? C'è Il Ciao, Il Boxer, Il Sì, e la Vespa. Sono tutti molto buoni.
Ho capito. Dunque, prendiamo un Ciao e una Vespa.
Ma non mi piace il Boxer, preferisco il Ciao.

Signore, può spiegare come funziona il motorino.

Sì, certo, è molto facile. Anche un bambino può capire.

Sì, anch'io vorrei sapere.

Meno male. Forse anche Giorgio può capire.

Dunque, attenzione ragazzi! Questi sono i freni, questa è la frizione, e qui c'è l'acceleratore.

E questa, che cos'è?

È l'aria, signorina. Se il motore è freddo bisogna dare un po' d'aria. E attenzione!!! Bisogna mettere benzina e olio insieme... qui sotto il sedile. E la Vespa ha anche un portabagagli. Avete capito?

Sì, certo; Lei ha spiegato tutto molto bene.

Ma se non parte subito?

Se non parte subito bisogna pulire le candele.

Ma se c'è un guasto? Lei garantisce i motorini?

Posso garantire che con questi motorini non ci sono problemi. Buon viaggio e buon divertimento!

Grazie, arrivederci.

Aiuto! C'è un ospedale qui vicino?

DOMANDE SUL FUMETTO

Question words:
Chi? Who?   **Che cosa?** What?   **Dove?** Where?
Perchè? Why?   **Quanti?** How many?   **Quando?** When?

The following questions refer to the comic strip. Answer them in Italian.

1. Chi visita un cugino a Roma?
2. I ragazzi dove vanno?
3. Perchè è stanco Giorgio?
4. Perchè non sono stanchi i ragazzi italiani?
5. Bisogna avere la patente per guidare un motorino in Italia?
6. Quanti anni ha Angela?
7. Quanti motorini vuole noleggiare Laura?
8. Quando bisogna pulire le candele?
9. Che cosa bisogna mettere nel motorino con la benzina?
10. Il proprietario garantisce i motorini?

PARLIAMO

A. Present tense (-are), subject pronouns

I ragazzi camminano **per le vie di Roma.**

E la signora Casati?	Anche lei cammina..............
E voi?	Anche noi......................
E Francesca?	Anche lei ....
E i giornalisti?	Anche loro ....
E tu?	Anch'io........................
E Pasqualino?	Anche lui ....
E Lei, signor Marotta?	Anch'io........................

B. Voglio + infinitive

Perchè non cammini?	Non **voglio** camm**inare** più.
Perchè non giochi?	Non **voglio** ....
Perchè non mangi?	....
Perchè non guidi?	....
Perchè non aspetti?	....
Perchè non leggi?	Non **voglio** legg**ere** più.
Perchè non rimani?	....
Perchè non piangi?	....
Perchè non dormi?	Non **voglio** dorm**ire** più.
Perchè non senti?	....
Perchè non capisci?	....

C. Puoi + infinitive

Perchè non guido?	Non guidi perchè non **puoi** guid**are**.
Perchè non cammino?	Non cammini perchè ....
Perchè non gioco?	Non ....
Perchè non piango?	....
Perchè non capisco?	....
Perchè non parto?	....

D. Puoi, vuoi

Mi dispiace ma non **posso** and**are**.	Non **puoi** andare o non **vuoi** andare?
Mi dispiace ma non **posso** cerc**are**.	Non **puoi** cercare o............
Mi dispiace ma non **posso** aspett**are**.	Non **puoi** ....
Mi dispiace ma non **posso** riman**ere**.	....
Mi dispiace ma non **posso** legg**ere**.	....
Mi dispiace ma non **posso** cap**ire**.	....
Mi dispiace ma non **posso** part**ire**.	....
Mi dispiace ma non **posso** ven**ire**.	....

PARLIAMO

E. Volere, potere — *present singular*

Chi **vuole** ven**ire**? Tu?	Sì, **voglio** ven**ire** ma non **posso**.
Chi **vuole** ven**ire**? Lui?	Sì, **vuole** ven**ire** ma ....
Chi **vuole** ven**ire**? Maria?	....
Chi **vuole** ven**ire**? Lei, signore?	....
Chi **vuole** ven**ire**? Giuseppe?	....
Anch'io **voglio** ven**ire**.	Ho capito, **vuoi** ven**ire** ma .....

F. Posso, voglio

Chi **può** guid**are**? Tu?	**Posso** guid**are** ma non **voglio**.
Chi **può** guid**are**? Lei, signora?	....
Chi **può** guid**are**? Maurizio?	....
Chi **può** guid**are**? Marisa?	....
Chi **può** guid**are**? Lei, signorina?	....
Anch'io posso guidare, ma	Ho capito, **puoi** guid**are** ma ...

G. Vorrei, voglio

Voglio due motorini.	Scusi, **vorrei** due motorini per favore.
Voglio una Vespa.	Scusi, **vorrei** ....
Voglio sapere come funziona.	Scusi, ...
Voglio i bagagli.	....
Voglio benzina.	....
Voglio la gonna verde.	....

H. *Adjectives*

Questo motorino è un po' pericolos**o**.	Sono tutti pericolos**i**.
Questa ragazza è un po' stan**ca**.	Sono tutte stan**che**.
Questa domanda è un po' esagerat**a**.	....
Quest'autista è un po' pazz**o**.	....
Questo giornale è un po' vecchi**o**.	....
Quest'australiana è un po' debol**e**.	....

I. *Past tense* — io

Perchè non mangi adesso?	Perchè **ho mangiato** stamattina.
Perchè non guardi adesso?	Perchè **ho** ....
Perchè non guidi adesso?	Perchè ....
Perchè non giochi adesso?	....
Perchè non dormi adesso?	Perchè **ho dormito** stamattina.
Perchè non finisci la lettera adesso?	Perchè **ho finito** la léttera ......
Perchè non pulisci le scarpe adesso?	....
Perchè non senti la canzone adesso?	....

J. *Past tense* — lui/lei → loro

Chi **ha mangiato** i panini?	Pietro e Giulia **hanno mangiato** i panini.
Chi **ha camminato** per tre ore?	Pietro e Giulia **hanno** ....
Chi **ha noleggiato** un motorino?	....
Chi **ha trovato** il Colosseo?	....
Chi **ha finito** il viaggio?	Pietro e Giulia **hanno finito** il viaggio.
Chi **ha capito** il problema?	....
Chi **ha preferito** la Vespa?	....
Chi **ha garantito** il motore?	....

PARLIAMO

K. Past tense — voi → noi

Avete mangiato i panini?	Sì, certo. **Abbiamo mangiato** tutto.
Avete trovato la frizione?	Sì, certo. . . . .
Avete guardato il motore?	. . . .
Avete portato le valige?	. . . .
Avete sentito questa canzone?	Sì, certo. **Abbiamo sentito** tutto.
Avete finito il giornale?	. . . .
Avete pulito il motore?	. . . .
Avete capito il problema?	. . . .

L. Bisogna, basta + *infinitive*

Bisogna cercare tutta la mattina?	No, basta cercare per un'ora.
Bisogna camminare tutta la mattina?	No, basta . . . .
Bisogna giocare tutta la mattina?	. . . .
Bisogna rimanere tutta la mattina?	. . . .
Bisogna leggere tutta la mattina?	. . . .
Bisogna pulire tutta la mattina?	. . . .
Bisogna dormire tutta la mattina?	. . . .

Avete finito il giornale?

M. Andare

Dove **vai** adesso?	Io? **Vado** al Colosseo.
E Lei, signorina, dove **va**?	Io? . . . .
E dove **va** il signor Mazzetti?	Lui? . . . .
E dove **va** Anna-Maria?	Lei? . . . .
Dove **andate**, ragazze?	Noi? . . . .
Dove **vanno** i terroristi?	Loro? . . . .

N. Ti piace, mi piace

Ti piace camminare o guidare?	**Mi piace** camminare, ma **preferisco** guidare.
Ti piace guardare o giocare?	**Mi piace** guardare, ma. . . . .
Ti piace parlare o sentire?	. . . .
Ti piace partire o arrivare?	. . . .
Ti piace il Ciao o la Vespa?	. . . .
Ti piace la macchina o l'autobus?	. . . .
Ti piace il motorino o la motocicletta?	. . . .
Ti piace la macchina o il camion?	. . . .

Ti piace guardare o giocare?

PAROLE SIMILI

The Italian words for <u>attention</u> and <u>direction</u> are **attenzione** and **direzione.** You will often find that English words ending in **-tion** (and sometimes **-ction**) have an Italian equivalent ending in **-zione**. In Italian these words are feminine e.g. **la stazione, l'azione, l'elezione.**
Guess the Italian equivalent of the following words:

nation . . . .
inflation . . . .
ventilation . . . .
section . . . .
devotion . . . .
promotion . . . .
prediction . . . .
production . . . .
destruction . . . .

What would the plural of these words be?

In Italia ci sono sempre elezioni.

MOTORINI E MACCHINE

Il motorino è il mezzo di trasporto[1] preferito dai giovani. È naturale, no? È molto più veloce di una bicicletta e offre più possibilità di fare delle gite[2]. Immagina un po'![3] Hai quattordici anni e abiti a Roma. Sono le otto e dieci di sabato mattina. La scuola comincia fra dieci minuti[4] ma tu non hai fretta perchè fuori ti aspetta[5] la nuova Vespa. I tuoi amici devono[6] prendere l'autobus o andare a piedi perchè loro non hanno risparmiato[7] per cinque anni! E domani? Be', è domenica e puoi andare al mare. Ah, che bello!... 80 chilometri all'ora... l'aria fresca... la libertà... ma per adesso, basta con i sogni[8]. Bisogna pensare alla scuola.

Il motorino non prende solo benzina ma una miscela. Bisogna mettere benzina e olio insieme qui, sotto il sedile.

Ei, ragazze, non sapete che è assolutamente vietato portare passeggeri su questi motorini?

Vorrei cinque litri di miscela, per favore. Può controllare[9] la frizione? C'è un guasto. Poi bisogna riparare la gomma. È bucata[10].

Ragazzino questo è un distributore. Va bene per la benzina, ma per il guasto bisogna trovare un'officina. Non sono un meccanico. E per la gomma c'è un gommista in piazza Verdi.

Scommetto che la mia Vespa è più veloce del tuo Boxer.

C'incontriamo dopo la scuola al campo sportivo. Va bene, chi perde va al ballo con Salvatore.

1. **mezzo di trasporto:** means of transport
2. **fare delle gite:** to go on outings
3. **Immagina un po'!:** Just imagine!
4. **comincia fra dieci minuti:** starts in ten minutes time
5. **fuori ti aspetta:** is waiting for you outside
6. **i tuoi amici devono:** your friends have to
7. **non hanno risparmiato:** they haven't saved up
8. **basta con i sogni!:** that's enough dreaming!
9. **può controllare:** can you check
10. **è bucata:** it's flat
11. **sono conosciute:** are renowned, are known
12. **precisione meccanica:** precision engines
13. **rete di autostrade:** network of freeways
14. **come quella:** like the one
15. **ponti e gallerie:** bridges and tunnels
16. **la cilindrata della macchina:** the power of the car

In Italia la FIAT (Fabbrica Italiana Automobili Torino) è dappertutto, anche nelle stazioni ferroviarie. Le macchine italiane sono conosciute[11] per lo stile elegante e la precisione meccanica.[12] Nel mondo dell'autobilismo il nome Ferrari è famosissimo. Conoscete altre macchine italiane?

Se vuole andare a Torino costa tredicimila lire.

L'Italia ha una grande rete di autostrade[13]. Se vuoi andare da Roma a Milano o da Napoli a Reggio Calabria senza troppi problemi di traffico puoi prendere l'autostrada. Viaggiare su un'autostrada italiana come quella[14] da Genova a Ventimiglia, tutta ponti e gallerie[15], è una vera esperienza. La velocità massima sull'autostrada dipende dalla cilindrata della macchina[16]. Ad esempio, se hai una 1500 puoi andare a centoquaranta chilometri all'ora.

Sempre Avanti! 71
CAPITOLO 5

CONVERSIAMO

1. Ti piace?

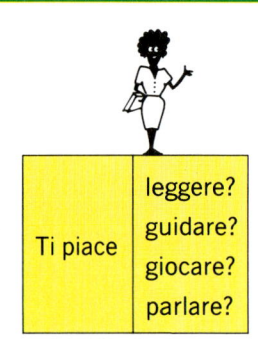

Ti piace	leggere?
	guidare?
	giocare?
	parlare?

Sì, mi piace	tanto.
	molto.
	moltissimo.

No, non mi piace.	Preferisco	camminare.
		dormire.
		guardare.
		ascoltare.

2. Preferisci?

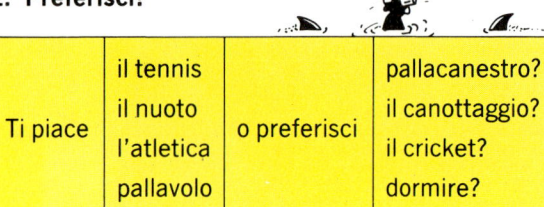

Ti piace	il tennis	o preferisci	pallacanestro?
	il nuoto		il canottaggio?
	l'atletica		il cricket?
	pallavolo		dormire?

Veramente mi piace	l'atletica	ma preferisco	dormire.
	il nuoto		mangiare.
	pallavolo		l'atletica.

3. Vorrei.

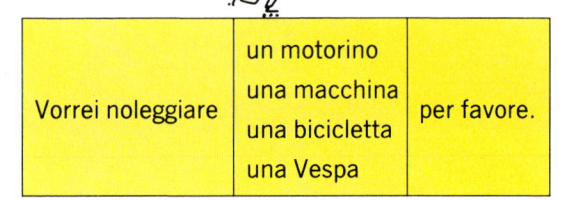

Vorrei noleggiare	un motorino	per favore.
	una macchina	
	una bicicletta	
	una Vespa	

Sì certo, che tipo	vuole?
	preferisce?
	desidera?

4. Che giorno è oggi?

| Che | giorno | è oggi? |
| | data | |

Oggi è	lunedì	il	primo gennaio.
	martedì		sette ottobre.
	domenica		venti marzo.

| In che mese siamo? |

Siamo in	febbraio.
	giugno.
	luglio.

A. You're with a friend of the family who has very little in common with you.
- After a few seconds of embarassing silence you try to break the ice by finding out what she likes or prefers.
- She dislikes all the things that you like and vice versa.
- As a final attempt you ask if she'd like to hire a motor scooter.
- She says she prefers walking.
- You tell her she's really **antipatica**.

B. You decide it's about time you had a party. You go and see your best friend to arrange a date.
- You suggest a number of days and dates.
- Your friend tells you she's busy on each day you suggest. **e.g. No, mi dispiace, venerdì il sei luglio gioco a tennis.**
- Make up your own ending to this conversation.

Sempre Avanti! 72

CONVERSIAMO

C. You are around at a friend's place. He seems bored and unhappy.
- You say "Hello" and ask how he is.
- He replies that he is not going very well, he is unhappy.
- You try to cheer him up by asking him if he wants to do a number of things.
  e.g. Vuoi giocare a pallacanestro?
- To each suggestion he replies that he doesn't like that activity. You give up in frustration and say what you think of your friend.

  Here is a list of expressions you may want to use:
  guardare la televisione   **vedere un film**
  leggere un libro/una rivista   **giocare a carte**
  noleggiare un motorino.   **andare in città**

  Your teacher might be prepared to help you with some more if you remember to ask, **Come si dice in italiano?**

D. Next day your friend, feeling a little guilty, catches up with you at your place.
- He makes a series of suggestions as you did the day before.
- To each suggestion you say that you did that yesterday (**ieri**).
  e.g. Ho giocato a pallacanestro ieri.
- You'll need to restrict yourselves to -**are** and -**ire** verbs).

RIASSUNTO DI GRAMMATICA

1. Volere to want   **Potere** to be able (can)

voglio	I want		**posso**	I can
vuoi	you want		**puoi**	you can
vuole	he, she, it wants		**può**	he, she, it can
vorrei	I would like			

Vorrei andare ma non posso. I'd like to go but I can't.

2. The Perfect tense

To form the *Perfect tense* you use parts of **avere** + the *Past participle*. This is how you form the *Past participle*:

-**are** → -**ato**
e.g. parl**are** → parl**ato**

-**ire** → -**ito**
e.g. dorm**ire** → dorm**ito**

Study these examples of the *Perfect tense*.
ho camminato	I (have) walked
hai capito	you (have) understood
ha noleggiato	he, she (has) hired
abbiamo garantito	we (have) guaranteed
avete comprato	you (have) bought
hanno finito	they (have) finished.

3. Talking about likes and dislikes

mi piace	I like
ti piace	you like
non mi piace	I don't like
Ti piace Roma?	Do you like Rome?
Sì, mi piace molto.	Yes, I like it a lot.
Ti piace guidare?	Do you like to drive (driving)?
No, non mi piace guidare.	No, I don't like to drive (driving).

4. Bisogna, basta + *infinitive*

Bisogna avere la patente?	Is it necessary to have a licence?
No, basta avere 14 anni.	No, it is enough to be 14 years old.

PAROLE NUOVE

La settimana   **The week**
lunedì Monday
martedì Tuesday
mercoledì Wednesday
giovedì Thursday
venerdì Friday
sabato Saturday
domenica Sunday

I mesi   **The months**
gennaio January
febbraio February
marzo March
aprile April
maggio May
giugno June
luglio July
agosto August
settembre September
ottobre October
novembre November
dicembre December

Che data è oggi? What's today's date?
Oggi è lunedì il primo maggio.
Today is Monday the first of May.
Oggi è domenica il sette agosto.
Today is Sunday the seventh of August.
Oggi è venerdì il tredici settembre.
Today is Friday the thirteenth of September.
Oggi è giovedì il ventiquattro aprile.
Today is Thursday the twenty fourth of April.

PAROLE NUOVE

allora	well then	**Automobilismo**	**Motoring**
ancora	yet, more, still	l'acceleratore	the accelerator
ascoltare	to listen to	l'aria	the choke
il bagaglio	the luggage	l'autista	the driver
la bicicletta	the bicycle	l'autobus	the bus
buono	good	l'automobile (f)	the car
camminare	to walk	la batteria	the battery
certo	of course, certainly	la benzina	the petrol
la città	the city	il camion	the truck
il Colosseo	the Colosseum	le candele	the spark plugs
il cugino	the cousin	il clacson	the horn
dappertutto	everywhere	il distributore	the petrol station
debole	weak	divieto di sosta	no parking
desiderare	to desire, want	i fari	the headlights
il divertimento	the amusement, fun	i freni	the brakes
domani	tomorrow	la frizione	the clutch
esagerato	exaggerated	il garage	the garage
facile	easy	la gomma	the tyre
il Foro	the Forum	il guasto	the (mechanical) breakdown
funzionare	to work, function	l'incidente	the accident
garantire(-isc-)	to guarantee	le luci	the lights
il giorno	the day	la macchina	the car
guidare	to drive	la motocicletta	the motorbike
insieme	together	il motore	the motor
la mattina	the morning	il motorino	the (motor) scooter
mentre	while	la multa	the fine
il mese	the month	l'officina	the workshop, garage
mi piace	I like	l'olio	the oil
ti piace	you like	la patente	the licence
necessario	necessary	il portabagagli	the luggage-rack
noleggiare	to rent, hire	la ruota	the wheel
un' ora	an hour	il sedile	the seat
l'ospedale (m)	the hospital	il semaforo	the traffic lights
per favore	please	senso unico	one way
portare	to carry	lo specchietto	the rear vision mirror
potere	to be able, can	la targa	the number plate
il problema	the problem	il volante	the steering wheel
quanti?	how many?	il Boxer	
rimanere	to stay, remain	il Ciao	tipi di motorini
romano	roman	la Vespa	
sapere	to know		
senza	without		
spiegare	to explain		
stamattina	this morning		
il tipo	the type, make		
il proprietario	the proprietor		
il traffico	the traffic		
venire	to come		
vero	real, true		
il viaggio	the trip		
vicino	near		
visitare	to visit		
volere	to want		
vorrei	I would like		

Espressioni	**Expressions**
Andiamo al bar!	Let's go to the cafe!
camminare per le vie	to walk through the streets
(Che cosa) desidera?	What would you like?
lo sai che...	do you know that...
meno male	thank goodness, it's a good thing
Non voglio camminare più.	I don't want to walk anymore
Quanti anni hai?	How old are you?

CAPITOLO SEI
LA GITA TURISTICA

Dove va Laura adesso? Perchè non va a sinistra?

Laura, dove vai adesso? Perchè non vai a sinistra?

Vado a destra perchè voglio trovare il Colosseo.

Va a destra perchè cerca il Colosseo.
Laura, perchè non vai più piano?
Scusi, signore. Vado bene per il Colosseo?
SENSO UNICO
MIP317

Siete pazzi! Non potete guidare così.

Ma signore, cosa c'è?

Signorina, questa via è **"senso unico"**. Lei non può andare in questa direzione.

Ah, scusi. Siamo australiani. Non abbiamo capito il segnale.

Ho capito. Ma poi siete in tre su un motorino!! Non è un po' esagerato? Questo è per i bagagli.

Questo è vietato in Italia? Scusi, signor capitano. In Australia viaggiamo spesso in tre su un motorino. Anche in quattro.

Non sono capitano e qui è severamente proibito, è assolutamente vietato, è… Insomma, andate a casa adesso?

Sì, sì, andiamo subito a casa.

E lui, chi è?

È Kevin. Ha sempre la testa fra le nuvole.

Basta, basta. Non ne posso più con questi australiani. Andate a casa ma attenzione!! Qui a Roma ci sono molti autisti pazzi.

Sì, signore, ha ragione.

Grazie, signor colonnello. Arrivederci!!!!!

Per favore, c'è un ospedale qui vicino?

Ah, questi australiani.

DOMANDE SUL FUMETTO

Answer in Italian these questions based on the cartoon script.

1. Perchè non va a sinistra Laura?
2. Laura va bene per il Colosseo?
3. Chi ha paura?
4. Perchè Laura non può andare in quella direzione?
5. Quanti ragazzi vanno su un motorino?
6. Questo è vietato in Italia?
7. Dov'è la testa di Kevin?
8. Che cosa cerca Giorgio?

PARLIAMO

A. Asking directions

Perchè non domandi se c'è una farmacia.	**Scusi, c'è** una farmacia qui vicino?
Perchè non domandi se c'è un mercato.	**Scusi, c'è** .... ?
Perchè non domandi se c'è una macelleria.	**Scusi**, ... ?
Perchè non domandi se c'è un supermercato.	.... ?
Perchè non domandi se c'è un cinema.	.... ?
Perchè non domandi se c'è un albergo.	.... ?

C'è uno zoo qui vicino?

B. Asking directions — al, all', allo, alla

Domando come arrivare alla stazione.	Scusi signore, per andare **alla** stazione?
Domando come arrivare al bar.	Scusi signore, per andare **al** bar?
Domando come arrivare alla banca.	Scusi signore, ... ?
Domando come arrivare all'ufficio postale.	.... ?
Domando come arrivare alla Pensione Orlanda.	.... ?
Domando come arrivare allo stadio.	.... ?

C. Asking directions

Vuole andare alla macelleria?	Sì, **vado bene** per la macelleria?
Vuole andare al supermercato?	Sì, **vado bene** per il supermercato?
Vuole andare al cinema?	Sì, **vado bene** .... ?
Vuole andare alla farmacia?	.... ?
Vuole andare all'ufficio postale?	.... ?
Vuole andare alla banca?	.... ?

D. Asking directions

Il bar è lontano?	No, non è lontano, è molto vicino.
La pasticceria è lontana?	No, non è lontana, è molto vicina.
L'ufficio informazioni è lontano?	No, non è lontano, ...
Il mercato è lontano?	....
La banca è lontana?	....
La stazione è lontana?	....

E. Capire, sentire

Scusi, non **ho capito** il segnale.	**Capisci** il segnale adesso?
Scusi, non **ha capito** il segnale.	**Capisce** .... ?
Scusi, non **abbiamo capito** il segnale.	.... ?
Scusi, non **hanno capito** il segnale.	.... ?
Scusi, non **ho sentito** il segnale.	**Senti** .... ?
Scusi, non **ha sentito** il segnale.	.... ?
Scusi, non **abbiamo sentito** il segnale.	.... ?
Scusi, non **hanno sentito** il segnale.	.... ?

Scusi, c'è un tabaccaio qui vicino?

PARLIAMO

F. Past tense with avere

Non **ho trovato** l'ospedale.　　　　　**Hai guardato** la pianta?
Non **ha trovato** la chiesa.　　　　　　**Ha guardato** . . . . . . ?
Non **abbiamo trovato** l'albergo.　　　**Avete** . . . . ?
Non **hanno trovato** la stazione.　　　. . . . . ?
Non **ha trovato** lo stadio.　　　　　　. . . . . ?
Non **abbiamo trovato** l'ufficio postale. . . . . ?
Non **hanno trovato** il cinema.　　　　. . . . . ?
Non **ho trovato** la banca　　　　　　. . . . . ?

G. Past tense with avere

Quando puliscono la piscina?　　**Hanno pulito** la piscina ieri.
Quando pulisci la pensione?　　　**Ho pulito** . . . .
Quando pulisce il bar?　　　　　　. . . . .
Quando pulite la chiesa?　　　　　. . . . .
Quando visitano l'ospedale?　　　**Hanno visitato** . . . .
Quando visiti il museo?　　　　　　. . . . .
Quando cerca la banca?　　　　　. . . . .
Quando cercate la farmacia?　　　. . . . .

H. Wishing people well

Oggi parto per l'Italia.　　Buon viaggio allora!
Oggi ho molto lavoro.　　Buon lavoro . . . . !
Oggi è pasqua.　　　　　. . . . . !
Oggi è natale.　　　　　　. . . . . !
Adesso mangio.　　　　　. . . . . !
Gioco a tattslotto.　　　　. . . . . !

I. Vuole, può

Faye **vuole** venire?　　　　Sì, **vuole** venire ma non **può**.
Vuole andare al bar?　　　Sì, **vuole** andare . . . .
Vuole camminare?　　　　. . . . .
Vuole giocare?　　　　　　. . . . .
Vuole partire domani?　　. . . . .
Vuole aspettare?　　　　　. . . . .

J. Santo

Pietro è un santo.　　　Bravo **San** Pietro!
Maria è una santa.　　 Brava **Santa** . . . !
Antonio è un santo.　　Bravo . . . . !
Agata è una santa.　　 . . . . !
Stefano è un santo.　　. . . . . !
Giovanni è un santo.　 . . . . !
Andrea è un santo.　　. . . . . !
Angela è una santa.　 . . . . !

K. Piace, piacciono

Ti piace questo museo?　　　　　　　No, non mi **piacciono i musei**.
Ti piace questa chiesa?　　　　　　　No, non mi **piacciono le** . . . . . .
Ti piace quest'aeroporto?　　　　　　No, non mi **piacciono gli** . . . . .
Ti piace questa pensione?　　　　　　. . . . .
Ti piace quest'ospedale?　　　　　　　. . . . .
Ti piacciono questi giardini pubblici?　. . . . .
Ti piacciono questi negozi?　　　　　　. . . . .

L. Impersonal si

In questo negozio si parla italiano?　　　Sì, si parla italiano.
In questa via si cammina?　　　　　　　Sì, si . . . .
In questo parco si gioca?　　　　　　　 . . . .
Su questo motorino si viaggia bene?　　. . . . .
In questa pensione si dorme bene?　　　. . . . .
In questo ristorante si mangiano spaghetti? . . . .
In questo negozio si vendono penne?　　. . . . .
In quest'agenzia si noleggiano motorini?　. . . . .

M. Si può

Vorrei giocare.　　　　　　　　Si può giocare qui?
Vorrei camminare.　　　　　　 Si può camminare qui?
Vorrei leggere.　　　　　　　　 Si può . . . . ?
Vorrei dormire.　　　　　　　　Si . . . . ?
Vorrei guidare.　　　　　　　　 . . . . ?
Vorrei noleggiare un motorino. . . . . ?

Abita qui Sant'Antonio?

CONVERSIAMO

1. Scusi, come arrivo . . . ?

| Scusi
Per favore
Senta | per andare
come si va
come arrivo | al mercato?
alla piscina?
all'aeroporto?
allo zoo? |

| Si va diritto
Si gira subito a destra
Si gira subito a sinistra | e poi si prende | la seconda
la quarta
la sesta | strada
via | a destra.
a sinistra. |

| E poi? | E poi | il mercato
la piscina
l'aeroporto
lo zoo | è sulla destra.
è sulla sinistra.
è all'angolo.
è in piazza. |

| È | lontano?
vicino? | Sì è | vicinissimo.
lontanissimo.
qui vicino.
lontano. |

| Grazie. | Prego. |

2. All'edicola.

| Scusi | ha
mi può dare | una pianta della città?
una lista degli alberghi?
una lista dei campeggi? | Sì certo.
No, mi dispiace. |

| Quanto costa? | Costa | mille lire.
due mila lire.
tremila e cinquecento lire. |

Benissimo. La prendo.
Va bene, ecco . . . lire.
Grazie, ma è un po' cara.
Grazie, e prendo anche questa rivista.

3. Quanto ci vuole da qui a . . . ?

| Scusi, quanto ci vuole da qui | al mercato
alla farmacia
all'aeroporto | in macchina?
in autobus?
a piedi?
in treno? |

| In treno
In autobus
In macchina
A piedi | ci vuole
ci vogliono | un'ora.
mezz'ora.
venti minuti.
due ore. |

CONTINUA

Sempre Avanti! ☞ 80

CONVERSIAMO

A. You're riding your <u>motorino</u> in Rome in the same reckless way Laura was. You feel that you're getting into the spirit of Roman traffic but the <u>carabiniere</u> who pulls you over isn't impressed.
- He asks to see your licence.
- You point out that you don't need one for the bike you're riding.
- The carabiniere then explains that you can't go in that direction or that you have too many on the bike. Whatever you're doing is strictly forbidden.
- You express surprise, explaining that you are Australian.

B. You've just arrived in Rome and you need a map of the city/a hotel guide/a camping guide.
- Ask at the newspaper stand if they have one.
- Ask how much it is.
- Say it's not dear or it's too dear and decide whether to buy it or not.
- The paper seller wishes you a good holiday/ good day/good luck in finding a place to stay.

C. You're a stranger in town and need some help with directions.
- You politely catch the attention of a Roman woman and ask if there is a good market, hotel, cake shop, etc. nearby.
- She replies that there certainly is one and tells you the name of a street or square in which to find it.
- You thank her, say good-bye, and move on.

D. You were too embarrassed to tell the first woman you didn't know the street or square she named.
- You find another woman and politely ask where to find or how to get to this street or square.
- She gives you directions slowly and clearly. At the end she asks if you've understood.
- You thank her, say you've understood then ask how long it takes to get there.
- She replies.

PAROLE SIMILI

The Italian word for <u>monument</u> is **monumento**. You will often find that English words ending in **-ment** have an Italian equivalent ending in **-mento**. In Italian these words are masculine.
Guess the Italian equivalent of the following words:

argument ....
experiment ....
cement ....
comment ....
compliment ....
department ....
element ....
fragment ....
lament ....
moment ....
torment ....

PAROLE NUOVE

In città	In town
l'aeroporto	the airport
l'agenzia	the agency
l'albergo	the hotel
la banca	the bank
il banco	the bank
il bar, caffè	the bar, cafe
la biblioteca	the library
la chiesa	the church
il cinema	the cinema
la farmacia	the chemist's
il generi alimentari	the delicatessen, grocer's
i giardini pubblici	the gardens, park
il grande magazzino	the department store
l'hotel	the hotel
la lavasecco	the dry cleaners
la libreria	the bookshop
la macelleria	the butcher's
il mercato	the market
la metropolitana	the underground railway
il monumento	the monument
il museo	the museum
il negozio	the shop
l'ospedale (m)	the hospital
la palestra	the gym
il panificio	the bakery
il parco	the park
la pasticceria	the cake shop
la pensione	the boarding house
la piazza	the square
la piscina	the swimming pool
la questura	the police station
il ristorante	the restaurant
la sala giochi	the amusement parlour
la scuola	the school
lo stadio	the stadium
la stazione	the station
la strada	the road
il supermercato	the supermarket
il tabaccaio	the tobacconist
il telefono pubblico	the public phone
l'ufficio informazioni	the information office
l'ufficio postale	the post office
l'università	the university
la via	the street
lo zoo	the zoo

Altri posti	Other places
il campeggio	the camp
il lago	the lake
il mare	the sea
la montagna	the mountain

La moneta italiana	Italian money
cinquanta lire	L.50
cento lire	L.100
duecento lire	L.200
mille lire	L.1 000
duemila lire	L.2.000
cinquemila lire	L.5.000
diecimila lire	L.10.000
ventimila lire	L.20.000
cinquantamila lire	L.50.000
centomila lire	L.100.000

Espressioni	Expressions
assolutamente vietato	absolutely forbidden
avere la testa fra le nuvole	to have one's head in the clouds
che cosa c'è?	what's wrong?
ci vuole/vogliono	it takes
come si va a...?	how do you get to...?
fra mezz'ora	in half an hour's time
non ne posso più!	I can't stand it any longer!
più piano	slower
quanto ci vuole da qui a...?	how long does it take from here to...?
senso unico	one way
severamente proibito	strictly forbidden
vado bene per...?	am I going the right way for...?

antico	ancient, old
assolutamente	absolutely
l'autista	the driver
il colonnello	the colonel
costare	to cost
l'informazione(f)	the information
insomma	in short, anyhow
la lira	the lira (Italian currency)
la lista	the list
mezzo	half
il minuto	the minute
moderno	modern
il Natale	Christmas
la Pasqua	Easter
mi piace, mi piacciono	I like
il piede	the foot
poi	then
proibito	prohibited, forbidden
quanto?	how much?
il santo	the saint
senta!	excuse me, listen! (a good way of catching someone's attention)
severamente	strictly
spesso	often
la testa	the head
il treno	the train
trovare	to find
vendere	to sell
viaggiare	to travel
vietato	forbidden

ROMA

— Scusi, andiamo bene per il Colosseo?

— Grazie. Vogliamo vedere la partita Roma - Fiorentina.

— Macchè, scherzi?! Non lo vedi di dietro a sinistra?

— Mamma mia, non ci credo! Questi fiorentini! Bisogna andare allo Stadio Olimpico. L'ultima partita al Colosseo è stata duemila anni fa[1]. Se ricordo bene il risultato finale i Leoni hanno battuto[2] i gladiatori cinque a zero.

— Spiritoso!

— Guarda quel pazzo! Vuole guidare senza mani[3].

— Ma quello non è Manfredi, il ragazzo della quarta?[4]

— Chi, Manfredi Giuseppe? No, è biondo, e poi non è così birichino.

— Aah, suora Maddalena, la gioventù d'oggi!!

Uei, ragazzi! Siete stanchi? Avete sete? Prendete una bibita⁵ - una Fanta o una Coca-cola?!

Spiritoso! Quella torta è l'Altare della Patria.

Io ho fame. Vorrei un po' di quella torta bianca⁶ in fondo.

Via dei Fori Imperiali

Che veduta spettacolare⁷! Vedi l'Altare della Patria in fondo?

Sì, ed ecco il Castel Sant'Angelo. Un momento, non è la signora Casati quella?

Dove?

Laggiù, nella piazza, vicino all'obelisco⁸.

Sì, sì hai ragione. È quella con gli orecchini d'argento.

Uffa! Ho camminato per tre ore e adesso sono stanca morta. Meno male che⁹ a Roma ci sono centinaia di fontane. Questo pomeriggio voglio visitare i Musei Vaticani e la Cappella Sistina . . . se sono aperti.¹⁰

Piazza San Pietro

. . . e la gioventù di oggi è la speranza¹¹ di domani . . . Eei, giovanotto¹²! Giù da lì¹³, è pericoloso! . . . e preghiamo¹⁴ il buon Dio in questa festa di Sant'Elena . . .

Il Papa parla in piazza quasi ogni domenica

Sempre Avanti! ☛ 84

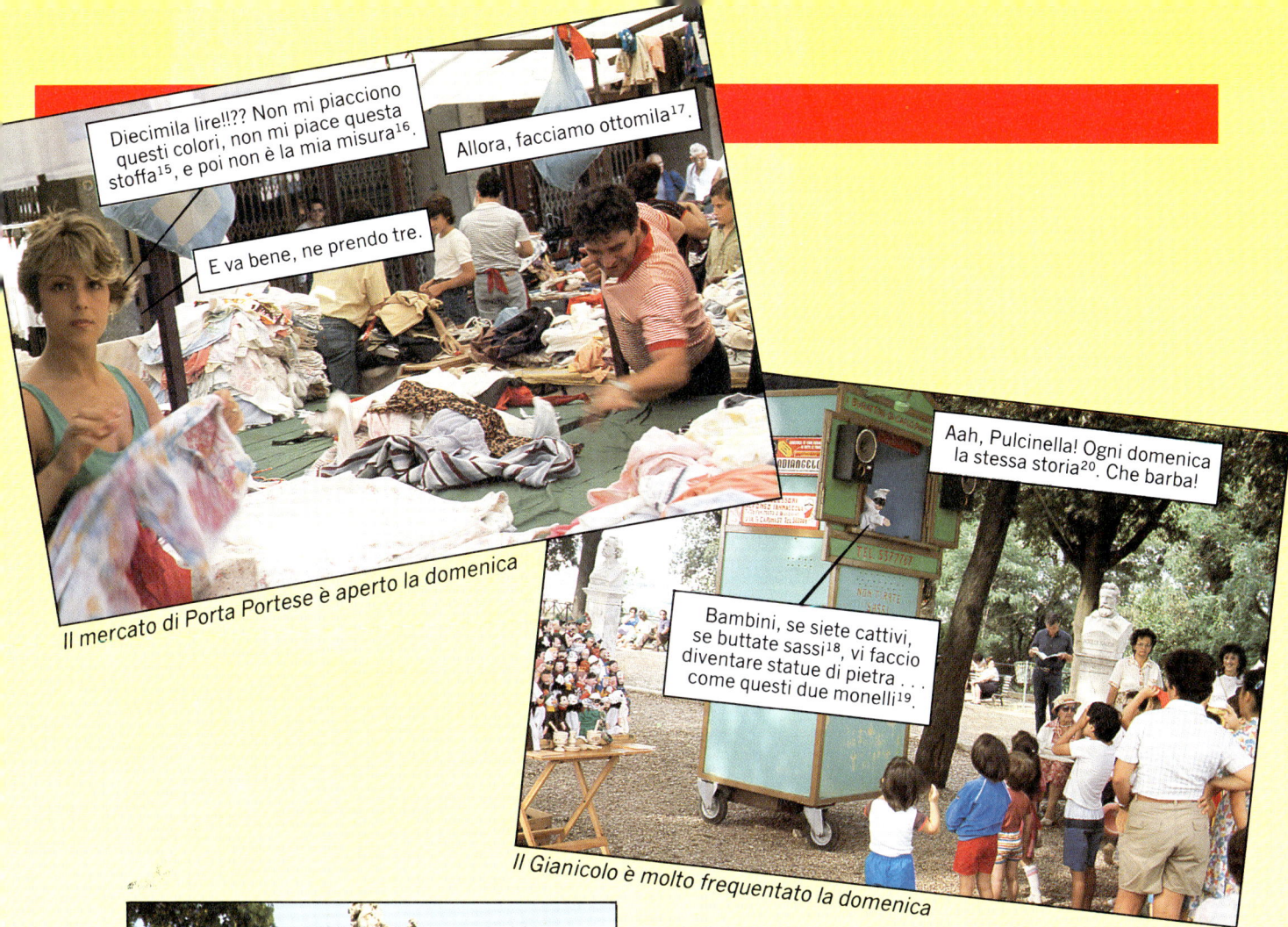

Diecimila lire!!?? Non mi piacciono questi colori, non mi piace questa stoffa[15], e poi non è la mia misura[16].

Allora, facciamo ottomila[17].

E va bene, ne prendo tre.

Il mercato di Porta Portese è aperto la domenica

Aah, Pulcinella! Ogni domenica la stessa storia[20]. Che barba!

Bambini, se siete cattivi, se buttate sassi[18], vi faccio diventare statue di pietra . . . come questi due monelli[19].

Il Gianicolo è molto frequentato la domenica

Antonio crede di essere Dino Zoff.

Se lui è Dino Zoff io sono Paolo Rossi.

Sono bellissima, intelligentissima, faccio sempre i compiti[21], aiuto sempre la mamma . . .

Hai già perso un braccio[22] e non hai ancora imparato[23].

La Bocca della Verità. Se dici una bugia ti mangia la mano . . . e anche il braccio

Ragazzi, dove andate? Ho sete.

Non avete visto[25] quel canguro pazzo? Questa sera non dormo.

Su, Mario, coraggio! Piangi sempre quando andiamo sul Treno degli Orrori.

Ooh, siete della RAI[24]. Voglio essere in TV.

Ma signorina, per piacere, vogliamo fotografare la fontana.

La RAI TV gira molti film a Roma

Luneur è il Luna Park di Roma. Si trova all'EUR

Ma signorina. Non può andare qui in motorino. È severamente proibito, assolutamente vietato.

Maresciallo, cosa vuole? Sono una turista australiana. Non conosco le regole[26].

In fondo: Piazza di Spagna e la chiesa di Trinità dei Monti

1. **due mila anni fa:** two thousand years ago
2. **hanno battuto:** defeated
3. **Senza mani:** without hands
4. **della quarta:** in fourth form, grade
5. **Prendete una bibita?:** Will you have a drink?
6. **quella torta bianca:** that white cake
7. **Che veduta spettacolare!:** What a spectacular view!
8. **l'obelisco:** the obelisk (stone column)
9. **meno male che:** lucky that
10. **se sono aperti:** if they are open
11. **la speranza:** the hope
12. **giovanotto:** young man
13. **giù da lì:** get down from there
14. **preghiamo:** let us pray
15. **questa stoffa:** this material
16. **la mia misura:** my size
17. **facciamo ottomila:** let's make it eight thousand
18. **se buttate sassi:** if you throw stones
19. **monelli:** brats
20. **la stessa storia:** the same old story
21. **faccio sempre i compiti:** I always do my homework
22. **perso un braccio:** lost an arm
23. **imparato:** learnt
24. **siete dalla RAI:** you're from the RAI TV
25. **non avete visto:** didn't you see
26. **non conosco le regole:** I don't know the rules

Sempre Avanti!

RIASSUNTO DI GRAMMATICA

1. **Volere** — to want

voglio	I want
vuoi	you want
vuole	he, she, it wants
vogliamo	we want
volete	you want
vogliono	they want

   Potere — to be able (can)

posso	I can
puoi	you can
può	he, she, it can
possiamo	we can
potete	you can
possono	they can

2. **Piace, piacciono**

   Ti **piace** Roma? Do you like Rome?
   Sì, mi **piacciono** tutti i **monumenti**.
   Yes, I like all the monuments.

3. **a + definite article**

   a + il → al
   a + l' → all'
   a + lo → allo
   a + la → alla

4. **Impersonal si.**

   Si può giocare qui?
   Can you / May one / Is it O.K. to play here?

   Si mangia bene in questo ristorante.
   You eat well / One eats well / The food is good in this restaurant.

   In questo negozio si vendono riviste italiane.
   In this shop they sell / are sold / one sells / you can buy Italian magazines.

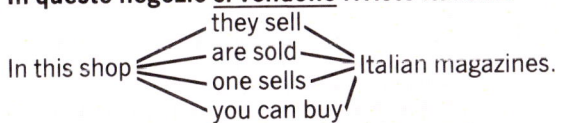

5. **Santo**

   San Pietro   **Sant'** Antonio   **Santo** Stefano
   Santa Maria   **Sant'** Agata.

6. **Irregular nouns**

la città	le città
il problema	i problemi
il portabagagli	i portabagagli
il cinema	i cinema

7. **Buon, buono, buona, buon'**

   Scusi, c'è un **buon** mercato qui vicino?
   Certo, questo mercato è **buono.**
   Scusi, c'è un **buon** albergo qui vicino?
   Certo, quest'albergo è **buono.**
   Scusi, c'è un **buono** zoo a Roma?
   Certo, lo zoo di Roma è molto **buono.**
   Scusi, c'è una **buona** pasticceria qui vicino?
   Certo, questa pasticceria è **buona**.
   Scusi, c'è una **buon'** edicola qui vicino?
   Certo, quest' edicola è **buona**.

PAROLE NUOVE

La direzione	The direction
all'angolo	on the corner
a destra	to the right
dietro	behind
diritto	straight ahead
in fondo	down the end
girare	to turn
giri!	turn! (formal)
lontano	far
la pianta	the map, the street directory
i segnali stradali	the traffic signs
il semaforo	the traffic light
a sinistra	to the left
vicino	near

I numeri ordinali	Ordinal numbers
primo	first
secondo	second
terzo	third
quarto	fourth
quinto	fifth
sesto	sixth
settimo	seventh
ottavo	eighth
nono	ninth
decimo	tenth
undicesimo	eleventh
ventesimo	twenty first
trentaduesimo	thirty second

CAPITOLO SETTE
COSA DICIAMO?

I ragazzi tornano alla Pensione Orlanda alle sette di sera... cioè alle diciannove, e devono dire tutto alla Signora Casati.

Cosa facciamo? Se diciamo che abbiamo noleggiato i motorini, siamo fritti. Sapete com'è la signora Casati.

Mi dispiace ma io dico sempre la verità, non mi piace dire bugie.

PENSIONE ORLANDA

Giorgio non dice bugie solo quando dorme.

Grandissimo bugiardo!

Ma dobbiamo dire qualche cosa. Diciamo che abbiamo preso l'autobus; d'accordo?

D'accordo!

BIGLIETTO EXTRAURBANO
L. 5.000
N. 0058929
Ciao ragazzi. Avete passato una bella giornata?
Sì, bellissima. Roma mi piace molto. Abbiamo visto tante cose interessanti . . la Villa Borghese, le Catacombe . . .
Sì, e poi abbiamo visto una grande folla di tifosi allo Stadio Olimpico . . .
. . . e abbiamo trovato l'antico acquedotto romano. E abbiamo anche incontrato un carabiniere molto simpatico.
Vuole dire un cameriere signora.
Sì, una giornata molto educativa, un'esperienza istruttiva.
Avete visto tutti questi posti in una sola giornata? Cosa avete fatto? Avete noleggiato una macchina?
Noooo!!

Abbiamo preso il tram,
l'autobus,
la Metropolitana,
un tassì,
il pullman...
E non abbiamo preso un motorino, solo questi mezzi pubblici.
Cicalone!
Cosa hai detto? Motorino?!?! Ma certo che non avete preso un motorino. Ma che cosa fai,Giorgio? Giorgio,che cosa fai?
Faccio solo un piccolo sandwich, ho fame.
Che cosa dici?
Gli altri dicono la verità signora, abbiamo camminato tutto il giorno.
Basta con tutte queste storie, dobbiamo fare presto. Prima dobbiamo mangiare, poi fare le valige, poi andare alla stazione.
Ha già fatto i biglietti per la Sicilia?
Sì, ho prenotato sette cuccette.
Giorgio, non devi mangiare tanto.
Sì, avete visto la bella pancia di Giorgio? Deve fare la dieta adesso.
Ma che pancia!!?? Non devo fare la dieta. Ridicolo. Ho un fisico perfetto.

DOMANDE SUL FUMETTO

1. Secondo Dario, quando non dice bugie Giorgio?
2. I ragazzi hanno passato una bella giornata?
3. Hanno incontrato un carabiniere o un cameriere?
4. Dove hanno visto una grande folla di tifosi?
5. Hanno preso i mezzi pubblici o hanno noleggiato un motorino?
6. Che cosa fa Giorgio?
7. Quante cuccette ha prenotato la signora Casati?
8. Secondo Laura, perchè Giorgio deve fare la dieta adesso?

Secondo: according to

PARLIAMO

A. *Perfect tense* — prendere

Avete camminato?	Ma no, **abbiamo preso** il treno.	Avete camminato?	.... un motorino.
Hai camminato?	Ma no, **ho preso** l'autobus.	Hai camminato?	.... la Metropolitana.
Avete camminato?	Ma no, **abbiamo** ..... il tram.	Avete camminato?	.... una macchina.
Hai camminato?	.... un tassì.	Hai camminato?	.... il pullman.

B. *Perfect tense* — vedere

Che cosa hai visto?　　　　　**Ho visto** tante cose interessanti.
Che cosa ha visto Tiziana?　　**Ha visto**................
Che cosa hanno visto?　　　　................
Che cosa avete visto?　　　　................
Che cosa ha visto, signore?　　................
Che cosa abbiamo visto?　　　................

Ho visto tante cose interessanti.

C. Al, all', allo, alla, ai, alle

Il ristorante è qui vicino.　　　　　Andiamo **al** ristorante allora.
La trattoria è qui vicino.　　　　　Andiamo **alla** trattoria .....
La pensione è qui vicino.　　　　　Andiamo ....
Il Colosseo è qui vicino.　　　　　................
La Villa Borghese è qui vicino.　　　................
La stazione è qui vicino.　　　　　................
Lo Stadio Olimpico è qui vicino.　　................
L'aeroporto è qui vicino.　　　　　................
I giardini pubblici sono qui vicino.　................
Le Terme di Caracalla sono qui vicino. ....

D. Dovere

Perchè hai detto una bugia tu?　　　**Devo** dire qualche cosa.
Perchè hanno detto una bugia?　　　**Devono** dire................
Perchè avete detto una bugia?　　　................
Perchè ha detto una bugia Gina?　　................
Perchè ha detto una bugia, signore?　................
Perchè abbiamo detto una bugia?　　................
Bugiardi! Perchè non dite la verità?　................

E. *Time* — adding 20 minutes

Sono già le nove.　　　　　　　　Il treno parte alle nove **e venti**.
Sono già le otto e dieci.　　　　　Il treno parte alle otto **e mezzo**.
Sono già le sei meno cinque.　　　Il treno parte alle sei **e un quarto**.
Sono già le sette.　　　　　　　　Il treno parte alle ....
Sono già le due e dieci.　　　　　Il treno parte ....
Sono già le undici meno cinque.　　Il treno ....
Sono già le dieci e un quarto.　　　................
Sono già le tre meno venti.

PARLIAMO

F. *24 hour clock*

Sono le sei di sera.	Vuoi dire che sono **le diciotto**.
Sono le otto di sera.	Vuoi dire che sono ....
Sono le nove di sera.	....
Sono le undici di sera.	....
Sono le sette di sera.	....
Sono le dieci di sera.	....
Sono le tre di sera.	....
Sono le dodici.	Perchè non dici che è mezzanotte?

G. *Dovere + ordinals*

Devo arrivare al **primo** posto.	No, tu **devi arrivare secondo**.
Ma Dario deve venire al **secondo** posto.	.... **deve venire terzo**.
Ma la Signora Casati deve essere al **terzo** posto.	.... **quarta**.
Ma loro devono arrivare al **quarto** posto.	.... **quinti**.
Ma Angela deve arrivare al **quinto** posto.	....
Ma tu devi arrivare al **sesto** posto.	

So you're going to fix the race are you?

H. *Occupations*

Scusi, mi sa dire dov'è **l'ospedale**?	Non so, ma ecco un **dottore**.
Scusi, mi sa dire dov'è **l'ufficio postale**?	...... ma ecco un **postino**.
Scusi, mi sa dire dov'è **la questura**?	.... un **carabiniere**.
Scusi, mi sa dire dov'è **la macelleria**?	....
Scusi, mi sa dire dov'è **la chiesa**?	....
Scusi, mi sa dire dove sono **i vigili del fuoco**?	....

I. *Finding the right place*

Dove vado per vedere un film?	**Al cinema**, naturalmente.
... e per comprare la carne?	....
... e per mangiare?	....
... e per prendere il treno?	....
... e per vedere un gorilla?	....
... e per vedere una partita?	....
... e per comprare un bandaid?	....
... e per diventare maestro/a?	....
... e per prendere l'aereo?	....
... e per vedere una città antica?	Agli scavi di Pompei, naturalmente.

J. *Dire*

Ma sei bugiardo!	Non è vero, **dico** sempre la verità.
Angela è bugiarda!	Non è vero, **dice** ....
Noi siamo bugiardi!	....
Le ragazze sono bugiarde!	....
Io sono bugiardo/a!	....
Giorgio è bugiardo!	Sì, è vero .... bugie.

*Non è vero, **dico** sempre la verità.*

K. *Fare*

Cosa **fai**, Gianfranco?	**Faccio** un piccolo sandwich.
Cosa **fa** Giorgio?	Fa ....
Cosa **fate**?	....
Cosa **faccio** io?	....
Cosa **fanno** le ragazze?	....

L. *Sapere*

Sai dov'è l'albergo?	Sì, certo che **so** dov'è.
Sapete dov'è la stazione?	...... che **sappiamo** dov'è.
Laura **sa** dov'è la questura?	....
Giorgio e Dario **sanno** dov'è l'ospedale?	....
Io **so** dov'è l'ufficio postale?	....
Sappiamo dov'è la piscina?	....

Sempre Avanti! ☞ 92

PARLIAMO

M. 24 hour clock

Che ore sono? Sono le sette (7.00).
Che ore sono? .... quattro e mezzo (4.30).
Che ore sono? .... (13.15).
Che ore sono? .... (19.45).
Che ore sono? .... (24.05).
Che ore sono? .... (16.23).

N. Arriva, parte alle...

A che ora **arriva** il treno da Bari?	**Arriva alle** nove e mezzo (9.30).
A che ora **parte** l'autobus per Piazza Venezia?	**Parte alle** tredici e dieci (13.10).
A che ora **arriva** il pullman da Avellino?	.... (10.15).
A che ora **parte** il treno per Bologna?	.... (14.17).
A che ora **arriva** l'autobus da Via Venezia?	.... (17.45).
A che ora **parte** il pullman per Perugia?	.... (12.23).

CANZONE: I MESTIERI

Faye: Dario, quando lasci la scuola che cosa vuoi fare?
Il marinaio?
Per il mondo voglio andare e marinaio diventare.
Ragioniere?
Ed è anche un bel mestiere se io faccio il ragioniere.
Fruttivendolo?
Al mercato voglio andare, il fruttivendolo a fare.
Contadino?
In campagna voglio stare e contadino diventare.
E per adesso, cosa fai?

Coro: Per adesso sono a scuola e io voglio imparare.
Chi sa quale mestiere vado a fare.
Voglio fare tante cose che non
siano mai noiose. (2 volte)

Dario: E tu Faye, che cosa vuoi fare?
L'astronauta?
Sulla luna voglio andare e astronauta diventare.
Maestra?
Se son brava ad insegnare la maestra voglio fare.
Muratore?
E non è un disonore se io faccio il muratore.
O il dottore?
Per combattere il dolore sì, diventerò dottore.

Coro: E per adesso?
Per adesso sono a scuola...(ripetete)

Faye: E tu che cosa vuoi fare?
Il pittore?
Se son bravo a disegnare il pittore voglio fare.
Pompiere?
Pericoloso è il mestiere del bravissimo pompiere.
Ciclista?
Voglio fare il ciclista e gareggiare per la pista.
Attore?
Per il teatro ho l'amore voglio diventare attore.

Coro: E per adesso?
Per adesso sono a scuola...(ripetete)

PAROLE NUOVE

I mestieri	The occupations
l'artista	the artist
l'astronauta	the astronaut
l'autista	the driver
l'avvocato (-essa)	the lawyer
il barbiere	the barber
il bibliotecario (-a)	the librarian
il calciatore	the soccer player
il calzolaio	the shoe maker/repairer
il cameriere (-a)	the waiter
il carabiniere/poliziotto	the policeman
il commesso (-a)	the shop assistant
il contadino (-a)	the farmer
il cuoco (-a)	the cook
il dattilografo (-a)	the typist
il, la dentista	the dentist
il direttore(-trice)/manager	the manager
il dottore(-essa)/il medico	the doctor
l'elettricista	the electrician
il, la farmacista	the chemist
il fornaio/panettiere	the baker
il frate	the brother (religious)
il fruttivendolo (-a)	the green grocer
l'idraulico	the plumber
l'infermiere (-a)	the nurse
il libraio (-a)	the bookseller
il macellaio (-a)	the butcher
il maestro (-a)	the teacher
il negoziante	the shopkeeper
l'orologiaio	the watchmaker/seller
il parrucchiere (-a)	the hairdresser
il pittore (-trice)	the painter
il poeta (-essa)	the poet
il pompiere/vigile del fuoco	the fireman
il postino (-a)	the postman
il prete	the priest
il primo ministro	the Prime Minister
il professore (-essa)	the teacher, professor
il programmatore (-trice)	the computer programmer
il sarto (-a)	the tailor
lo scrittore (-ttrice)	the writer
il segretario (-a)	the secretary
la suora	the nun
il tabaccaio (-a)	the tobacconist

The endings shown in the brackets (**-a, -essa, -trice**) indicate that a separate female form of the occupation is commonly used; e.g. **il dottore, la dottoressa**. Of course **il** changes to **la** where appropriate.
In most of the other cases the one term is used for both male and female workers.
The word **maestro (-a) di scuola** usually refers to primary school teachers whereas **professore (-essa)** is used for secondary and tertiary teachers. **Insegnante** is a more general word used to mean teacher.

Prego: a polite word used in very many everyday situations. When someone thanks you, the normal reply to **grazie** is **prego**. A shop assistant asking if you need service might say **Desidera?**; he might also say **Prego?** Someone is elbowing his way past you on a crowded Roman bus muttering **permesso** (excuse me - used when passing through). You'll probably glare at him and mutter the polite reply **prego**.

PAROLE NUOVE

l'acquedotto	the aqueduct
aiutare	to help
l'altro	the other
aperto	open
ho aperto	I opened
ballare	to dance
il biglietto	the ticket
la bugia	the lie
il bugiardo	the liar
la carne	the meat
certo	certainly; certain
chiudere	to close
ho chiuso	I closed
cicalone	big mouth
cioè	that is (to say)
la cuccetta	sleeping bunk on a train
d'accordo!	agreed!
davanti a	in front of
ho detto	I said
la dieta	the diet
dire	to say
la discoteca	the disco
diventare	to become
dovere	to have to, must
il fisico	the physique
la folla	the crowd
il fuoco	the fire
già	already
grande	big, large
incontrare	to meet
lavorare	to work
l'erba	the grass
ho letto	I read (past)
la madre	the mother
magnifico	magnificent, great
ho messo	I put (past)
naturalmente	naturally
nuotare	to swim
ottimo	excellent
perfetto	perfect
permesso?	may I come in?
pigrone	lazy-bones
il pomeriggio	the afternoon
il posto	the place
povero	poor
prenotare	to book
ho preso	I took
qualche	some, a few
ripetere	to repeat
sapere	to know (a fact)
ho scritto	I wrote
scrivere	to write
secondo	according to; second
la sera	the evening
la spiaggia	the beach
studiare	to study
tagliare	to cut
tanto	a lot, so much
tornare	to return
la verità	the truth
ho visto	I saw
volentieri	gladly

Espressioni	Expressions
Avete passato una bella giornata?	Did you have a nice day?
Che magnifica idea!	What a great idea!
c'incontriamo	we'll meet
ci vediamo	we'll see each other
comincio da capo	I'll start from the beginning
il film che danno	the film that's showing
ma certo	but of course
secondo Giorgio	according to Giorgio
siamo fritti	we've had it, we're in trouble
un'esperienza istruttiva, educativa	an educational experience

NEGOZI E ALBERGHI

Scusi signorina. Ho mal di testa. Dove vado per comprare un'aspirina?

In farmacia, naturalmente. Deve andare a destra.

Vorrei un chilo di sale per favore.

Ma Signora, questo è un negozio di generi alimentari. Vendiamo salami, formaggi, vino, bibite, liquori, panini imbottiti, saponi...non abbiamo sale.

Adesso rispondete voi a queste domande.
- Voglio giocare al calcio. Dove vado?
- Vorrei comprare delle scarpe e un vestito. Dove vado per trovare i negozi?
- Voglio imbucare una cartolina. C'è un ufficio postale qui vicino?
- Ho avuto un piccolo incidente stradale. Mi fa male il braccio. Dove posso andare?
- Vado bene per il municipio?
- Scusi, per i vigili urbani?
- Vedo che l'Oasi è un ristorante - pizzeria. Ma che cos'è il Moderno?

Scusi, dove vado per comprare delle sigarette?

Dal tabaccaio naturalmente!

E per comprare cartoline, francobolli e carta da lettere?

(Rispondete voi)

Sono andato al Generi Alimentari e non hanno sale. Dove devo andare?

(Rispondete voi)

NEGOZI E ALBERGHI

I dolci italiani sono veramente squisiti. Ogni regione e quasi ogni città ha le proprie specialità. In quali due città sono questi negozi?

Questo bellissimo albergo è molto comodo ma è troppo caro.

Allora ritorniamo alla Pensione Bucintoro. Anche la pensione è comoda ma costa molto di meno.

Non capisco. Questa è una pasticceria e non vende pasta. Dove vado per comprare gli spaghetti?

Prendo una rivista…vediamo un po', che cos'ha? **Epoca, Gente, Amica…**

Oggi, Signora?

No, dopodomani. Spiritoso!

Non voglio andare lì dentro. Sono già troppo grasso e non posso resistere ai dolci italiani.

CONVERSIAMO

1. Vuoi venire?

Vuoi venire	in discoteca in piscina in campagna al cinema al ristorante al museo	adesso? stamattina? questo pomeriggio? stasera? domani mattina? sabato sera?

No, mi dispiace, ma non posso. Devo	studiare. lavorare. aiutare mia madre. tagliare l'erba. andare a scuola.

No grazie, preferisco	non andare. andare al cinema. andare alla spiaggia? andare al ristorante.	Non mi piace	ballare. nuotare. la campagna. il film che danno. mangiare fuori. vedere cose antiche.

Sì,	volentieri. certo. che magnifica idea! d'accordo!

Allora, dove	c'incontriamo? ci vediamo?

Davanti	al bar alla discoteca all'albergo ai giardini pubblici	alle sei precise? alle nove e mezzo? alle venti? a mezzogiorno?

Ottimo! Benissimo! D'accordo!	A stasera. A domani. A presto. Ci vediamo allora.

2. A che ora...

A che ora	parte arriva	il treno l'autobus il pullman	per da	Torino? Catanzaro? Sulmona?

Arriva Parte	alle	sette ventitrè diciannove	e meno	cinque. un quarto. ventisette. mezzo.
	all'una. a mezzogiorno. a mezzanotte.			

Sempre Avanti! ☞ 98

CONVERSIAMO

3. Non capisco!

| Scusi, Prego, | che cosa ha detto? non ho sentito bene. non ho capito bene. non capisco. parlo solo un po' d'italiano. | Può | ripetere, parlare più piano, | per favore? |

| Va bene, D'accordo, | parlo più piano. comincio da capo. ripeto tutto. |

4. Che cosa vuol dire...

| Come si chiama questo | in italiano? |
| Come si dice....... | in inglese? |

| Vuol dire .... |
| Si chiama..... |
| Si dice .... |

A. You go around to your friend's house to ask her to go out with you.
☺ Suggest a place.
☺ She may not be able to go at that time or prefers doing something else.
☺ You agree to do what she wants and ask what time suits her.
☺ Arrange to meet somewhere at a specific time.

B. You meet an Italian whom you find difficult to understand. He speaks too fast/has an unusual accent, etc.
☺ He asks you something, e.g. **Che ore sono? Dov'è la stazione?**
☺ Say that you haven't understood, giving a reason, e.g. you only know a little Italian/he speaks too fast. Ask him to repeat what he said.
☺ You thank him for repeating, say you now understand and try to answer his question.

C. You're about to leave Rome to go to Perugia but you haven't made up your mind how to get there.
☺ You ask at the information office if there is a train or bus leaving for Perugia.
☺ You are told there are both.
☺ You ask at what time each leaves.
☺ You ask what time it is and decide which means of transport you will take.
☺ You're told you only have five/ten minutes left.

PAROLE SIMILI

Like the -ist ending in English (tourist, motorist, dentist, etc.) the **-ista** ending is often used with Italian nouns which denote a person engaged in some occupation or activity, e.g. **il terrorista**, **la tennista**.
These words are masculine when they refer to a male person, feminine when they refer to a female.
Work out the English meaning for each of the following and then write the plural in Italian:

Modello:
il giornalista the journalist → **i giornalisti**
la terapista the therapist → **le terapiste**

1. **l'artista** (m) .... → ....
2. **l'autista** (f) .... → ....
3. **il chitarrista** .... → ....
4. **il ciclista** .... → ....
5. **l'esorcista** (f) .... → ....
6. **la linguista** .... → ....
7. **il fascista** .... → ....
8. **la turista** .... → ....
9. **il romanista** .... → ....
10. **la violinista** .... → ....

RIASSUNTO DI GRAMMATICA

1.
Volere	to want	Dovere	to have to (must)	Potere	to be able (can)
voglio		devo	I must	posso	
vuoi		devi	you must	puoi	
vuole		deve	he, she, it must	può	
vogliamo		dobbiamo	we must	possiamo	
volete		dovete	you must	potete	
vogliono		devono	they must	possono	

2.
Sapere	to know	Dire	to say, tell	Fare	to do
so	I know	dico	I say	faccio	I do
sai	you know	dici	you say	fai	you do
sa	he, she, it knows	dice	he, she, it says	fa	he, she, it does
sappiamo	we know	diciamo	we say	facciamo	we do
sapete	you know	dite	you say	fate	you do
sanno	they know	dicono	they say	fanno	they do

3. **Past participles of -ere verbs**

A few **-ere** verbs follow this pattern: **-ere → -uto**.
e.g. **ho creduto, hanno venduto, abbiamo saputo**.

However, in most cases you need to learn the past participles of **-ere** verbs individually. Here are some very important ones to start with:

Common Irregulars:

visto	(vedere)	preso	(prendere)
letto	(leggere)	scritto	(scrivere)
messo	(mettere)	chiuso	(chiudere)

Fare and **dire** are really **-ere** verbs in disguise. They have evolved from early Italian forms, **facere** and **dicere**. Their past participles are **fatto** and **detto**.
fatto (fare)
detto (dire)
N.B. aprire - aperto

4.
a +	il ↓ al	l' ↓ all'	lo ↓ allo	la ↓ alla	i ↓ ai	gli ↓ agli	le ↓ alle

5. **Suffixes**

Italians can give various shades of meaning to the word by adding a range of *suffixes* (word endings)

e.g.
un ragazzo	a boy
un ragazz**ino**	a little boy
un ragazz**one**	a big boy!!
un ragazz**accio**	a nasty piece of work!
una donna	a woman
una donn**ina**	a little woman
una donn**accia**	a mean, horrible lady
una donn**ona**	a big woman

6. **Sapere and conoscere**

Sapere and **conoscere** both mean to know, but in quite different senses. **Sapere** means to know a fact, to know that something is true. Where it has this meaning **sapere** is followed by **che**:

e.g. **Sai che non bisogna avere la patente per un motorino?** Do you know that you don't have to have a licence for a scooter?

When **sapere** is followed by an infinitive it means to know how to do something.

e.g. **So guidare una Vespa.**
I know how to drive a Vespa.

In the *Perfect tense*, **sapere** can mean to find out, to hear about.

e.g. **La signora Casati ha saputo che i ragazzi hanno noleggiato i motorini.** Mrs. Casati found out that the kids hired the scooters.

Conoscere usually means to be acquainted with a person, place, or thing

e.g. **Conosciamo Giorgio.**
We know (are acquainted with) Giorgio.

Conoscete bene Roma?
Do you know Rome well?
Are you well acquainted with Rome?

7. **Cercare di — to try to**

We have already seen that **cercare** means to look for:

e.g. **Scusi, cerco una farmacia.**
Excuse me, I'm looking for a chemist's.

Cercare followed by **di** has quite a different meaning:

e.g. **Giorgio, perchè non cerchi di fare la dieta?**
Giorgio, why don't you try to go on a diet?

CAPITOLO OTTO
ALLA TRATTORIA

TRATTORIA I Tre Ladroni

— Buonasera, signora. In quanti siete?

— Siamo in sette... ma non abbiamo prenotato una tavola.

— Non importa. Un momento che pulisco questa tavola. Prego... accomodatevi.

— Dunque, signora, che cose gradisce?

— Be', dunque, vediamo un po', allora,

Sempre Avanti! 101

insomma non so, cioè non ho letto il menù... comunque...
Il menù sono io signora. Come antipasto abbiamo prosciutto e melone che è molto buono.
No, non vogliamo antipasto. Possiamo ordinare un primo?
Certo, se volete spaghetti, se volete minestra...
INZA
Non andiamo a sinistra, non andiamo a destra.
Dove andiamo allora?
Zitti, ragazzi. Allora, che cos' altro c'è?
Abbiamo pastasciutta alla napoletana, al burro, alle vongole, alla carbonara, alla marinara, alla bolognese, all'aglio e olio...
Benissimo, mi piace la pastasciutta!
Un momento Giorgio. Allora, ragazzi, che cosa volete? Prendete spaghetti alle vongole o preferite fettucine al burro?
Ma noi non sappiamo. Che cosa suggerisce il carabiniere?

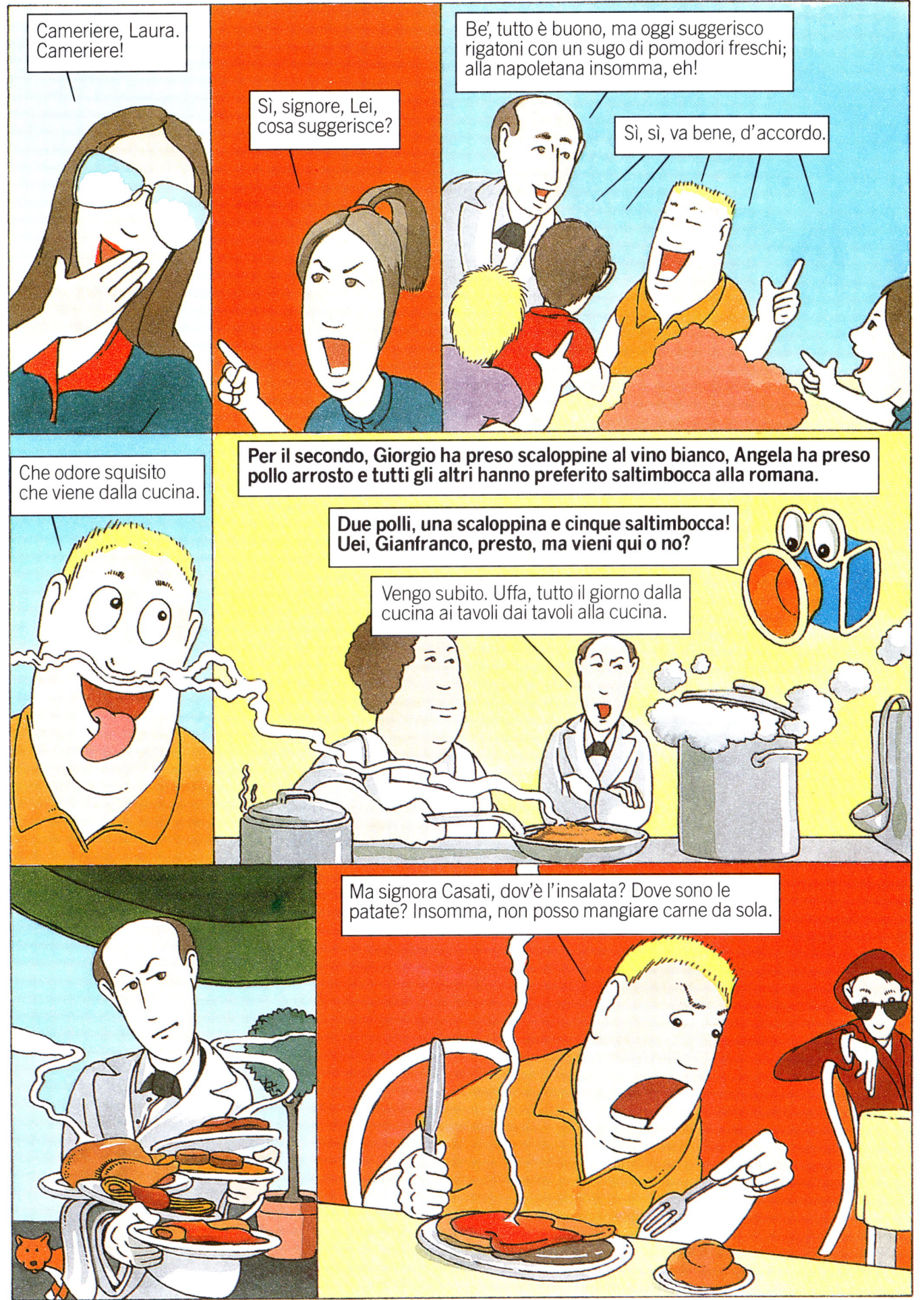

Cameriere, Laura. Cameriere!

Sì, signore, Lei, cosa suggerisce?

Be', tutto è buono, ma oggi suggerisco rigatoni con un sugo di pomodori freschi; alla napoletana insomma, eh!

Sì, sì, va bene, d'accordo.

Che odore squisito che viene dalla cucina.

Per il secondo, Giorgio ha preso scaloppine al vino bianco, Angela ha preso pollo arrosto e tutti gli altri hanno preferito saltimbocca alla romana.

Due polli, una scaloppina e cinque saltimbocca! Uei, Gianfranco, presto, ma vieni qui o no?

Vengo subito. Uffa, tutto il giorno dalla cucina ai tavoli dai tavoli alla cucina.

Ma signora Casati, dov'è l'insalata? Dove sono le patate? Insomma, non posso mangiare carne da sola.

Sì, sì, è ridicolo. Non possiamo mangiare così. Vogliamo patatine, melanzane, fagiolini…

Senta, ingegnere.

Che cosa c'è dottore? Tutto a posto?

Non mi piacciono questi panini. Sono duri. Da dove vengono? Dagli scavi di Pompei?

Spiritoso.

Sì, tutto a posto ma i ragazzi non sanno che devono ordinare il contorno come piatto separato. Insomma, vogliono fagioli, peperoni, lattuga…

Va bene, ho capito. Porto subito un grande piatto misto… un po' di tutto, insomma. Ma da dove venite? Siete inglesi, americani?

No, veniamo dall'Australia. Siamo australiani.

Panel 1: Ho capito. Volete un po' di acqua minerale per la digestione?

Panel 2: No, grazie. Questi ragazzi digeriscono tutto senza problemi... anche i coltelli, le forchette, i bicchieri...

Panel 3: Allora, buon appetito a tutti.

Grazie.

Panel 4: Giorgio, hai pulito il piatto, perchè non pulisci anche la tavola?

Panel 5: Signora, le ragazze hanno ancora fame. Possono prendere un dolce?

Panel 6: Certo, potete prendere un gelato se volete.

Panel 7: Cameriere, sette Casati per favore.

Panel 8: Zitto, Giorgio. Scusi, signore. Cioè, vogliamo sette cassate.

Subito.

Signora, a che ore parte il treno per Catania?

Panel 9: Un momento. Dove ho messo i biglietti? Ecco, parte alle dieci e diciassette. Abbiamo ancora un'ora.

Ma signora, le ore venti sono le otto, non le dieci.

Panel 10: Mamma mia! Il treno!!! Presto, ragazzi, andiamo!!!

Panel 11: Il conto, signora, il conto!

Arrivederci, signor carabiniere.

Sempre Avanti! 105

CAPITOLO 8

DOMANDE SUL FUMETTO

1. In quanti sono la signora Casati ed i ragazzi?
2. La tavola è pronta? Che cosa deve fare il cameriere?
3. Che cosa hanno di buono come antipasto?
4. Che cosa suggerisce il cameriere per il primo?
5. Che cosa ha preso Angela per il secondo?
6. Che cosa fa il cameriere tutto il giorno?
7. I ragazzi che cosa vogliono mangiare insieme alla carne?
8. Perchè Giorgio dice che i panini sono dagli scavi di Pompei?
9. Perchè non prendono un po' di acqua minerale?
10. A che ora parte il treno per Catania?

PARLIAMO

A. Venire

Franca, **vieni** o no?	Sì, sì, **vengo** subito.
Signorina, **viene** o no?	Sì, sì, **vengo** . . . . . .
Mario **viene** o no?	Sì, sì, **viene** . . . . . .
Ragazzi, **venite** o no?	. . . .
I ragazzi **vengono** o no?	. . . .
Anna, **vieni** o no?	. . . .
Giulio e Marina, **venite** o no?	. . . .

B. Modal verbs

Non **posso** venire.	Ma certo che **puoi** venire.
Non **devi** andare.	Ma certo che **devo** . . . . . .
Non **vuole** partire.	Ma certo che . . . .
Non **possiamo** sapere.	Ma certo che **potete** . . . .
Non **dovete** giocare.	. . . .
Non **vogliono** capire.	. . . .

C. Irregular verbs

Chi **viene** alle sei?	I Mazzola **vengono** alle sei.
Chi **sa** l'indirizzo?	Enzo e Gina . . . .
Chi **dice** sempre bugie?	Dino e Mina . . . .
Chi **fa** un piccolo sandwich?	Gli australiani . . . .
Chi **ha** fame adesso?	Tutti **hanno** . . . .
Chi **è** allo stadio?	Tutti i tifosi . . . .
Chi **va** ai giardini pubblici?	I Dipierdomenico . . . .

D. Potere

Ma io preferisco l'altro ristorante.	Allora **puoi** andare all'altro.
Ma noi preferiamo l'altra trattoria.	Allora **potete** andare all'altra.
Ma Gregorio preferisce l'altra pensione.	Allora . . . .
Ma voi preferite l'altra città.	. . . .
Ma loro preferiscono l'altro albergo.	. . . .
Ma tu preferisci l'altra tavola.	. . . .

E. Revision — volere, dovere

Non **voglio** andare al ristorante.	Ma **devi** andare al ristorante.
Non **vuoi** prendere l'autobus.	Ma **devo** . . . .
Non **vogliamo** passare la giornata qui.	Ma . . . .
Non **volete** dormire all'aeroporto.	. . . .
Non **vuole** fare le valige adesso.	. . . .
Non **vogliono** dire la verità.	. . . .

F. Revision — dovere, potere

Devo andare adesso.	Un momento, non **puoi** andare adesso.
Dobbiamo mangiare adesso.	Un momento, non **potete** . . . .
Deve ordinare adesso.	Un momento, ...
Devono telefonare adesso.	. . . .
Dovete parlare adesso.	. . . .
Devi venire adesso.	. . . .

G. -ire verbs with -isc-

Gradisci una limonata?	Sì, certo, **gradisco** sempre una limonata.
Preferite spaghetti alle vongole?	Sì, certo, **preferiamo** sempre . . . .
Capiscono l'italiano?	Sì, certo, **capiscono** . . . .
Suggerite le lasagne?	

Allora **puoi** andare all'altro.

Un momento, non **puoi** andare adesso.

PARLIAMO

Giorgio dige**risce** tutto? ....
Fin**isco** presto oggi? ....
Grad**ite** una cassata? ....
Sugger**iscono** la Pensione Orlanda? ....

H. Da, a articulated

Qui c'è **l'**albergo e qui c'è **lo** stadio.   Va bene, vado **dall'**albergo **allo** stadio.
Qui c'è **la** stazione e qui c'è **il** ristorante.   Va bene, vado **dalla** stazione ....
Qui c'è **la** pensione e qui c'è **l'**ufficio postale.   Va bene, vado ....
Qui c'è **lo** zoo e qui ci sono **i** giardini pubblici.   ....
Qui ci sono **gli** scavi e qui c'è **il** museo.   ....
Qui c'è **l'**aeroporto e qui c'è **la** banca.   ....

I. Revision — perfect tense -ere verbs

Ma insomma, non hai **fatto** le valige.   Mamma mia, devo **fare** le valige.
Ma insomma, non hai **letto** il segnale.   Mamma mia, devo **leggere** ....
Ma insomma, non hai **preso** i biglietti.   Mamma mia, ...
Ma insomma, non hai **visto** il dentista.   ....
Ma insomma, non hai **detto** la verità.   ....
Ma insomma, non hai **scritto** a casa.   ....

J. Irregular past participles

Senta, deve ordinare il primo.   Non ho già ordinato il primo?
Senta, deve pulire questo tavolo.   Non ho già pulito ....
Senta, deve chiudere la porta.   Non ho già chiuso ....
Senta, deve mettere lo zucchero.   Non ho già ....
Senta, deve fare le valige.   ....
Senta, deve dire la verità.   ....
Senta, deve scrivere questa cartolina.   ....
Senta, deve prendere un contorno.   ....
Senta, deve perdere la pancia.   ....

Non ho già ordinato il primo?

K. Dunque, allora, insomma…occupations

Scusi, sa dov'è un dottore?   Un dottore? **Be', dunque, vediamo un po', allora, insomma non so.**
Scusi, sa dov'è un tabaccaio?   Un tabaccaio? ....
Scusi, sa dov'è un farmacista?   ....
Scusi, sa dov'è una parrucchiera?   ....
Scusi, sa dov'è un idraulico?   ....
Scusi, sa dov'è un'infermiera?   ....
Scusi, sa dov'è un avvocato?   ....
Scusi, sa dov'è un calzolaio?   ....
Scusi, sa dov'è un fruttivendolo?   ....
Scusi, sa dov'è una sarta?   ....

L. Senta! + using titles

Aaa, ecco la professoressa Casati!   **Senta, professoressa!**
Aaa, ecco l'ingegner Tripicchio!   **Senta, ingegnere!**
Aaa, ecco l'avvocatessa Nerli!   **Senta,** ....
Aaa, ecco il ragionier Vanzetti!   ....
Aaa, ecco il cavalier Cipolla!   ....
Aaa, ecco la dottoressa Scalzo!   ....

M. Mi dia + food quantity

Vuole salame?   Sì, **mi dia due etti**, per favore.
Vuole mortadella?   .... **tre** ....
Vuole prosciutto?   .... **quattro** ....
Vuole olive?   .... **mezzo chilo** ......
Vuole formaggio?   .... **600 grammi** .....
Vuole pane?   .... **700 grammi** .....

N. Foodstuffs; revision — mi piace/piacciono

Vuole la bistecca o **la cotoletta**?   Veramente preferisco la bistecca, ma **mi piace** anche la cotoletta.
Vuole le lasagne o **gli spaghetti**?   Veramente preferisco le lasagne, ma **mi piacciono** anche ....
Vuole le patate o **le carote**?   Veramente preferisco .... ma ....
Vuole il salame o **la mortadella**?   ....
Vuole la carne o **il pesce**?   ....
Vuole il formaggio o **le olive**?   ....
Vuole i tortellini o **la pasta e fagioli**?   ....

Il Menù

Prezzi (Prices)

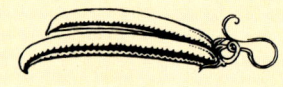

Antipasti: Appetisers, Starters

(called *antipasto* because it's eaten before the main meal - *il pasto*)

Sottaceti: pickled vegetables	L. 2.500
Antipasto misto: mixed appetiser (e.g. salami, raw vegetables, olives, mushrooms etc.)	3.500
Prosciutto e melone: ham and rock melon	3.000
Frutti di mare: seafood cocktail	3.500
Peperoni ripieni: stuffed peppers	3.000

Primi Piatti: First Courses (Entrees)

Zuppa di pesce: fish soup	3.000
Zuppa di verdura: vegetable soup	3.000
Brodo di manzo: beef soup	3.000
Minestrone: (whereas *brodo* is a thin soup, *minestrone* is full of goodies!)	3.500
Pasta e fagioli: a *minestrone* with noodles and beans	3.500
Spaghetti alla napoletana: with a sauce made from fresh tomatoes	4.000
Fettuccine al burro: *al burro* - with butter	4.000
Tortellini alla panna: *alla panna* - with a cream sauce	4.500
Lasagne al forno: *al forno* - cooked in the oven	4.500
Risotto alla milanese: a rice dish	4.500
Tagliatelle ai funghi: *ai funghi* - with mushrooms	4.500

Secondi Piatti: Main Courses

Bistecca ai ferri: grilled steak	5.000
Cotoletta alla milanese: veal cutlet	5.000
Calamari fritti: fried calamari (squid)	6.500
Pollo alla cacciatora: chicken cacciatora	5.500
Scaloppine al vino bianco: small, thin slices of veal in a white wine sauce	6.000
Saltimbocca alla romana: this veal and ham dish is so tasty that it leaps into your mouth (*saltare* - to jump)	6.000
Sogliole ai ferri: grilled sole (fish)	7.000
Fritto misto: mixed fried seafood	7.500
Spezzatino: a tasty stew	5.500
Polpette alla bolognese: meatballs in a Bolognaise sauce	5.000

Contorni: Side Dishes

Patatine: chips	1.500
Fagiolini: beans	1.500
Melanzane: eggplants	1.500
Insalata mista: mixed salad	1.500
Insalata verde: green salad (Italians have lots of varieties of lettuce.)	1.500
Peperoni: peppers	1.500

Dolci: Sweets

Cassata: you should know this!	2.500
Zuppa inglese: trifle	3.000
Macedonia di frutta: fruit salad	2.500
Coppa di gelato: plate of different gelati	2.500
Semifreddo: a cross between a cake and a gelato	3.000
Torta di fragole: strawberry tart	3.500
Frutta fresca: fresh fruit	2.500

Bevande: Drinks

All Italian restaurants, no matter how small, are licensed.

Acqua minerale: mineral water	1.500
Spremuta di arancia: freshly squeezed orange	2.500
Chinotto: a bitter-sweet cola drink	1.500
Succo di pesca: peach juice	1.200
Succo di pera: pear juice	1.200
Vino: wine	1.500
Birra: beer	1.700
Liquori: liqueurs	2.000
Caffè: coffee	800

Servizio 15%: Service 15%

Pane e coperto - L. 2.000 a persona: bread and cover charge - 2,000 lire per person	L._____
Totale (Iva inclusa): total (tax included)	L._____

PASTA ALLA BOLOGNESE?

⊗ Pasta was first used in China in quite remote times. Its origins in Italy date back to the thirteenth century when Marco Polo, returning from his travels, told of this food. He even wrote about it in **Il Milione**, the book which tells of his adventures in Asia. The Italians developed the art of making pasta, inventing lots of different sauces to go with it.

⊗ Today Italian pasta comes in a variety of shapes, sizes and even colours, each type having its own special name. **Spaghetti** is the most commonly used pasta. Its name comes from its shape which is like string **(spago)**. Although pasta is usually yellow in colour, red and green pasta is also made. The green colour of **fettucine verdi**, for example, is obtained by adding spinach.

⊗ **Pasta fatta in casa**, or home-made pasta, is prepared by mixing flour, oil, water and eggs. Italians commonly make pasta like **tagliatelle, lasagne** and **ravioli** at home, particularly if there is a special occasion, such as a family reunion.

⊗ **Maccheroni, spaghetti** and **vermicelli** are examples of pasta produced on a commercial scale. These varieties are hard in their pre-cooked state and have a very long shelf life.

⊗ **La pastasciutta** is the commonly used term for spaghetti with a sauce. Literally it means dry pasta **(asciutta:** dry). In other words it needs to be topped with a sauce.

⊗ Not only do you have the difficult choice of choosing the type of pasta, but you'll also have to decide on the sauce, **il sugo**.
Alla bolognese literally means presented in the Bologna style, which is with a meat sauce. **Spaghetti alla napoletana (Napoli)** is with a fresh tomato sauce. As you will have noticed, many Italian dishes get their names from the city which is supposed to have invented that style of cooking.

⊗ Other ways of having pasta are:
  al burro
  with butter, herbs and spices
  alle vongole
  a tomato sauce made with clams
  alla carbonara
  this recipe includes bacon and eggs. **Eccellente!!!**
  alla marinara
  with a seafood sauce

⊗ This is definitely not the last word on pasta!! Surely you can add names of many pasta shapes and even share a sauce recipe that you know. Bet you could cook some too. If you do decide to cook some, make sure it's **al dente** (to the tooth), i.e. not overcooked or mushy.

LA LETTERA DI GIORGIO

Read through this letter from Giorgio to his mother and work out where he is telling the truth and where he's stretching it just a little. **Giorgio ha scritto questa lettera alla madre che vive da sola a Melbourne. Vediamo se ha detto la verità!**

Scrivere una lettera / **Writing a letter**

- Caro/a } Dear - when writing to a friend or relative
- Carissimo/a
- Egregio Signore — Dear Sir
- Gentile Signora — Dear Madam
- cordiali saluti — Yours Truly
- distinti saluti — Yours Faithfully
- affettuosi saluti — Yours Affectionately
- baci ed abbracci — Kisses and hugs

Pensione Orlanda
Via P. Amedeo, 284,
Roma
5 giugno

Carissima Mamma,

Scrivo questa lettera dalla Pensione Orlanda a Roma. La Pensione è in Via Principe Amedeo vicino alla Stazione Termini. Dalla finestra al secondo piano posso vedere tutta la città: San Pietro, il Colosseo, la Via Veneto, le Catacombe, insomma tutti i monumenti importanti di Roma. A San Pietro ho comprato una candela e ho pregato per due ore.

Lunedì mattina abbiamo camminato per tre ore. Angela è una ragazza pigrissima. Mi ha detto: "Giorgio, sono stanchissima. Non posso camminare più". Ed io ho capito subito che le ragazze sono così deboli.

Allora ho deciso di noleggiare un motorino. Ho parlato con il proprietario del negozio e lui ci ha spiegato come funziona un motorino. Le ragazze non hanno capito bene. Dario ed io abbiamo guidato molto bene in questo traffico pericoloso. I carabinieri qui a Roma sono molto severi se gli autisti non ubbidiscono i segnali stradali.

Gli altri ragazzi hanno detto una bugia alla signora Casati: che abbiamo preso i mezzi di trasporto pubblico. Ma io non posso sopportare le bugie. Ho detto che abbiamo noleggiato una Vespa. La signora Casati ha riso e ha detto, "Bravo Giorgio!"

Quella sera abbiamo mangiato in un ristorante romano. Ho preso un po' di prosciutto e melone, tagliatelle al burro, spaghetti alla carbonara, rigatoni alla napoletana, poi pollo arrosto, saltimbocca, e due cassate. Non mangio molto perchè voglio mantenere il fisico perfetto. E poi ho pagato il conto per tutti.

Purtroppo abbiamo perso il treno per Catania perchè la signora Casati non ha capito l'orario. Ho spiegato a tutti che le ore venti sono le otto di sera, non le dieci.

Devo finire adesso, mamma, perchè voglio fare la valigia. Lo sai che viaggio sempre con la valigia leggera, non come le ragazze che devono portare tutto.

Non ho ancora visto zio Alberto o il nonno. Andiamo a Venezia il 10 luglio.

Affettuosi saluti, baci e abbracci

Giorgio
xxx

ALTRI CIBI

Quando mangiamo?

la (prima) colazione	the breakfast
la merenda	the snack, afternoon tea
il pranzo	the lunch
la cena	the dinner
il pasto	the meal

Dove mangiamo?

l'autogrill	large restaurant on a freeway
il bar	only serves snacks, **panini** and **dolci**
l'osteria	an inn that serves wine and simple food
la tavola calda	a snack-bar
la trattoria	a not too expensive restaurant with home-style cooking
il ristorante	the restaurant

Che cosa mangiamo?

la bistecca	the steak
il brodo	the broth, soup
la carne	the meat
la cotoletta	the cutlet
il dolce	the sweet
il formaggio	the cheese
l'insalata	the salad
il pane	the bread
le patatine	the potato chips
il pesce	the fish
il pollo	the chicken
il prosciutto	the ham
il riso	the rice
il salame	the salami
il sugo	the sauce
le uova	the eggs

Condimenti	Seasoning, flavouring
l'aceto	the vinegar
il burro	the butter
l'olio	the oil
il pepe	the pepper
il sale	the salt
il sugo	the sauce

Dal fruttivendolo

La verdura	The vegetables
la carota	the carrot
il cavolo	the cabbage
il cetriolo	the cucumber
la cipolla	the onion
i fagioli	the beans
il fungo	the mushroom
la lattuga	the lettuce
la melanzana	the eggplant
i piselli	the peas
il peperone	the pepper
il pomodoro	the tomato
gli spinaci	the spinach

La frutta	The fruit
l'albicocca	the apricot
l'ananas	the pineapple
l'anguria	the watermelon
l'arancia	the orange
la banana	the banana
la ciliegia	the cherry
il fico	the fig
la fragola	the strawberry
il limone	the lemon
la mela	the apple
il melone	the melon
la pera	the pear
la prugna	the plum
l'uva	the grapes

I pesi	Weights
un grammo	a gram
cento grammi	100 grams
un etto	another way of saying 100 grams
un chilo	a kilo

SOME NOTES ON VOCABULARY

1. **Vediamo un po', cioè, allora, insomma** and **comunque** do have quite definite meanings, as given in **Parole Nuove**. But they are also used by Italians as "space fillers", something to say when you're not saying anything. Many Italians use these words - and other similar words - when they are trying to think of what to say next or to fill out what may otherwise sound like a pretty empty, unimpressive sentence. Some Italians really pepper their spoken language with **dunque, allora** and the others in much the same way as the English speakers um and er where otherwise there would be silence.

2. **Giornata** is used as the word for day especially when
   a) you are referring to the day as an expanse of time to be filled with activity
   e.g. **Ho passato una giornata interessantissima.**
   I've had a very interesting day.
   Buona giornata!
   Have a good day! (i.e. a good day's work or fun).
   b) referring to weather conditions
   e.g. **Che bella giornata!**
   What a beautiful day!

   The other word for day is, of course, **giorno**.

CONVERSIAMO

Che cosa prende?

Prego, Scusate, Scusi,	Signore Signora Signorina Signori ragazzi	è siete	pronto/i pronta/e	per ordinare?

	Veramente no, non	so posso sappiamo possiamo	scegliere. decidere.	Che cosa	c'è di buono? c'è di speciale? suggerisce?

Per	antipasto primo secondo contorno dolce	c'è ci sono suggerisco	bistecca o pollo arrosto. coppa di gelato o macedonia di frutta. sottaceti o prosciutto e melone. cannelloni o zuppa di pesce. insalata mista o fagiolini.

E	com'è come sono	l'antipasto misto? il pollo arrosto? le patatine? la pasta e fagioli? le fragole? i frutti di mare? le sogliole?

È Sono	molto buono/a/i/e. freschissimo/a/i/e. finito/a/i/e. la specialità del cuoco.

E va bene, per	antipasto primo secondo contorno dolce	prendo prendiamo	....

Come	ha avete	trovato	il pranzo? la cena? la zuppa? i calamari? le lasagne?

Ottimo/a/i/e. Buonissimo/a/i/e. Squisito/a/i/e. così così. pessimo/a/i/e.

Scusi, Senta,	cameriere, signore,	il conto, per favore.

Arriva subito. Eccolo!

Sempre Avanti! 112

CONVERSIAMO

A. You're in a very exclusive restaurant with a person you're trying to impress.
- The waiter asks if you're ready to order.
- You ask him for help in making your selections.
- He recommends a few different dishes to you.
- You order for yourself and your friend.
- Attract the waiter's attention to bring the bill.

B. This time you're in a very poor restaurant which has a lazy waiter.
- You call the waiter a few times but have to resort to calling him **professore** (or some similar title) to attract his attention.
- He addresses you as **capo** and asks you what you want.
- You say you want to order, of course, and proceed to do so.
- Later on, he brings the bill and asks what you thought of the meal.
- You give an appropriate answer.

C. You're still on a gastronomic tour of Italy, this time in a trattoria.
- Looking at the menu, you go through all the **primi** but the waiter answers that they've run out of each dish. (**è finito/a, sono finiti/e**).
- He goes through all the **secondi** but you don't like any of them.
- In desperation he suggests you have an ice cream
- You -um and er (**insomma, vediamo un po'**, etc.) and finally agree.

NAMES AND TITLES

Senta, Ingegner Bevilacqua!

🎵 If Giorgio were an engineer in Italy he would probably be addressed in this way from time to time. Notice that titles ending in **-re**, like **signor(e)** and **ingegner(e)**, drop the final **e** before the surname.
Italians often use the names of professions as titles when they address each other, but this is also a custom they like to have fun with. They might use **dottore** or **avvocato** to deliberately exaggerate a person's status, as with Giorgio and the waiter. Students at school sometimes enjoy using these titles with each other.

🎵 **Capo** means boss. It is often used by people who deal with the public (e.g. bus drivers) who want a more familiar form of address than **signore**.

🎵 At school, Italians make more use of surnames than we do. Teachers usually address their students by their surnames, even when they're not angry with them! When asked to give their full name, Italian students will often say their surname first and then their given name, e.g. **Di Giacomo** Mirella, **Venturi** Gabriele.

🎵 Did you know Dario's surname is **Lampa**?
Imagine the stirring he'd get from school mates in Italy!

UNA GITA A CAPRI

Gina ha sedici anni. Abita con la sua famiglia ad Ercolano, un paese vicino a Napoli e non molto lontano da Pompei. Vuole fare una gita¹ all'isola di Capri con il suo ragazzo².

Il giorno dopo, ecco Franco e Gina alla fermata dell'autobus. Da Ercolano devono andare prima a Napoli e poi da Napoli possono prendere il traghetto³ per Capri.

Papà, caro. Posso andare a Capri domani con Franco? Vogliamo fare una gita. Non ho bisogno di molti soldi ... solo cinquemila lire. Va bene?

Gina sei veramente una ghiottona! Non hai ancora finito la colazione?

Sì, ho già fatto colazione. Questo è solo uno spuntino⁴... un piccolo panino.

Be', non lo so. Che cosa dice la mamma? Insomma, vediamo un po'... vuoi cinquemila lire... non sono un uomo ricco... ma va bene, puoi andare se hai finito tutti i compiti di scuola.

Al porto di Napoli comprano due biglietti di andata e ritorno⁵ per Capri.

Uei, capo. Dovete conservare⁷ questi biglietti... E voi ragazzi in motorino, andate a destra. Mettete i motorini vicino a quell'autocarro rosso.

No cara, questa volta pago io⁶.

Va bene. Se veramente insisti.

Sempre Avanti! 114

N.L.G. RAPIDO PER CAPRI ORE 9:15

Che bella giornata! Non piove oggi, vero?

Cosa dici?! A Capri non piove mai. Guarda quei ragazzi! Hanno portato i motorini. Buona idea, no?

Dopo un viaggio piacevole di quaranta minuti il traghetto arriva all'isola di Capri. Qui vediamo la bellissima Marina Grande.

Dunque, cosa vuoi fare? Possiamo prendere un motoscafo[8] per la Grotta Azzurra o il funicolare[9] per Anacapri.

Be', non so. Perché non andiamo ad Anacapri... guardiamo i negozi... camminiamo un po'...

Ecco una veduta della Marina Grande da Anacapri. Per andare dalla Marina Grande alla città di Capri i turisti possono prendere la funicolare. E poi da Capri c'è l'autobus che va su in montagna e arriva ad Anacapri.

Sai Franco, mi piace molto camminare per le piccole vie. Sono così tranquille, così differenti dalle vie di Napoli. Quando sono ricca voglio comprare una villa su quest'isola.

Anche Napoli è bella, sai!

UNA GITA A CAPRI

Come tanti altri turisti Franco e Gina vanno a vedere i negozi. Che cosa vendono in questo negozio?

Ho una fame da lupi[10]. Andiamo a mangiare, sono già le dodici e mezzo.

Come vuoi, tesoro, come vuoi.

Cosa prendi, Franco?

Be', non so. Forse una bistecca o del pesce.

Queste cozze sono veramente buone. Non ti piace la cotoletta?

Sì, sì, ma preferisco mangiare prima tutte le patatine.

Dopo il pranzo il cameriere porta il conto.

Non ci credo! Abbiamo ordinato solo un secondo, una bibita e il caffè. Ma ho dimenticato quanto può costare il servizio e il pane e coperto.

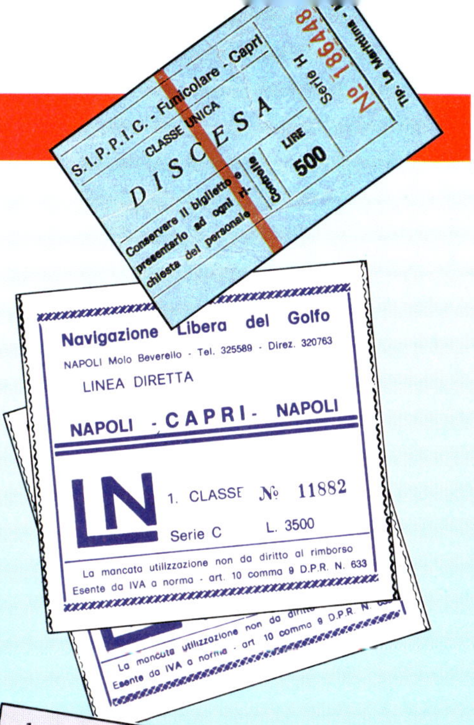

Hai visto, Franco? Viaggi di nozze[11]! Vuoi prenotare?

Cosa!? Ah, sì, certo, ma dopo il contol al ristorante sono completamente al verde![12] E poi siamo giovani... siamo ancora a scuola...

Non preoccuparti[13], Franco. Scherzo!

1. **fare una gita:** to go on a trip
2. **il suo ragazzo:** her boyfriend
3. **il traghetto:** the ferry
4. **uno spuntino:** a snack
5. **biglietti di andata e ritorno:** return tickets
6. **questa volta pago io:** I'm paying this time
7. **conservare:** to retain
8. **un motoscafo:** a motorboat
9. **la funicolare:** the cable-car
10. **ho una fame da lupi:** I'm starving
11. **viaggi di nozze:** honeymoon trips
12. **essere al verde:** to be broke, to be in the red
13. **non preoccuparti:** don't worry
14. **quelli che ci abitano:** those who live there.

Guarda, Franco! Siamo andati là in alto ad Anacapri. Sono fortunati quelli che ci abitano[14].

Veramente, mi piace molto visitare Capri, ma preferisco abitare a Napoli.

Sempre Avanti! 117
CAPITOLO 8

PAROLE NUOVE

accomodatevi!	make yourselves comfortable!	mantenere	to keep, maintain
allora	then, well then	misto	mixed
l'acqua	the water	l'odore	the aroma, smell
bere (bevo)	to drink (I drink)	l'orario	the timetable, the time
il bicchiere	the glass	ordinare	to order
la bottiglia	the bottle	pagare	to pay
la candela	the candle, the spark plug	il panino	the bread roll
il capo	the boss	passare	to pass, spend
cavaliere	a title given to someone who has been knighted	pericoloso	dangerous
		pessimo	very bad, terrible
cioè	that is, in other words	il piatto	the plate, dish, course
il coltello	the knife	pregare	to pray; ask, request
comunque	however	purtroppo	unfortunately
il conto	the bill	ridere	to laugh
il cucchiaio	the spoon	saltare	to jump
la cucina	the cooking, the cuisine; kitchen	scegliere (ho scelto)	to choose (I chose)
		senza	without
il cuoco/la cuoca	the cook	separato	separate, separated
decidere	to decide	severo	severe, strict
digerire (-isc-)	to digest	sopportare	to put up with, endure
la digestione	the digestion	lo spago	the string
dunque	so, therefore, well then	la specialità	the speciality
duro	hard	squisito	delicious, exquisite
eccellente	excellent	suggerire (-isc-)	to suggest
la forchetta	the fork	il tavolo/la tavola	the table
fresco	fresh	la tazza	the cup
gradire (-isc-)	to receive with pleasure, to like, enjoy	telefonare	to phone
		il trasporto	the transport
insomma	in short, the fact is	ubbidire	to obey
l'isola	the island	venire	to come

Espressioni — Expressions

Buon appetito!	Enjoy your meal! (Italians always say this as they begin a meal. The usual reply is **altrettanto**, which means <u>and you too, same to you</u>.)
Che cosa gradisce?	What would you like?
In quanti siete?	How many of you are there?
Le ore venti.	8 p.m.
mi dia……!	I'll have, give me……!
non importa	it doesn't matter, it's not important
non posso sopportare…	I can't stand…
prendere per secondo	to have as the main course
gli scavi di Pompei	the excavations of Pompei
siamo in tre	there are three of us
vediamo un po'	let's see now
(È) tutto a posto?	Is everything O.K?

Sempre Avanti! 118

RIASSUNTO DI GRAMMATICA

1. **Irregular verbs**

Sapere to know	**Dire** to say, tell	**Fare** to do
so	dico	faccio
sai	dici	fai
sa	dice	fa
sappiamo	diciamo	facciamo
sapete	dite	fate
sanno	dicono	fanno

Essere to be	**Avere** to have	**Andare** to go
sono	ho	vado
sei	hai	vai
è	ha	va
siamo	abbiamo	andiamo
siete	avete	andate
sono	hanno	vanno

Bere	to drink	**Venire**	to come
bevo	I drink	vengo	I come
bevi	you drink	vieni	you come
beve	he, she, it drinks	viene	he, she, it comes
beviamo	we drink	veniamo	we come
bevete	you(pl) drink	venite	you(pl) come
bevono	they drink	vengono	they come

2. **Use of the definite article.**

   Italians use the definite article in the following cases:
   a) When referring to things or people in a general sense.
      e.g. **Gli italiani amano il tennis.**
         Italians love tennis.
         Ti piace lo zucchero?
         Do you like sugar?
         La matematica è così interessante.
         Maths is really interesting.
      Notice that Italians use the definite article with the names of sports and school subjects.

   b) When referring to continents, countries and regions.
      e.g. **L'Europa ha moltissime squadre forti.**
         Europe has very many strong teams.
         L'Italia ha vinto la Coppa del Mondo nel 1982.
         Italy won the World Cup in 1982.
         La Sicilia e la Calabria sono due regioni del Sud.
         Sicily and Calabria are two southern regions.
         Sono partiti dall'Australia il due maggio.
         They left Australia on the second of May.

   But the article is not used after the prepositions **in** and **di**.
      e.g. **Andiamo in Italia l'anno prossimo.**
         We're going to Italy next year.
         Il Giro d'Italia è una corsa ciclistica.
         The Tour of Italy is a bike race.

   This rule applies to countries that are feminine singular, which is most of them. e.g. **la** Francia, **la** Svizzera, **l'**Inghilterra, **la** Cina.
   But note the following:
   Chi è il presidente degli Stati Uniti?
   Who is the president of the United States?
   Vado spesso nel Giappone.
   I often go to Japan.
   If an adjective is used with the name of a country, then the definite article is used, even after **di** and **in**.
      e.g. **L'Umbria è nell'Italia centrale.**
         Umbria is in central Italy.

3.

	il	l'	lo	la	i	gli	le
a+	al	all'	allo	alla	ai	agli	alle
da+	dal	dall'	dallo	dalla	dai	dagli	dalle

Umbria is in central Italy.

CAPITOLO NOVE
ALLA STAZIONE

Quella sera, alle ventuno e quarantacinque. I ragazzi arrivano alla stazione ma il treno non c'è.

Mi dispiace è troppo tardi. Avete perso il treno.

BINARIO 1

Ma come facciamo adesso? Abbiamo perso il treno, non abbiamo una camera per stasera...

Ma com'è possibile? La signora Casati non fa mai errori.

Purtroppo non è vero. Faccio molti errori.

Panel 1: Un momento, domando allo sportello.

Panel 2: Scusi, a che ora parte il prossimo treno per Catania?
Alle ventidue zero cinque, cioè fra venti minuti.

Panel 3: Da che binario?
Dal binario diciannove.
Allora, sette biglietti di andata e ritorno, per favore.

Panel 4: Mi dispiace, è troppo tardi per prenotare. Provate al binario.

Panel 5: Signora, c'è un treno che parte per Catania fra venti minuti dal binario numero diciannove.
Ma non abbiamo prenotato i posti.

Panel 6: Non fa niente. Dobbiamo provare. Dunque, binario diciannove ... eccolo.

Panel 7: Biglietti per favore.
Chi ha preso i biglietti?

Panel 8: Nessuno, signora. Non sono nella borsetta. Sono nella tasca della giacca.

Panel 9: Dove, dove?
No, signora, sono nell'altra tasca.

Ah sì, eccoli. Ecco i biglietti signore.

Ma questi biglietti sono per il treno delle venti e...

Ma non possiamo salire su questo treno?

No, è assolutamente impossibile!!! Tutti i posti sono occupati. Non potete salire.

Ma signore, non ci può aiutare?

Non aiuto nessuno. Non posso perchè...

Insomma, perchè non ci mette con le valige nel portabagagli?

Se volete vi metto sul tetto oppure vi lego alle ruote... come preferite?

Ma signore, è colpa mia. Questi ragazzi devono essere in Sicilia domani mattina.

Ueeeeee.

Ora come facciamo? Sono proprio disperata. La zia Matilde mi deve incontrare domani mattina. Poveretta, è vecchia, è ammalata.

... e, ci aspetta alle sei di mattina.

Vi vorrei aiutare, ma non posso fare niente. È severamente proibito, assolutamente vietato.

Angela, questo facchino non ti ascolta, non ti crede. Ha il cuore di pietra.

Povera zia Matilde. Ha ottantatrè anni. Ha un cuore così affettuoso, ma così debole. Mi capisce?

Sì, e domani deve uscire dall'ospedale con l'infermiera per venire alla stazione.

Sì, e in questa valigia ho la medicina che devo portare alla zia. Se non arriviamo in tempo chi sa che cosa può succedere?

Medicina? Vediamo, dov'è?

Va bene, un momento. Ecco la medicina, eccola!

Va bene, presto, salite sul treno! Vi aiuto con le valige?

Sì, grazie. Eccole!

Prendete questa medaglietta per la zia! Tanti auguri!

Grazie Adolfo, sei molto gentile, non ti dimentico mai!

Faye, sei veramente sfacciata!

DOMANDE SUL FUMETTO

1. Perchè i ragazzi non sono contenti?
2. È vero che la signora Casati non fa mai errori?
3. Che cosa domanda Dario allo sportello?
4. Da dove parte il prossimo treno per Catania?
5. Dove sono i biglietti?
6. Perchè non possono salire subito sul treno?
7. Chi aspetta Angela in Sicilia.
8. È vero che Adolfo non vuole aiutare?
9. Come sta la zia Concetta?
10. Che cosa ha Angela nella valigia?

PARLIAMO

A. Non...mai

Perchè non parla italiano?	**Non** parla **mai** italiano.
Perchè non riceve lettere?	**Non** riceve **mai** ......
Perchè non dorme all'albergo?	....
Perchè non pulisce le candele?	....
Perchè non può uscire con noi?	....
Perchè non dice la verità?	....
Perchè non va a Catania?	....
Perchè non ha fame?	....

Non ha mai fame!

B. Non...niente

Che cosa hai fatto?	**Non** ho fatto **niente**.
Che cosa hai preso?	**Non** ho preso ......
Che cosa hai visto?	....
Che cosa hai scritto?	....
Che cosa hai letto?	....
Che cosa hai detto?	....
Che cosa hai perso?	....
Che cosa hai saputo?	....

C. Counting by fives

Cinquanta più cinque.	**Cinquantacinque.**
Più cinque.	**Sessanta.**
Più cinque.	**Sessantacinque.**
Più cinque.	....
Più cinque.	....
Più cinque.	....
Più cinque.	....
Più cinque.	....
Più cinque.	....

D. Mi → ti

Mi aspetti?	Sì, va bene, **ti** aspett**o**.
Mi aiuti?	Sì, va bene, **ti** ....
Mi porti?	Sì, ...
Mi chiami?	....
Mi senti?	....
Mi incontri?	....
Mi ricordi?	....
Mi arresti?	....

Mi arresti?

E. Ci → vi

A che ora **ci** aspetti, alle tre?	D'accordo, **vi** aspett**o** alle tre.
Quando **ci** aiuti, lunedì?	.... aiut**o** lunedì.
Quando **ci** senti, adesso?	....
A che ora **ci** chiami, alle sette?	....
Quando **ci** porti, sabato?	....
A che ora **ci** incontri, alle undici?	....
Quando **ci** visiti, stasera?	....
Quando **ci** digerisci, subito?	....

Quando ci digerisci, subito?

PARLIAMO

F. Mi, ti, ci, vi + non...mai

Giovanna non **mi** cap**isce**.	Be', **non ti** cap**isce mai**.
Paolo non **ci** cap**isce**.	Be', **non vi**. . . . .
Mamma non **ci** sent**e**.	Be', **non** . . . .
Vittorio non **mi** sent**e**.	. . . .
Silvia non **mi** ved**e**.	. . . .
Annamaria non **ci** ved**e**.	. . . .
Aurelio non **mi** chiam**a**.	. . . .
Valeria non **ci** chiam**a**.	. . . .

G. Nessuno (subject)

Chi ha parlato?	**Nessuno** ha parlato.
Chi ha finito?	**Nessuno** . . . .
Chi ha scritto?	. . . .
Chi ha mangiato?	. . . .
Chi ha guidato un motorino?	. . . .
Chi ha prenotato i biglietti?	. . . .

H. Di articulated

Il ragazzo ha il panino.	Ma certo, è il panino **del ragazzo**.
Le ragazze hanno lo zaino.	. . . . . ., è lo zaino **delle ragazze**.
Lo zio ha il biglietto.	. . . . **dello zio**.
Gli studenti hanno la medaglietta.	. . . .
L'amico ha la medicina.	. . . .
Le amiche hanno le valige.	. . . ., sono . . . .
L'uomo ha le mele.	. . . .
Gli amici hanno i formaggi.	. . . .
La zia ha i bicchieri.	. . . .
L'amica ha il chinotto.	. . . .

I. Eccolo, la, li, le

Cameriere, senta, è pronto **il prosciutto**?	Sì signora, **eccolo**.
Cameriere, senta, è pronta **la zuppa**?	. . . ., **eccola**.
Cameriere, senta, sono pronti **gli spaghetti**?	. . . ., **eccoli**.
Cameriere, senta, sono pronte **le lasagne**?	. . . ., **eccole**.
Cameriere, senta, è pronto **il cappuccino**?	. . . .
Cameriere, senta, sono pronte **le tagliatelle**?	. . . .
Cameriere, senta, è pronto **il contorno**?	. . . .
Cameriere, senta, sono pronti **i tortellini**?	. . . .

J. In, su articulated

Scusi, dov'è il biglietto?	
Ah, **la borsetta**!	Sì, è **nella**. . . . .
Scusi, dove sono i biglietti?	
Ah, **il portafoglio**!	Sì, sono **nel** . . . . . .
Scusi, dov'è il prosciutto?	
Ah, **il panino**!	Sì, ...
Scusi, dov'è il contorno?	
Ah, **il piatto**!	. . . .
E i treni? Ah, **i binari**!	Sì, sono **sui binari**.
E Giorgio? Ah, **la sedia**!	. . . .
E le pere? Ah, **la tavola**!	. . . .
E la salsa? Ah, **gli spaghetti**!	. . . .

K. Non...nessuno

Chi hai chiamato?	**Non** ho chiamato **nessuno**.
Chi hai cercato?	**Non** ho cercato . . . .
Chi hai portato?	**Non** . . . .
Chi hai suggerito?	. . . .
Chi hai visitato?	. . . .
Chi hai arrestato?	. . . .
Chi hai perso?	. . . .
Chi hai visto?	. . . .

L. Fare + occupations

Che lavoro fai? Il ragioniere?	Sì **faccio il ragioniere**.
Che lavoro fai? La professoressa?	Sì **faccio** . . . .
Che lavoro fai? Il programmatore?	. . . .
Che lavoro fai? La dattilografa?	. . . .
Che lavoro fai? La parrucchiera?	. . . .
Che lavoro fai? L'idraulico?	. . . .

PARLIAMO

M. **Fare** *expressions*

Forse **faccio una passeggiata.**   E sì, fai sempre una passeggiata.
Forse Carlo si **fa una doccia.**   E sì, si fa sempre ....
Forse **fate gli stupidi.**   E sì, facciamo................
Forse **fai brutta figura.**   E sì, faccio ....
Forse **fate quattro passi.**   ....
Forse **faccio la dieta.**   ....
Forse Verena **fa il muso.**   ....
Forse **fai complimenti.**   ....

N. *Adverb → adjective*

Letizia ha parlato sever**amente**.   Ma cosa vuoi? È una ragazza **severa**.
Bruno ha parlato modest**amente**.   Ma cosa vuoi? È un ragazzo ....
Teresa ha parlato sciocc**amente**.   Ma cosa vuoi? ....
Massimo ha parlato trist**emente**.   ....
Mimmina ha parlato fredd**amente**.   ....
Guido ha parlato debol**mente**.   ....
Renata ha parlato tranquill**amente**.   ....

O. *Adjective → adverb;* **mi, ti**

Mi ha parlato in modo **severo**.   Insomma, ti ha parlato sever**amente**.
Mi ha parlato in modo **gentile**.   Insomma, ti ha parlato gentil**mente**.
Mi ha parlato in modo **forte**.   Insomma, ti ha parlato fort**emente**.
Mi ha parlato in modo **preciso**.   ....
Mi ha parlato in modo **debole**.   ....
Mi ha parlato in modo **triste**.   ....
Mi ha parlato in modo **pigro**.   ....
Mi ha parlato in modo **sfacciato**.   ....

Dov'è Giorgio mentre gli altri sono al binario?

BAR →

Un gelato al cioccolato per favore.

Singolo o doppio?

Doppio naturalmente. E un gelato alla fragola e uno al limone e tre aranciate cioè quattro aranciate e...vediamo un po'...un pezzo di pizza per favore.

Un pezzo grande?

No piccolo. Mi dia dieci etti.

Vuole dire un chilo.

Ma signorina, non voglio un chilo. Non voglio fare il ghiottone. Mi dia dieci etti per favore.

PAROLE NUOVE

Al bar

l'acqua minerale	the mineral water
amaro	bitter
l'aranciata	orange drink
arancino	a rice snack in the shape of an orange
la bibita	the drink
la birra	the beer
il chinotto	a cola drink
il cioccolato	the chocolate
il ghiaccio	the ice
il panino imbottito	the roll (with filling)
insipido	tasteless, insipid
il latte	the milk
la limonata	the lemonade
il miele	the honey
le paste	the cakes, pastries
il pezzo	the piece
piccante	spicy, hot
la pizzetta	the little pizza
la ricotta	the ricotta cheese
salato	salty
la salsa	the sauce
saporito	tasty
la spremuta di frutta	freshly squeezed fruit juice
lo spuntino	the snack
il succo di frutta	the fruit juice
il tè freddo	the cold tea
il tramezzino	the (multi-layered) sandwich
lo zucchero	the sugar
il sandwich	the sandwich

l'amico	the friend
ammalato	sick, ill
il binario	the railway line, platform
la borsetta	the handbag
cambiare	to change
cattivo	bad
chiaro	clear, light
la colpa	the fault, blame
la destinazione	the destination
dimenticare	to forget
l'errore (m)	the error
il facchino	the porter
fermare	to stop
importato	imported
legare	to tie, bind
la medaglietta	the (holy) medal
la medicina	the medicine
meglio	better
la notte	the night
oppure	or, or even
la persona	the person
poco	little, not much
il portafoglio	the wallet
il posto (a sedere)	the seat on a train, (in a cinema etc.)
poveretto/a!	poor thing!
preciso	exact, precise
prossimo	next
provare	to try
ricevere	to receive
ricordare	to remember
salire	to go up, to get on (to)
lo scompartimento	the carriage, compartment
soltanto	only
lo sportello	the ticket window; the window in a train, car
la stanza	the room
stupido	stupid
succedere (successo)	to happen (happened)
tardi	late
la tasca	the pocket
terribile	terrible
il tetto	the roof
tranquillo	calm, peaceful, tranquil
triste	sad
veloce	fast, quick

Espressioni

un biglietto di andata e ritorno	a return ticket
dica	can I help you? (literally: speak up)
mi dia	give me, I'll have
mi devi/e cento lire	you owe me 100 lire
Come facciamo?	What will we do?
ne prendo un chilo	I'll have a kilo (of it, of them)
Sono proprio disperato/a	I'm really distressed, distraught
tanti auguri!	best wishes, all the best!
ne voglio un etto	I want 100 grams (of it, of them)
vuole dire	you mean

I TRENI ITALIANI

🚋 Se volete girare l'Italia e non avete la macchina potete prendere un treno. È il modo[1] più comodo e sicuro di viaggiare.
Molte persone preferiscono viaggiare di notte perchè possono prendere una cuccetta e dormire durante il viaggio. Ma bisogna prenotare la cuccetta per essere al sicuro[2], perchè i treni sono spesso affollati[3]. Se dovete andare da Roma a Catania e volete risparmiare[4], prendete l'Espresso che parte alle ventitrè e dieci. Così non dovete pagare una notte d'albergo e potete viaggiare in seconda classe. La mattina dopo arrivate a Catania riposati[5], e pronti per visitare la città.

🚋 Non potete dormire sui treni? Allora prendete il Rapido che viaggia di giorno. È il treno più veloce. Ma per il Rapido bisogna avere un biglietto di prima classe, ed è sempre meglio[6] prenotare.
Se avete fretta non prendete mai un treno Diretto, Direttissimo o Locale. Questi si fermano[7] a tutte le stazioni, anche le più piccole. Nelle grandi stazioni italiane c'è un' atmosfera veramente internazionale, come in un aeroporto. Il T.E.E. (Trans-European Express) viaggia non soltanto in Italia ma per tutta l'Europa.

> Dunque, partenze per Ancona. Eccole! C'è un Rapido che parte alle quattordici e cinquantanove. Abbiamo tempo?

> Dov'è la mamma? La vedi?[8] Il treno per Parigi parte fra cinque minuti e lei va al gabinetto.

> Ma guarda un po'. Tutti questi sportelli sono chiusi. Non c'è nessuno che lavora.

> Allora, vediamo un po'. Che cosa prenotiamo, posti a sedere o cuccette?

> Per me una cuccetta. Sono stanco morto. Voglio dormire.

Scusate, signori, ho bisogno di un facchino. Ho due valige pesanti e nessuno mi aiuta.

Un momento, signorina, siamo occupati.

È in arrivo al binario numero due, il treno locale da Salerno.

Le grandi città come Milano hanno anche la Metropolitana, una rete ferroviaria sotterranea[9].

1. **il modo:** the way
2. **essere al sicuro:** to be on the safe side
3. **sono spesso affollati:** are often crowded
4. **risparmiare:** to save
5. **riposati:** rested
6. **è sempre meglio:** it's always better
7. **Questi si fermano:** these stop
8. **la vedi?:** do you see her?
9. **una rete ferroviaria sotterranea:** an underground rail network

CONVERSIAMO

1. **Al generi alimentari: quanto costa?**

Mi dica,	signore?
Prego,	signora?
Desidera,	signorina?

Quanto	costa / costano	il formaggio / la mortadella / i broccoli / le olive	all'etto? / al chilo?

Cinquecento		
Mille	lire	all'etto.
Duemilacinquecento		al chilo.

Costa / Costano	molto. / troppo. / poco.

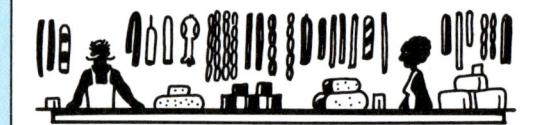

È / Sono	importato/a/i/e. molto fresco/a/hi/he. buonissimo/a/i/e. squisito/a/i/e.

Allora, / Dunque, / Vediamo un po',	va bene	ne prendo / mi dia / ne voglio	due etti. / un chilo.

2. **Al bar.**

Un tè freddo, Una limonata, Un caffè, Un tramezzino, Un' acqua minerale, Una spremuta di arance, Un arancino,	per favore.

Con o senza	ghiaccio? / zucchero? / latte? / limone? / sale? / pepe?

Preferisco / Mi piace	con / senza	ghiaccio, zucchero, latte, limone, sale, pepe,	grazie.

È buono/a?

Sì,	è molto buono/a. è ottimo/a. è molto saporito/a. è squisito/a. non c'è male.

No, è	terribile. pessimo.	È troppo	dolce. amaro/a. forte. salato/a. insipido/a. piccante.

CONVERSIAMO

3. Allo sportello della stazione.

Scusi,	a che ora	parte il treno per	Verona?
Senta,	da che binario		Foggia?
Per piacere,	da dove		Amburgo?

Parte	alle venti e quindici.
	dal binario tredici.
	dal binario otto.
	dalla Stazione Termini.

Un biglietto	di	andata e ritorno,	per favore.
Tre biglietti		solo andata,	
		seconda classe,	
		prima classe,	

In tutto	costa	diecimila lire.
	viene	ventitremilacinquecento lire.
	mi deve	

A. You're at the Stazione Termini in Rome to book some tickets for Genova.
- Find out which train suits your plans.
- Decide if you can afford first class or a **cuccetta**.
- Buy the tickets.

B. In a Generi Alimentari you find a shopkeeper who is a little pushy.
- You ask for something he doesn't have.
- He tries to sell you something different, telling you how good it is.
- You find out the price and decide whether to buy it or not.

C. You've finally convinced an old friend to go to a cafe with you.
- You ask what she would like suggesting as many drinks and snacks as you can think of.
- She politely says no to all your suggestions giving an excuse.
- You tell her not to be so polite **(non fare complimenti!)** and you finally talk her into having something.
- Call the waiter over and order.

Sempre Avanti! 131
CAPITOLO 9

EXPRESSIONS WITH FARE

Fare has the general meaning of <u>to do, to make</u>. This meaning is readily seen in many common Italian expressions.

e.g. **Che ora fai?** What time do you make it?
    fare senza to do without
    fare i compiti to do your homework

There is also a large number of idiomatic expressions where **fare** does not mean <u>to do</u> or <u>to make</u>.

e.g. **fare parte di** to be part of
    fare finta di to pretend
    fare le carte to deal the cards
    fare furore to be a big success
    fare il muso to sulk
    fare la dieta to be on a diet
    fare da mangiare to prepare food

To go for

fare una passeggiata, } to go for a walk
fare quattro passi
fare un viaggio to go on a trip
fare una gita to go on an outing, excursion
fare un picnic to go on a picnic
fare un giro in auto to go for a drive
fare un giro in } to go for a ride on a bike,
bicicletta, motorino scooter

To have

fare quattro chiacchiere to have a chat
fare un bagno to have a bath
fare una doccia to have a shower
fare colazione to have breakfast, lunch

To act as, to be

fare il macellaio to be a butcher
fare la segretaria to be a secretary
fare lo scemo, lo stupido to be (act) silly, stupid

To prepare, work on

fare i piatti to wash the dishes
fare le stanze to clean the rooms
fare le valige to prepare the suitcases

The weather

fa bel tempo it's lovely weather
fa brutto tempo it's terrible weather

Also note:

Non fa niente it doesn't matter

Non mi fa nè caldo nè freddo. { It doesn't do much for me, I can take it or leave it.

Fare bella figura - <u>to make a good impression</u>

☺ Most people are keen to make a good impression. No matter what country you are from you would not wish to lose face in the eyes of others (**fare brutta figura**).

☺ Italians, with their sense of style, have the reputation for being very much concerned with appearances, with the way things look. **Fare bella figura**, <u>looking good, creating a good impression</u>, is part of social tradition in Italy.

☺ The right clothes, the right car, the right furniture, the right behaviour are always carefully considered. Sloppiness is not part of the Italian way of life - unless it happens to be in fashion of course.

> Questo qui, fa bella figura o brutta figura?

RIASSUNTO DI GRAMMATICA

1. | | |
   |---|---|
   | mi | me |
   | ti | you (sing) |
   | ci | us |
   | vi | you (pl) |

   e.g. **Mi capisce?**
   Do you understand me?

   Questo facchino non ti aiuta.
   This porter is not helping you.

   Perchè non ci mette con le valige?
   Why don't you put us with the suitcases?

   Se volete vi metto sul tetto.
   If you wish I'll put you on the roof.

2. **Eccolo!** Here/there it is! / Here/there he is!
   Eccola! Here/there it is! / Here/there she is!
   Eccoli! Here/there they are! (m)
   Eccole! Here/there they are! (f)

   e.g. **Dunque, binario numero 19...eccolo!**
   Now then, platform 19...there it is!

   Un momento, dov'è Angela? Aah, eccola!
   Wait a minute, where's Angela? Aah, there she is!

   Non trovo i biglietti. Aah, eccoli!
   I can't find the tickets. Aah, here they are.

   Vi aiuto con le valige? Sì, grazie. Eccole!
   Will I help you with the suitcases? Yes, thanks. There they are!

3. | | il | lo | l' | la | i | le | gli |
   |---|---|---|---|---|---|---|---|
   | a | al | allo | all' | alla | ai | alle | agli |
   | da | dal | dallo | dall' | dalla | dai | dalle | dagli |
   | di | del | dello | dell' | della | dei | delle | degli |
   | in | nel | nello | nell' | nella | nei | nelle | negli |
   | su | sul | sullo | sull' | sulla | sui | sulle | sugli |

   e.g. **I ragazzi sono al ristorante.**
   The kids are at the restaurant.

   Questa lettera è dallo zio Rinaldo.
   This letter is from uncle Rinaldo.

   Sono nella tasca dell' altra giacca.
   They're in the pocket of the other jacket.

   La destinazione è sugli altri biglietti.
   The destination is on the other tickets.

   Note: Articulated forms of the preposition **con** (with) are not as common as those above, but you will occasionally come across **col, coll'** and **coi**.

   e.g. **È arrivato col (con il) treno delle sette.**
   He arrived on the seven o'clock train.

4. | | |
   |---|---|
   | non...mai | never, not ever |
   | non...niente | nothing, not anything |
   | non...nessuno | no one, not anyone |

   Non vado mai in città. I never go to the city.
   Non voglio niente. I don't want anything.
   Non conosco nessuno. I don't know anyone.

5. **Nessuno as a subject**

   Nessuno vuole aiutare. No one wants to help.

6. **Adverbs**

adjective		adverb	
alto	high	altamente	highly
triste	sad	tristemente	sadly
debole	weak	debolmente	weakly
regolare	regular	regolarmente	regularly
buono	good	bene	well
cattivo	bad	male	badly

   e.g. **Mi ha parlato severamente.**
   He spoke harshly to me.

   Si veste sempre così elegantemente.
   She always dresses so elegantly.

   Teresa ha potuto fare tutto facilmente.
   Teresa was able to do everything easily.

   Parla bene ma scrive molto male.
   He speaks well but writes very badly.

7. **Some irregular plurals**

   la città → **le città**
   lo sport → **gli sport**
   il cinema → **i cinema**
   il film → **i film**

8. **Fare + occupations**

   Faccio il ragioniere.
   I'm an accountant.

   Hai sentito? Piera fa la programmatrice.
   Have you heard? Piera is a programmer.

CAPITOLO DIECI
SUL TRENO

Finalmente sono tutti sul treno e si preparano per andare a letto.

Va bene, ragazzi. Sono stanca morta! Adesso se non vi coricate e non vi addormentate subito, vi ammazzo!

Com'è simpatica quando si arrabbia.

Dobbiamo andare a letto subito? È così presto. Io non mi addormento mai a quest'ora.

Angela, zitta! Dovete addormentarvi perchè vi dovete svegliare alle cinque e mezzo domani mattina. Dovete essere pronti per le sei precise.

Le cinque e mezzo!!! Io non mi alzo mai prima delle otto.

Cioè, ti alzi alle otto ma non ti svegli mai.

Spiritosa!!!	Mi sentite o no? Dovete andare a letto. **I ragazzi si spogliano velocemente, si mettono i pigiama e poi si coricano.**	Buonanotte, signora. Sogni d'oro. Buon riposo.

Kevin, sai com'è la signora Casati. Si addormenta subito. Fra dieci minuti possiamo uscire.

Dario, ci aspetti qui o vuoi venire anche tu?

Ragazzi, stasera, ci divertiamo un mondo.

Sì, voglio investigare la prima classe, per motivi istruttivi naturalmente.

Vengo anch'io. Ho visto tre belle ragazze in prima classe.

Vediamo se la signora Casati dorme. Eccola, dorme!

Va bene, possiamo andare. Ma che cosa diciamo alle ragazze?

Kevin, puoi stare tranquillo. Io so parlare alle ragazze.

Buonasera, ragazze. È libero questo posto? Mi chiamo Giorgio. Scusate la barba... devo radermi più tardi.

Io mi chiamo Kevin. Sono uno scienziato australiano.

Su, dai, come ti chiami?

Si chiama Dario. È un po' timido. Dunque, ragazze, voi, come vi chiamate?

Forse non capiscono l'italiano.

O non ti ascoltano.

Capite l'italiano? Il francese? Il tedesco? Lo svedese? L'arabo?

Uei, ma cosa fate voi qui?

Va bene, bambini, andate fuori a giocare sul binario. Questi posti sono occupati.

He, bambini. Se mi arrabbio.

Che cosa hai detto?

Niente, non ho detto niente.

Ha detto che sembra arabo, signore.

Presto, via!

Sempre Avanti! 136

DOMANDE SUL FUMETTO

1. Com'è la signora Casati, è contenta?
2. Perchè i ragazzi si devono coricare presto?
3. A che ora si devono alzare?
4. Che cosa fanno i ragazzi, prima di coricarsi?
5. Quanto tempo ci vuole prima che si addormenta la signora Casati?
6. Che cosa vogliono fare i ragazzi?
7. Come sanno se la signora Casati dorme?
8. Perchè Giorgio dice a Kevin di stare tranquillo?
9. Pensate che le ragazze capiscono Giorgio?
10. Gli amici delle ragazze hanno paura di Giorgio?

PARLIAMO

A. *Reflexive* **mi, ti**

Non **ti** alzi adesso?	No, **mi** alzo più tardi.
Non **ti** addormenti adesso?	No, **mi** ....
Non **ti** radi adesso?	....
Non **ti** corichi adesso?	....
Non **ti** diverti adesso?	....
Non **ti** spogli adesso?	....

Perchè non ti radi adesso?

B. *Reflexive* **si** *(singular → plural)*

Chi **si** sveglia?	Tutti **si** svegli**ano**.
Chi **si** rade?	Tutti **si** rad**ono**.
Chi **si** corica?	Tutti ....
Chi **si** diverte?	....
Chi **si** alza?	....
Chi **si** addormenta?	....

C. *Reflexive* **ci, vi**

Ci alz**iamo** fra dieci minuti.	Perchè non **vi** alz**ate** subito?
Ci corich**iamo** fra dieci minuti.	Perchè non **vi** .... ?
Ci spogl**iamo** fra dieci minuti.	.... ?
Ci rad**iamo** fra dieci minuti.	.... ?
Ci addorment**iamo** fra dieci minuti.	.... ?
Ci prepar**iamo** fra dieci minuti.	.... ?

D. *Infinitive reflexives*

Perchè non **si** alz**a**?	Perchè non vuole alz**arsi**.
Perchè non **si** divert**e**?	Perchè non vuole divert**irsi**.
Perchè non **si** rad**e**?	.... vuole rad**ersi**.
Perchè non **si** addorment**a**?	....
Perchè non **si** spogli**a**?	....
Perchè non **si** coric**a**?	....

Mi cercano o no?

E. *Infinitive reflexives*

Lei deve alz**arsi**, signore.	Mi dispiace, ma non posso alz**armi**.
Lei deve rad**ersi**, signore.	.... ma non posso rad**ermi**.
Lei deve divert**irsi**, signore.	....
Lei deve coric**arsi**, signore.	....
Lei deve spogli**arsi**, signore.	....
Lei deve svegli**arsi**, signore.	....

F. *Revision* **mi, ti, ci, vi**

Mi sentono o no?	**Ti** sentono ma non **ti** ascoltano.
Ti sentono o no?	**Mi** sentono ma non **mi** ....
Ci sentono o no?	**Vi** ....
Vi sentono o no?	**Ci** ....
Mi cercano o no?	**Ti** cercano ma non **ti** trovano.
Ti cercano o no?	....
Ci cercano o no?	....
Vi cercano o no?	....

PARLIAMO

> Scusi, dottoressa, posso alzarmi?

G. Infinitive → anch'io

Scusi, signora, posso **andare**? Come no! **Vado** anch'io.
Scusi, signora, posso **partire**? Come no! **Parto** . . . .
Scusi, signora, posso **finire**? . . . .
Scusi, signora, posso **mangiare**? . . . .
Scusi, dottoressa, posso **coricarmi**? Come no! **Mi corico** anch'io.
Scusi, dottoressa, posso **arrabbiarmi**? . . . .
Scusi, dottoressa, posso **prepararmi**? . . . .
Scusi, dottoressa, posso **radermi**? . . . .
Scusi, dottoressa, posso **alzarmi**? . . . .
Scusi, dottoressa, posso **addormentarmi**? . . . .

H. Revision of 24 hour clock + al, dal binario...

A che ora **parte** il treno **per** Verona? **Alle** sette e cinquanta. (7.50)
Da che binario parte? **Dal** binario numero cinque. (5)
A che ora **arriva** il treno **da** Napoli? **Alle** tredici. (13.00)
A che binario? **Al** binario numero . . . . . (12)
A che ora **parte** il treno **per** Firenze? . . . . (8.40)
Da che binario? . . . . (19)
A che ora **arriva** il treno **da** Genova? . . . . (17.23)
A che binario? . . . . (11)
A che ora **parte** il treno **per** Bari? . . . . (15.38)
Da che binario? . . . . (14)
A che ora **arriva** il treno **da** Sulmona? . . . . (6.55)
A che binario? . . . . (22)

I. Sapere + infinitive

Chi sa parlare alle ragazze? Tu? No, io non **so parlare** alle ragazze.
Chi sa parlare alle ragazze? Kevin? No, lui non **sa** . . . .
Chi sa parlare alle ragazze? Voi due? No, noi. . . . .
Chi sa parlare alle ragazze? Guido e Gianni? No, loro . . . .
Chi sa guidare un motorino? Angela? No, lei . . . .
Chi sa prenotare i biglietti? Lei, signore? No, io. . . . .
Chi sa giocare a Monopoli? Voi, ragazze? . . . .
Chi sa leggere l'arabo? Il Professore? . . . .

J. Revision in, su articulated + eccolo/a/i/e

Dove sono **i biglietti**? Ah, **la borsa**! Sì eccoli, sono **nella** borsa!
Dov'è **Angela**? Ah, **i giardini**! . . eccola, è **nei** giardini!
Dove sono **i turisti**? Ah, **gli alberghi**! . . . .
Dove sono **i ragazzi**? Ah, **le cuccette**! . . . .
Dov'è **lo scimpanzè**? Ah, **lo zoo**! . . . .
E **Adolfo**? Ah, **il binario**! Sì eccolo, è **sul** binario.
E **gli spaghetti**? Ah, **la tavola**! . . . . **sulla** tavola.
E **la valigia**? Ah, **la sedia**! . . . .
E **l'autista**? Ah, **l'autobus**! . . . .
E **i libri**? Ah, **i banchi**! . . . .

K. Com'è...! come sono...!

La Signora Casati è simpatica. **Com'è** simpatica la Signora Casati!
I ragazzi sono birichini. **Come sono** . . . . !
Il carabiniere è intelligente. . . . . !
Le riviste sono interessanti. . . . . !
Giorgio è ghiottone. . . . . !
Questo vestito è ridicolo. . . . . !

PARLIAMO

L. Non...niente + *past participle* → *infinitive*

Ma non hai mangiato niente!	No, e **non** voglio mangiare **niente**
Ma non hai preso niente!	No, e **non** voglio prendere ....
Ma non hai fatto niente!	....
Ma non hai detto niente!	....
Ma non hai visto niente!	....
Ma non hai letto niente!	....
Ma non hai sentito niente!	....
Ma non hai capito niente!	....

M. Salire, uscire

Posso **salire**?	Ma tu **sali** sempre.
Possiamo **uscire**?	Ma voi **uscite** sempre.
Potete **salire**?	.... sempre.
Puoi **uscire**?	....
Possono **salire**?	....
Possono **uscire**?	....
Puoi **uscire**?	....

N. Sapere, potere

Sai nuotare?	Certo che **so nuotare** ma non posso adesso.
Sai fare le carte?	Certo che so **fare** ....
Sai giocare a tennis?	....
Sai guidare la Vespa?	....
Sai pulire le candele?	....
Sai riempire il modulo?	....
Sai cambiare l'assegno?	....
Sai usare il telefono?	....

Sai nuotare?

Certo che **so nuotare** ma non posso adesso.

PAROLE SIMILI

The Italian word for science is **scienza**. You will often find that English words ending in -ence have an Italian equivalent ending in **-enza**. These Italian words are, of course, feminine.
Guess the Italian equivalent of the following words:

violence	excellence ....
presence	patience ....
penitence	conscience ....
adolescence	affluence ....
influence	experience ....

Now you'd better check your dictionary to see how you went. Careful! Sometimes these **-enza** words don't have the meaning that you'd expect. For example, **la licenza** is not the driving licence (**la patente**) but leave or time off e.g. from work, the army, etc.

Ci vuole molta pazienza e un po' di scienza per costruire i pupi siciliani.

Espressioni

s'accomodi!	come in, take a seat!
s'accomodi alla cassa	please go to the teller
buon riposo!	sleep well, have a good rest!
come no!	certainly, go right ahead!
scusate, ragazze	excuse me, girls
vada allo sportello	please go to the counter

LA POSTA E I TELEFONI

Avete bisogno di francobolli e l'ufficio postale e il tabacchino sono chiusi. Perchè non cercate un distributore di francobolli? È sempre aperto ed è facile ad usare. Basta introdurre monete da cento lire[1] e girare due volte la manovella[2]. Una lettera via aerea per l'Australia costa L.1.500 e una cartolina costa L.1.000

Per fare una telefonata in Italia bisogna avere o monete da cento e da duecento lire o gettoni. Potete comprare i gettoni telefonici al tabacchino o da un distributore automatico.

Ecco un telefono pubblico. Se avete gettoni li potete introdurre in alto, a sinistra. Se avete monete da duecento le potete mettere nel centro, mentre quelle da cento lire vanno a destra. Per fare una telefonata interurbana[3] come da Venezia a Perugia bisogna avere molti gettoni o molte monete, specialmente se volete parlare a lungo.

Mando questa lettera a Fabio. Lo voglio invitare alla festa di sabato sera. So che a Fabio non piace parlare al telefono. Poveretto, è così timido con le ragazze.

Il prefisso di Perugia è 075.

Sì, sì, lo so. A quest'ora sarà al tennis.

Pronto. Il Tennis Club Perugia.

Pronto. Telefono da Venezia. C'è Fabio, per favore?

Sono Fabio. Chi parla?

Ciao, Fabio. Sei tu!
Ma come "chi parla"? Quante ragazze conosci a Venezia? Non ci ricordi?

Ma certo che vi ricordo. Tu sei Luisa, no? Ci sono anche Chiara e Paola con te?

Sì, sono qui con me. Senti, Fabio, non ho molti gettoni. Ti vogliamo invitare a una festa sabato sera. Perchè non prendi il Rapido dopo scuola e la sera puoi stare a casa mia.

Sabato sera? Mm, vediamo un po' ... No, non faccio niente. Vengo volentieri. Grazie, ragazze.

Benissimo. A sabato sera, allora. Ciao.

1. **introdurre monete da cento lire:** to put in hundred lire coins
2. **la manovella:** the handle
3. **una telefonata interurbana:** an inter-city call (like STD)

Sempre Avanti! 141

CAPITOLO 10

CONVERSIAMO

1. Che autobus prendo?

Scusi, signore. Vorrei andare	allo stadio. al Cinema Roxy. alla stazione. in centro.	Che autobus prendo?

Prende il numero	17. 22. 3.

La fermata è qui vicino?

Sì, è	in Via Cavour. in Piazza Garibaldi. dopo quell'albergo. davanti a quell'edicola. lì, in fondo.

Grazie, molto gentile.

2. Sull'autobus.

Scusi, scendo qui per	lo stadio? il Cinema Roxy? la stazione? il centro?

No, non qui.	Alla Fra	terza quinta prossima due tre quattro	fermata. fermate.
	Al capolinea.		

Grazie, molto gentile.

3. Scusi, posso...?

Scusi,	signora dottore ingegnere	posso possiamo	usare il telefono, uscire, salire, andare al gabinetto, prendere il motorino, guidare la macchina,	per favore?

No, mi dispiace,	non c'è tempo. deve/dovete aspettare. è impossibile. è assolutamente vietato.
Certamente! Sì, certo! Come no!	Fate pure! Faccia pure! Vada pure! Andate pure!

Sempre Avanti! 142

CONVERSIAMO

4. All'ufficio postale.

Scusi, per	mandare spedire	una lettera, un pacco, un telegramma,	dove vado?

Vada Deve andare	allo sportello	sette. undici.

Vorrei Voglio Devo	mandare spedire	una cartolina un telegramma un pacco	in Australia. a Melbourne. a Sydney.

Per	l'Australia Melbourne Sydney	ci vogliono francobolli da costa	ottocento lire. duemila lire. quattrocento lire.

5. Alla banca.

Vorrei Voglio Devo	cambiare depositare	questi soldi. quest'assegno. questi spiccioli.

Mi dia Posso avere	l'assegno, il modulo, il passaporto, la lettera,	per favore! per favore?

Dunque, prima deve	firmare, riempire il modulo,	e poi	s'accomodi vada	alla cassa.

A. You're at the bank in Reggio Calabria to change some traveller's cheques.
- 🏦 You tell the bank employee what you want.
- 🏦 She asks for your passport and tells you to first fill out a form.
- 🏦 You ask if you can borrow a pen.
- 🏦 You can't complete the form because you have forgotten the address of your hotel. All you have is the phone number, so you ask if you can use the phone.
- 🏦 After you find out the address and complete the form you're sent to the cashier.

B. You've read in the paper that your favourite pop group is performing in town.
- ★ You ask someone in your **pensione** what bus to catch to the stadium.
- ★ You're told the bus number and where the stop is.
You're now on the bus.
You ask someone where you get off.
You're told that it's a certain number of stops away. The other person is chatty so you engage in **quattro chiacchiere** until you reach your stop.

C. You're at a huge post office in Milan and you don't know exactly which counter you should go to.
- ✉ You go to one counter and ask where to go to send a telegram, letter, parcel, etc.
- ✉ The employee sends you to the right counter.
- ✉ You ask how much it is to send a letter/parcel/telegram to Australia.
- ✉ You do what you have to do, e.g. buy stamps etc. and go off.

D. You're having your first encounter with an Extra Terrestrial.
- ☺ You compare your daily routines e.g. what time you get up in the morning, wash, eat, go to bed, etc.
- ☺ You compare what you like/prefer and what amuses you most **(mi diverto un mondo quando…)**.

PAROLE NUOVE

addormentarsi	to fall asleep
alzarsi	to get up
ammazzare	to murder, kill, slaughter
l'arabo	the Arab
arrabbiarsi	to get angry
la borsa	the bag
il centro	the centre, city centre
coricarsi	to lie down
divertirsi	to enjoy yourself
entrare	to enter, go in
la faccia	the face
la fermata	the stop
investigare	to investigate
invitare	to invite
istruttivo	educational
lavarsi	to wash (yourself)
mandare	to send
il motivo	the reason
pettinarsi	to do your hair, to comb yourself
prepararsi	to get ready
radersi	to shave
sbagliarsi	to make a mistake
lo scienziato	the scientist
sembrare	to seem, appear, look
spogliarsi	to undress
svedese	Swedish
timido	shy
il turista	the tourist
usare	to use

All'ufficio postale

la buca (delle lettere)	the letter box
la busta	the envelope
la cartolina	the post card
il francobollo	the stamp
la lettera	the letter
mandare	to send
il pacco	the package
il postino	the postman
spedire	to send, to dispatch
il telegramma	the telegram
via aerea	by air mail
via mare	by sea

Sull'autobus

il capolinea	the end of the line
l'entrata	the entrance
la fermata	the bus stop
scendere	to get off
salire	to get on
la tariffa	the fare
l'uscita	the exit

Al telefono pubblico

la cabina telefonica	the phone box
l'elenco telefonico	the telephone directory
fare una telefonata	to make a call
il gettone	the telephone token
il numero	the number
il prefisso	the prefix

Alla banca

l'assegno	the cheque
cambiare	to change
il cambio	the exchange (rate)
la cassa	the cash register, the teller's, cashier's window
il cassiere	the cashier
il conto in banca	the bank account
depositare	to deposit
firmare	to sign
l'impiegato	the clerk, teller
il modulo	the form
il passaporto	the passport
riempire (il modulo)	to fill in (the form)
i soldi	the money
gli spiccioli	the small change

NON SIAMO LADRONI!

Taormina
12 luglio

Il Proprietario
Trattoria I Tre Ladroni
Via Palestro 37
00185 Roma

Egregio Signore,

Il giorno 10 di questo mese, cioè due giorni fa, abbiamo cenato nel Suo ristorante. Abbiamo mangiato molto bene e siamo rimasti contentissimi del servizio.

Purtroppo siamo scappati senza pagare perchè eravamo già in ritardo per il nostro treno. Non Le raccontiamo tutti i dettagli perchè è una storia lunga. Comunque Le mandiamo un assegno di L.120.000 per coprire il conto. Quello che rimane dal conto è una mancia per il cameriere, Gianfranco, che è stato molto bravo ed ha avuto molta pazienza.

Le chiediamo scuse di nuovo, ma avevamo tutte le buone intenzioni di pagare. Forse siamo birichini e forse anche un po' bugiardi, ma non siamo dei ladroni.

Distinti saluti,
Giorgio, Laura, Dario, Kevin, Faye ed Angela.

RIASSUNTO DI GRAMMATICA

1. **Reflexive verbs**

alz**arsi**	rad**ersi**	divert**irsi**
to get up	to shave	to enjoy oneself
mi alz**o**	**mi** rad**o**	**mi** divert**o**
ti alz**i**	**ti** rad**i**	**ti** divert**i**
si alz**a**	**si** rad**e**	**si** divert**e**
ci alz**iamo**	**ci** rad**iamo**	**ci** divert**iamo**
vi alz**ate**	**vi** rad**ete**	**vi** divert**ite**
si alz**ano**	**si** rad**ono**	**si** divert**ono**

e.g. Here is an example of a reflexive verb set out in full:

		svegli**arsi**	to wake (oneself) up
io	**mi**	svegli**o**	I wake up
tu	**ti**	svegl**i**	you wake up
lui, lei	**si**	svegli**a**	he, she wakes up
noi	**ci**	svegli**amo**	we wake up
voi	**vi**	svegli**ate**	you wake up
loro	**si**	svegli**ano**	they wake up

Here are some other common reflexive verbs. Note how many of them refer to your daily routine.

addorment**arsi**	to fall asleep
alz**arsi**	to get up
coric**arsi**	to lie down
divert**irsi**	to enjoy oneself
lav**arsi**	to wash oneself
pettin**arsi**	to comb one's hair
rad**ersi**	to shave
sbagli**arsi**	to make a mistake
spogli**arsi**	to undress
svegli**arsi**	to wake up

Some common reflexive verbs refer to the way people react to things:

annoi**arsi**	to get bored
arrabbi**arsi**	to get angry
meravigli**arsi**	to be surprised
preoccup**arsi**	to get worried
vergogn**arsi**	to become ashamed, embarrassed

2. **Sapere + infinitive** — to know how to, to be able

   Giorgio sa parlare alle ragazze.
   Giorgio knows how to speak to girls.

   Sai fare questi compiti?
   Can you do this homework?
   Do you know how to do this homework?

   Non posso andare in piscina perchè non so nuotare.
   I can't (I'm not allowed to) go to the pool because
   I can't (I don't know how to) swim.

3. **Come!!**

   Com'è bella la signora Casati quando s'arrabbia!
   How lovely Mrs. Casati is when she's angry!

   Come sei brutto quando fai il muso!
   Gee you're ugly when you sulk!

   N.B. **Come no!**
   Why not, certainly, go right ahead!

4. **Irregular verbs**

	salire	uscire
	to get on, to climb	to go out
io	**salgo**	**esco**
tu	**sali**	**esci**
Lei, lui lei	**sale**	**esce**
noi	**saliamo**	**usciamo**
voi	**salite**	**uscite**
loro	**salgono**	**escono**

5. **...pure!**

   Faccia pure!
   Go right ahead! You're quite welcome
   (to do it), help yourself!

   Vada pure!
   Go right ahead! Please do go! You're welcome to go!

   S'accomodi pure!
   Do take a seat!

   S'accomodi pure alla cassa!
   Do go over to the teller's counter!

   How can you translate **pure**?

SCIOGLILINGUA

Nel pozzo di Messer Pazzino dei pazzi c'era una pazza che lavava una pezza. Venne Messer Pazzino dei pazzi, prese la pazza e la pezza e le buttò nel pozzo.

CAPITOLO UNDICI
KEVIN, COSA TI È SUCCESSO?

Dopo il disastro con le ragazze i tre Casanova sono tornati allo scompartimento e sono andati subito a letto. Durante la notte il treno è arrivato a Villa San Giovanni in Calabria ed è entrato nel traghetto per attraversare lo Stretto di Messina.
Purtroppo i ragazzi non hanno visto proprio niente.

Dormono ancora. È meglio che li svegli.

Alle cinque e mezzo precise Kevin si è svegliato ed ha chiamato gli altri. In poco tempo si sono alzati e si sono vestiti.

— Giorgio, ti sei raso stamattina?

— No, scemo! Ho deciso che per conquistare le ragazze in Italia bisogna avere la barba. Non la vedi?

— Kevin, mi aiuti con questa valigia? È diventata ancora più pesante. La mettiamo sul sedile.

— No, Giorgio, attenzione!!

— Aiuto!! Povero Kevin. Lo amo come un fratello. È tutta colpa mia.

— Che cos'è successo? Chi ha gridato? Sono una dottoressa. Posso aiutare?

— La valigia è caduta. È morto, dottoressa, è morto.

— Ma che dici!? Ragazzino, come ti senti? Ti fa male la testa?

— Tesoro, dove sei stata? Finalmente sei arrivata.

— Che cos'è successo a Kevin? Dottoressa, è diventato pazzo.

Sembra malato. Anche la sua voce è cambiata.

Mi sembra un ragazzo in perfetta salute.

Niente. È stato un vero piacere.

Grazie, dottoressa. Quanto dobbiamo pagare?

Vado a vedere se le ragazze si sono svegliate. Se no, le sveglio io.

Alle sei meno cinque i ragazzi sono andati allo scompartimento della Signora Casati.

Guarda un po'! Io mi sono alzata in tempo e lei dorme tranquillamente.

Angela, sei così simpatica quando ti arrabbi.

Uu, Kevin!!

Allora, vi siete già vestiti? Bravi! Oh, guarda un po', siamo già arrivati alla stazione di Catania.

Ecco zia Matilde. La vedete? Eccola! Zia!! Zia Matilde!

Benvenuti in Sicilia. Ma siete arrivati in ritardo!

Sì, zia. Siamo partiti in ritardo. Abbiamo perso il treno delle venti e diciassette.

Non fa niente. Angelina, finalmente sei arrivata.

Sono arrivato anch'io. Zia Matilde, sei così giovane... così bella.

Devi scusare Kevin, zia. Si è fatto male alla testa. È diventato un po' strano.

Ma non è strano. È carino. Mi piace un ragazzo pieno di vita. Insomma, sono sicura che siete stanchi e che avete fame. Vi porto subito a casa.

Signora Casati, sono sempre stato innamorato di Lei.

Uuu, Kevin. Cosa dici?!??

Sempre Avanti! 149

CAPITOLO 11

DOMANDE SUL FUMETTO

1. Che cosa hanno fatto i tre Casanova dopo il disastro con le ragazze?
2. Quando è arrivato il treno a Villa San Giovanni?
3. Perchè Giorgio non si è raso stamattina?
4. Che cos'è caduto?
5. Chi è venuto allo scompartimento ad aiutare?
6. Kevin è molto ammalato?
7. Quanto devono pagare alla dottoressa?
8. Dove va Kevin?
9. A che ora sono andati i ragazzi nello scompartimento della signora Casati?
10. La signora Casati si è svegliata in tempo?
11. Perchè sono arrivati in ritardo a Catania?
12. Perchè Kevin è diventato così strano?

PARLIAMO

A. *Perfect tense with avere and essere — tu → io*

Sei diventato molto strano.

Sei diventato/a molto strano/a.	Sì, **sono diventato/a** molto strano/a.
Hai perso il treno delle venti.	Sì, **ho perso** ....
Sei tornato/a dopo le undici.	Sì, **sono** ....
Hai visto la barba di Giorgio.	Sì, **ho** ....
Sei partito/a in ritardo.	....
Hai mangiato tutta la macedonia.	....
Sei uscito/a con la dottoressa.	....
Hai riparato il motorino.	....

B. *Perfect tense with avere and essere — lei*

Chi **ha lavato** la macchina?	Angela **ha lavato** la macchina.
Chi **è andato** al negozio?	Angela **è andata** ....
Chi **ha scritto** ai parenti?	Angela **ha scritto** ....
Chi **è uscito** dallo scompartimento?	Angela **è uscita** ....
Chi **ha messo** tutto sul sedile?	Angela **ha** ....
Chi **è venuto** a riparare la Vespa?	Angela **è** ....
Chi **ha pulito** lo scompartimento?	....
Chi **è** stanchissimo adesso?	....

C. *Perfect tense with avere and essere — noi → io*

Anch'io sono arrivato in una Ferrari.

Abbiamo letto la lettera dall'Australia.	Anch'io **ho letto** la lettera dall'Australia.
Siamo andati a Villa San Giovanni.	Anch'io **sono andato/a** ....
Abbiamo preso il traghetto per Messina.	Anch'io ....
Siamo tornati allo scompartimento.	....
Abbiamo comprato una nuova Fiat.	....
Siamo diventati molto strani	....
Abbiamo riconosciuto la zia Matilde.	....
Siamo arrivati in una Ferrari.	....

D. *Perfect tense with avere and essere — lei, lui → loro*

Laura **ha ordinato** un antipasto.	Tutte le ragazze **hanno ordinato** un antipasto.
Laura **è partita** alle sei.	Tutte le ragazze **sono partite** ....
Laura **ha riconosciuto** la zia Matilde.	....
Laura **è entrata** nello scompartimento.	....
Dario **ha scritto** una lettera a casa.	Tutti i ragazzi **hanno scritto** una lettera a casa.
Dario **è andato** al binario numero sette.	Tutti i ragazzi **sono andati** ....
Dario **ha deciso** che bisogna avere la barba.	....
Dario **è diventato** stranissimo.	....

PARLIAMO

E. *Perfect tense of reflexive verbs*

Mi sono svegliato/a.	Ti sei svegliato/a, e poi?
Mi sono alzato/a.	Ti sei alzato/a, e poi?
Mi sono lavato/a.	Ti sei ....?
Mi sono raso/a.	...................?
Mi sono pettinato/a.	...................?
Mi sono vestito/a.	...................?
Mi sono preparato/a.	...................?
Sono tornato/a a letto.	...................?

E poi **mi sono addormentato/a** di nuovo!   Spiritoso/a!!!!

Ma non ha raso le ragazze?

F. Lui si è..., ha...

Giorgio **si è svegliato** presto.	Ma non **ha svegliato** le ragazze?
Giorgio **si è divertito**.	Ma non **ha divertito** ....?
Giorgio **si è preparato**.	Ma non **ha** ....?
Giorgio **si è addormentato**.	...................?
Giorgio **si è raso**.	...................?
Giorgio **si è pettinato**.	...................?

G. *Perfect tense of reflexive verbs — voi → noi*

Vi siete svegliati/e?	Sì, **ci siamo** svegliati/e.
Vi siete alzati/e?	Sì, **ci siamo** alzati/e.
Vi siete lavati/e?	Sì, **ci siamo** ....
Vi siete vestiti/e?	Sì, **ci**......
Vi siete pettinati/e?	Sì, ...
Vi siete preparati/e?	....

H. Lo, la, li, le

Ecco**lo**, in quella scatola!	Perchè **lo** metti sempre lì?
Ecco**la**, sul tetto della casa!	Perchè **la** metti sempre lì?
Ecco**li**, sotto il letto!	Perchè **li** metti ....?
Ecco**le**, fuori in giardino!	Perchè ....?
Ecco**lo**, sopra il banco!	...................?
Ecco**la**, davanti al museo!	...................?
Ecco**li**, nell'altro zaino!	...................?
Ecco**le**, vicino allo specchio!	...................?

Hai mai visto Ugo?

I. Lo, la, li, le

Hai mai visto **Giovanni**?	Sì, **lo** vedo spesso in piazza.
Hai mai visto **Maria**?	Sì, **la** vedo.............
Hai mai visto **i parenti di Angela**?	Sì, **li** ....
Hai mai visto **la zia** Santa e **la zia** Anna?	Sì, **le** ....
Hai mai visto **la dottoressa** Zanichelli?	Sì, ...
Hai mai visto **Mario e Rosario**?	....
Hai mai visto **mio zio** Carmelo?	....
Hai mai visto **la signora** Belluni?	....

J. *Perfect tense — divertirsi, prepararsi*

Ti sei divert**i**ta Carla?	Sì, grazie, **mi sono** divert**i**ta un mondo.
E tu, **Carlo**?	Sì, grazie, **mi sono** divert**i**to ....
E voi, **ragazze**?	Sì, grazie, **ci siamo** divert**i**te ....
E voi, **Silvio e Remo**?	Sì, grazie, **ci siamo** divert**i**ti ....
E voi, **Rita e Marco**?	Sì, grazie, **ci siamo** divert**i**ti ....
Ti sei preparata **Antonella**?	Sì, grazie, **mi sono** prepara**ta**.
E tu, **Lorenzo**?	....
E voi, **Lucio e Romano**?	....
E voi, **Adriana e Paola**?	....
E voi, **Monica e Sergio**?	....

PARLIAMO

Questo è il motorino della nonna.

K. di *articulated*, questo/a

Lo zio ha una casa?	Sì questa è la casa dello zio.
La nonna ha un motorino?	. . . . è il motorino della nonna.
I ragazzi hanno una professoressa?	. . . . dei ragazzi.
Gli amici hanno un pallone?	. . . .
Le ragazze hanno una valigia?	. . . .
Il bagnino ha una barca?	. . . .

L. Bere, rimanere + volere

Perchè non **bevi**?	Non voglio **bere**, grazie.
Perchè non **beve**?	Non vuole. . . . .
Perchè non **bevete**?	. . . .
Perchè non **bevono**?	. . . .
Perchè non **rimani**?	Non voglio **rimanere**, grazie.
Perchè non **rimane**?	. . . .
Perchè non **rimanete**?	. . . .
Perchè non **rimangono**?	. . . .

CONVERSIAMO

1 Dove sei stato/a?

Dove sei	stato/a andato/a	ieri? la settimana scorsa? in vacanza? il weekend?

Sono	stato/a andato/a	al mare. in montagna. al cinema. alla partita. in campeggio. in Svizzera. a Londra.

Quando sei	partito/a? andato/a?

Sono	partito/a andato/a	alle sei domenica mattina venerdì sera a mezzogiorno	e sono	arrivato/a ritornato/a	a mezzanotte. stasera. ieri. oggi, alle due.

E come sei andato/a?

Sono andato/a in	pullman. treno. aereo. traghetto. macchina.

Ti sei	divertito/a? riposato/a? annoiato/a?

Sì, mi sono	divertito/a un mondo. annoiato/a moltissimo. riposato/a un po'.

No, affatto.

CONVERSIAMO

2. Dal medico.

Buongiorno	Ingegner... Signor... Professor... Avvocato...	Come si sente oggi? Che cos'è successo? Che cosa ha questa volta? Ammalato/a ancora?

Ah, dottore,	sono molto ammalato/a ho un raffreddore sto malissimo non mi sento bene	mi fa male	la testa. la gola. la schiena. la pancia. l'orecchio.

Da quanto tempo	non si sente bene? ha questo problema? sta male?	Da	un giorno. una settimana. due mesi.

Mmm, vediamo un po'. Dunque, deve	prendere queste pillole. fare questa dieta speciale. riposarsi per una settimana. andare subito in ospedale. esercitarsi ogni giorno. smettere di fumare tanto. smettere di bere tanto.

Ma dottore,	non bevo molto. non fumo. faccio sempre la dieta. non voglio andare in ospedale. odio esercitarmi. non mi piacciono le medicine.

Non faccia	il bambino, il bugiardo, storie,	ecco	la ricetta. la medicina. la dieta. il conto.

Dottore, Lei è molto	crudele. gentile. severo.	Comunque, grazie.	Buongiorno. Buonasera. Arrivederci.

CONVERSIAMO

A. It's time you had a day off school.
- Call your mum or dad to your room and say that you're not feeling well.
- Your mum/dad asks what's wrong.
- You explain that you've a sore......
- You're told you're in perfect health and that you have to get up and go to school.

B. At the doctor's.
- The doctor greets you and asks how you are.
- You explain that you're not too well and tell her the symptoms.
- She examines you then tells you what to do to get better. You complain, making some excuse.
- You're told to stop being a baby and are sent off.

C. You're the new biology teacher at school.
- You give an illustrated lesson on parts of the body.
- Your students ask questions about parts you've forgotten to mention (**dove sono le narici? ecc.**)

D. You meet a friend who has been away for a few days.
- You ply her with questions about her trip: where, when, how, what......
- She answers all your questions and asks what you've been doing.
- You explain that you stayed home and tell her what you did.

PAROLE NUOVE

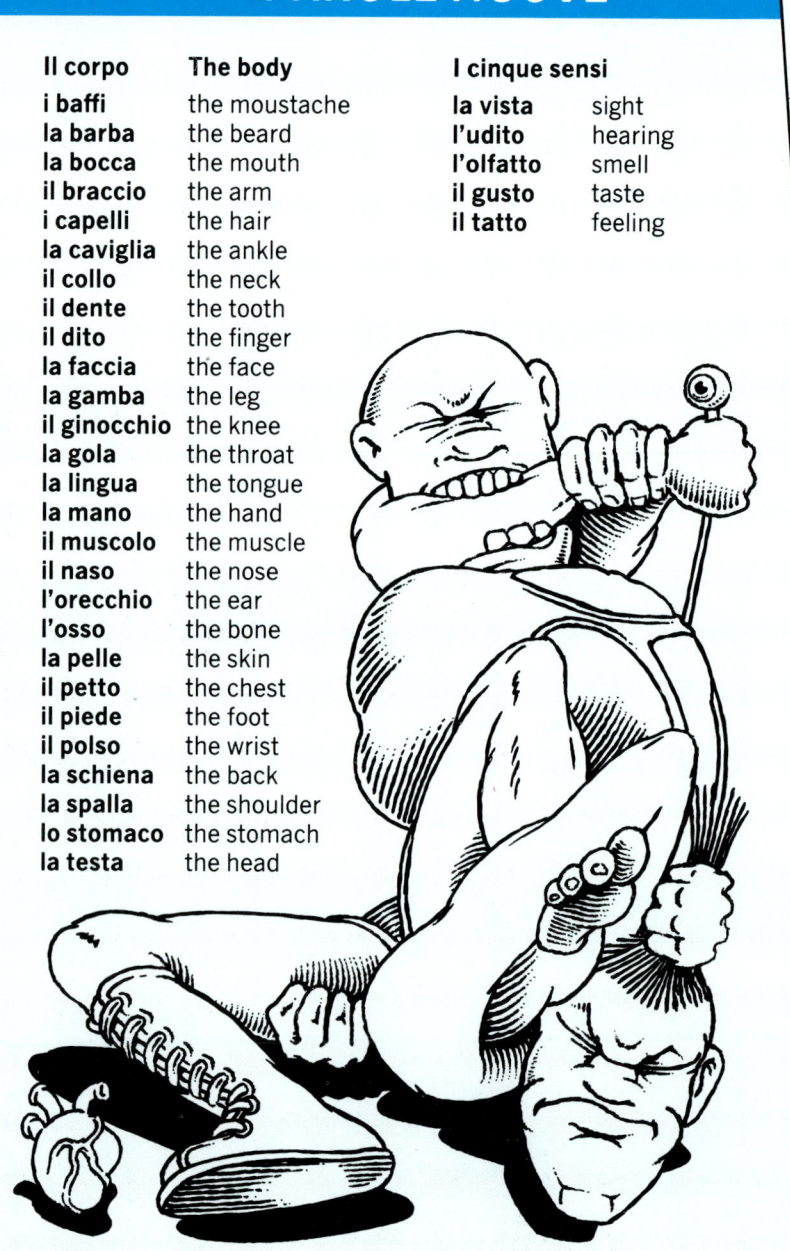

Il corpo	The body
i baffi	the moustache
la barba	the beard
la bocca	the mouth
il braccio	the arm
i capelli	the hair
la caviglia	the ankle
il collo	the neck
il dente	the tooth
il dito	the finger
la faccia	the face
la gamba	the leg
il ginocchio	the knee
la gola	the throat
la lingua	the tongue
la mano	the hand
il muscolo	the muscle
il naso	the nose
l'orecchio	the ear
l'osso	the bone
la pelle	the skin
il petto	the chest
il piede	the foot
il polso	the wrist
la schiena	the back
la spalla	the shoulder
lo stomaco	the stomach
la testa	the head

I cinque sensi	
la vista	sight
l'udito	hearing
l'olfatto	smell
il gusto	taste
il tatto	feeling

Mi sento male	I feel sick
l'ammalato	the patient
l'analisi	the test
l'aspirina	the asprin
il cerotto	the band aid
esercitarsi	to exercise
farsi male	to hurt oneself
il mal di denti	the toothache
il mal di testa	the headache
la pastiglia	the tablet
la pillola	the pill
la pomata	the cream
il raffreddore	the cold
il respiro	the breath, breathing
riposarsi	to rest
il sangue	the blood
sentirsi bene/male	to feel well/unwell
tremare	to tremble
la voce	the voice
zoppicare	to limp

Sempre Avanti!

VIAGGIO IN SICILIA

Ferrovie dello Stato??!! Macchè, è uno scherzo? Questo è il traghetto per Messina, non è un treno.

Bravo, professore, sei veramente intelligente. Certo che è un traghetto, ma fa parte della rete ferroviaria[1]. I traghetti trasportano non soltanto i passeggeri e le macchine ma anche i treni. Questi traghetti attraversano continuamente lo stretto di Messina[2].

In Sicilia, per il turista, c'è tantissimo da vedere. Bisogna visitare la sua capitale. Sai come si chiama, vero? È scritta sul tabellone[3].

Sì, Sì, certo.

E poi ci sono gli anfiteatri romani, a Taormina e a Siracusa ed i templi greci di Agrigento.

Grazie. Sei un vero cannone![4] Ma basta con la storia per il momento. Fermiamoci[5] qui a destra e prendiamo un'anguria.

VIAGGIO IN SICILIA

Presto, finisci l'anguria, asciugati la bocca[6] e dimmi cosa vuoi vedere della Sicilia.

Mi piacciono quei piccoli paesi sul mare. Le barche dei pescatori, le antiche case caratteristiche......

Allora ti porto a Cefalù. Cielo chiaro, mare azzurro, clima ideale.... È un vero paradiso.

E va bene. Ma come sono i bagnini? Sono carini?

Ma che c'entra[7] se sono carini. Il lavoro che fanno è veramente difficile, se non pericoloso.

Sì, sì, lo vedo bene.

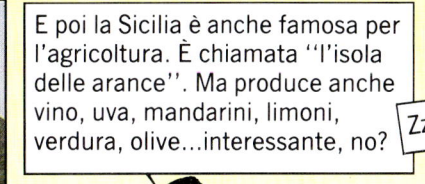

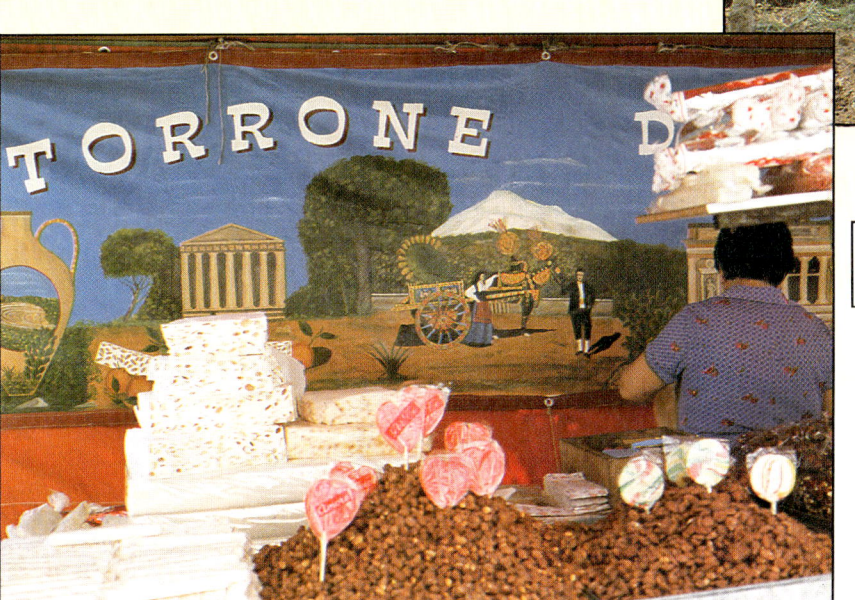

E poi la Sicilia è anche famosa per l'agricoltura. È chiamata "l'isola delle arance". Ma produce anche vino, uva, mandarini, limoni, verdura, olive...interessante, no?

Zzzzzz...

La Sicilia è famosa anche per i dolci, i cannoli, il torrone...

Che cos'hai detto? Dolci?!

Sempre Avanti! 157

CAPITOLO 11

Guarda quei pupi siciliani. Come sono belli! Quanto costano? Ne vorrei comprare uno.

Non possiamo visitare la Sicilia senza vedere una festa tradizionale. Eccoci a Vittoria durante la festa di San Giovanni Battista, il patrono della città.

Che barba, questi turisti!

Finalmente un po' d'aria fresca! Mi fanno fare una passeggiata[8] soltanto una volta all'anno.

E la festa non è soltanto una processione religiosa. Ci sono tante altre manifestazioni[9], come la gara ciclistica per i giovani.

Mamma, sto vincendo[10].

Carmelo, vieni qua! Non hai pulito bene le scarpe. Che brutta figura che fai!

E la festa non finisce di giorno. Di sera ci sono complessi musicali, fuochi d'artificio[11] e balli tradizionali.

E quella canzone che cantano, la riconosci?[12] È una canzone tradizionale siciliana?

♫ Avanti! ♫

1. **fa parte della rete ferroviaria:** it's part of the rail network
2. **attraversano ... lo stretto di Messina:** they cross the straits of Messina
3. **il tabellone:** the sign, board
4. **un cannone:** a "star", a "champ"
5. **fermiamoci:** let's stop
6. **asciugati la bocca:** wipe your mouth
7. **che c' entra?:** what has that got to do with it?
8. **mi fanno fare una passeggiata:** they let/ take me out for a walk
9. **manifestazioni:** things to see and do
10. **sto vincendo:** I'm winning
11. **fuochi d'artificio:** fireworks
12. **la riconosci?:** do you recognise it?

PAROLE NUOVE

annoiarsi	to get bored	qua, qui	here	riconoscere	to recognise
attraversare	to cross	il ragazzino	the little boy	riparare	to repair
il bagnino	the life guard, beach attendant			riposarsi	to rest
				la scatola	the box
la barca	the boat			scorso	last
benvenuto	welcome			scusare	to excuse
cadere	to fall			smettere di	to cease, stop (doing something)
carino	cute				
conquistare	to conquer			lo specchio	the mirror
crudele	cruel			strano	strange
diventare	to become			(la) sua	his, hers
la ferrovia	the railroad, railway line			(il) suo	his, hers
				la Svizzera	Switzerland
la gara	the race			il tempio	the temple
il giardino	the garden			tesoro	darling
gridare	to shout			il traghetto	the ferry
innamorarsi	to fall in love			la vacanza	the holiday
la nonna	the grandmother			vestirsi	to dress, get dressed
il parente	the relative			la vita	life
il pescatore	the fisherman			la volta	the time, occasion

Espressioni

Da quanto tempo sei qui?	How long have you been here for?
non hanno visto proprio niente	they didn't see a thing
non faccia storie (Lei)	don't be difficult
non faccia il bambino (Lei)	don't be a baby
mi fa male la testa	my head hurts
ho mal di stomaco	I have a stomach ache
se no	otherwise
il treno delle venti	the 8.00 p.m. train
lo stretto di Messina	the straits of Messina

PAROLE SIMILI

Sei troppo sensibile.

The Italian word for <u>impossible</u> is **impossibile**. You will often find that English words ending in <u>-ible</u> have an Italian equivalent ending in **-ibile**.
This ending is, of course, both masculine and feminine in Italian.

e.g. **Giorgio è impossibile.**
Faye è impossibile.
Loro sono impossibili.

Guess the Italian equivalent of the following words:

possible	....	permissible	....
incredible	....	legible	....
invisible	....	horrible	....
terrible	....	fallible	....
invincible	....	flexible	....

Don't always presume that where word endings are similar, meanings are the same.
Sensibile doesn't mean <u>sensible</u>. Check the dictionary!

RIASSUNTO DI GRAMMATICA

1. **Perfect tense with essere**

ho parlato	sono andato/a	I went, have gone
hai parlato	sei andato/a	you went, have gone
ha parlato	è andato/a	he, she, it went, has gone
abbiamo parlato	siamo andati/e	we went, have gone
avete parlato	siete andati/e	you (pl.) went, have gone
hanno parlato	sono andati/e	they went, have gone

Most Italian verbs form the *perfect tense* with parts of **avere** + *the past participle*.
However, the following commonly used verbs have parts of **essere** in the *perfect tense*.
You will notice that most of them express movement (coming, going etc.)

- **andare** to go
- **partire** to leave
- **venire** to come
- **diventare** to become
- **essere** to be
- **entrare** to enter
- **cadere** to fall
- **scendere** to get off, to go down
- **uscire** to go out
- **arrivare** to arrive
- **(ri)tornare** to return
- **salire** to get on, climb

e.g. **Quando la valigia è caduta sulla sua testa, Kevin è diventato molto strano.**
When the suitcase fell on Kevin's head, he became very strange.

Hanno salutato i parenti e poi sono partiti.
They said goodbye to their relatives and then left.

Laura è stata un po' birichina oggi.
Laura has been a bit cheeky today.

Notice that in cases where the *perfect tense* is formed with **essere**, the *past participle* agrees with the *subject*, just as an adjective does.

e.g. **Laura e Faye sono uscite senza Angela. Lei è venuta con me.**
Laura and Faye went out without Angela. She came with me.

Ei, ragazzi! Siete saliti al capolinea ma non avete pagato.
Hey boys! You got on at the terminus but you didn't pay.

RIASSUNTO DI GRAMMATICA

2. Perfect tense of reflexive verbs

All *reflexive verbs* form the *perfect tense* with parts of **essere**.

mi sono svegliato/a	I woke up
ti sei svegliato/a	you woke up
si è svegliato/a	he, she woke up
ci siamo svegliati/e	we woke up
vi siete svegliati/e	you (pl.) woke up
si sono svegliati/e	they woke up

È meglio viaggiare con la migliore Vespa.

3. Object pronouns: lo, la, li, le

Hai visto Giovanni oggi?
Did you see John today?
Certo, lo vedo ogni giorno.
Certainly, I see him every day.

Hai visto il nuovo treno?
Have you seen the new train?
Certo, lo vedo ogni giorno.
Certainly, I see it every day.

Hai visto la sorella di Claudio ieri?
Did you see Claudio's sister yesterday?
Certo, la vedo ogni giorno.
Certainly, I see her every day.

Hai visto i pescatori?
Have you seen the fishermen?
Certo, li vedo ogni giorno.
Certainly, I see them every day.

Hai visto le zie durante il weekend?
Did you see your aunts on the weekend?
Certo, le vedo ogni giorno.
Certainly, I see them every day.

4.

Bere	to drink	Rimanere	to remain
bevo	I drink	rimango	I remain
bevi	you drink	rimani	you remain
beve	he/she drinks	rimane	he/she/it remains
beviamo	we drink	rimaniamo	we remain
bevete	you (pl.) drink	rimanete	you (pl.) remain
bevono	they drink	rimangono	they remain

Perfect tense:
ho bevuto, ecc.

Perfect tense:
sono rimasto/a, ecc.

5.

Adjective		Adverb	
buono	good	bene	well
migliore	better	meglio	better
cattivo	bad	male	badly
peggiore	worse	peggio	worse

You use the *adjectives* to describe someone or something. You use the *adverbs* to say how someone does something or how someone feels.

e.g. **Sì, quel libro è buono, ma questo è migliore.**
Yes, that book is good, but this one is better.

Gioca sempre meglio quando non fa colazione.
He always plays better when he doesn't have breakfast.

6. An irregular reflexive verb:

sedersi	to sit down
mi siedo	I sit down
ti siedi	you sit down
si siede	he/she/it sits down
ci sediamo	we sit down
vi sedete	you (pl.) sit down
si siedono	they sit down

7. Fermare (fermarsi) and **smettere di** both mean to stop but in quite different senses. **Fermare** means to bring to a halt. **Fermarsi** means to come to a halt. **Smettere** means to cease or stop doing something.

e.g. **Per fermare il motorino bisogna usare questo freno.**
To stop the scooter you have to use this brake.

Il treno si è fermato alla stazione di Catania.
The train stopped at Catania station.

Che ghiottone! Non smette mai di mangiare.
What a glutton! He never stops eating.

CAPITOLO DODICI
AL MARE

Il giorno seguente tutti si sono alzati di nuovo presto e si sono preparati per una giornata al mare.

Ah, le ragazze italiane! Con la mia personalità le conquisto tutte.

Che disastro! Il mio costume da bagno è troppo piccolo. Non capisco.

Non è colpa del tuo costume ma della tua pancia. Sei diventato troppo grasso.

E tu non sei mica Mr. Universo. Forse io sono un po' robusto ma tu sembri uno scheletro. Dove hai trovato le gambe? In una scatola di chiodi? Dove sono i tuoi muscoli? Nella tua famosa valigia?

Spiritoso. Sei molto geloso, vero?
Faye, siamo tutte pronte. Perchè non ti sei messa il tuo costume da bagno? Le altre ragazze si sono già preparate.
Ma signora, questo è il mio costume.
Macchè, scherzi!?! Vuoi creare uno scandalo? L'Italia è un paese antico, molto religioso, molto tradizionale. Non puoi vestirti così. Perchè non ti metti uno dei miei costumi?
Giorgio, perchè non ti sei messo il costume da bagno? Così sembri ridicolo.
Purtroppo ho perso il mio costume. Ma non importa, ho sentito che in Italia i jeans sono di moda anche al mare.
Faye, dove hai trovato il costume? Perchè non lo vendi al museo?

Attenzione, c'è una balena nell'acqua.

Perchè la tua amica è sotto la sabbia?

Ha la pelle molto delicata. Si brucia facilmente al sole.

Vieni qui spesso?

Che fusto! Che pezzo d'uomo!

Guarda i suoi occhi, le sue gambe.

Ciao, bello. Come ti chiami?

Che abbronzatura!

Un momento, ragazze, un momento. Chi vuole venire sulla mia barca?

Ma sei pazzo. Non è tua.

Silenzio, Dario. Le mie ragazze mi aspettano.

Ragazze, fate la fila. Adesso vi bacio una alla volta.

Cosa, ci bacia una alla volta?!

Cretino arrogante.

Ma chi crede di essere?

Casanova.

Don Giovanni!

Lo buttiamo nell'acqua?

Ragazze. Cosa fate? Attenzione ai miei capelli. Non mi buttate nell'acqua. Non so nuotare. Aiuto!!

Allora, prendi questo salvagente!

Ecco il tuo bacio, Casanova!

Dove sono i miei occhiali. Cosa faccio qui? Macchè! Siamo già scesi dal treno?!?!?

DOMANDE SUL FUMETTO

1. I ragazzi, dove vogliono andare oggi?
2. Perchè è troppo piccolo il costume di Giorgio?
3. Come sono le gambe e le braccia di Kevin?
4. Secondo la signora Casati, com'è l'Italia?
5. Che cosa si è messo Giorgio per andare al mare?
6. Come si chiama la balena che vedono nell' acqua?
7. Chi conquista tutte le ragazze?
8. Dove le porta?
9. Kevin vuole baciare le ragazze una alla volta. Chi crede di essere?
10. Dove lo buttano le ragazze?

PARLIAMO

A. Suo, sua, suoi, sue

La **barca** di Ennio è nuova.	Sì, **la sua** barca è nuova.
Il **motoscafo** di Claudio è veloce.	Sì, **il suo** motoscafo è veloce.
Il **clima** di Cefalù è ideale.	Sì, **il suo** clima . . . .
Il **costume** di Faye viene dal museo.	Sì, **il suo** . . . .
La **spiaggia** di Taormina è bellissima.	Sì, **la sua** . . . .
I **parenti** di Angela sono pazzi.	Sì, **i suoi** parenti . . . .
Le **fontane** di Roma sono bellissime.	Sì, **le sue** . . . .
Le **valige** di Ugo sono pesanti.	Sì, **le** . . . .
I **templi** di Agrigento sono molto antichi.	Sì, **i suoi**. . . . .
Gli **ombrelloni** del bagnino sono vecchi.	Sì, **i** . . . .

Impossibile, il mio è nuovo.

B. Tuo, tua, tuoi, tue. Mio, mia, miei, mie.

Quest'è il tuo motorino.	Impossibile, il mio motorino è nuovo!
Quest'è la tua barca.	Impossibile, la mia barca è nuova!
Questi sono i tuoi occhiali da sole.	Impossibile, i miei occhiali . . . . !
Queste sono le tue scarpe.	. . . . , le mie . . . . !
Quest'è il tuo ombrellone.	. . . . , il . . . . !
Quest'è la tua valigia.	. . . . , la . . . . !
Questi sono i tuoi calzini.	. . . . , i . . . . !
Queste sono le tue pinne.	. . . . , le . . . . !
Quest'è il tuo costume.	. . . . !
Quest'è la tua gonna.	. . . . !
Questi sono i tuoi jeans.	. . . . !
Queste sono le tue cravatte.	. . . . !

Non è nella mia valigia.

C. Nel, sul + mio, mia, miei, mie

Dov'è? Nella tua scarpa?	No, non è nella mia.
Dov'è? Nel tuo costume da bagno?	. , non è nel mio.
Dov'è? Nelle tue tasche?	. . . . . . nelle mie.
Dov'è? Nei tuoi pantaloni?	. . . . miei.
Dov'è? Sulla tua testa?	. . . . . . sulla mia.
Dov'è? Sul tuo cappello?	. . . .
Dov'è? Sulle tue gambe?	. . . .
Dov'è? Sui tuoi piedi?	. . . .

D. Farsi male a...

Ti **fa** male la spalla?	Sì, mi sono fatto male alla spalla.
Ti **fa** male il ginocchio?	Sì, mi sono fatto male al. . . . . . .
Ti **fa** male la mano?	Sì, mi sono fatto. . . . .
Ti **fanno** male le gambe?	Sì, mi sono . . . .
Ti **fa** male l'orecchio?	. . . .
Ti **fanno** male le dita?	. . . .

PARLIAMO

E. *Revision:* **lo, la, li, le**

Dov'è **la mia barca**?	Macchè, non **la** vedi?
Dove sono **le mie pinne**?	Macchè, non **le** ... ?
Dov'è **il molo**?	............?
Dov'è **la conchiglia**?	............?
Dove sono **i remi**?	............?
Dove sono **le mie scarpe**?	............?
Dov'è **il mio ombrellone**?	............?
Dove sono **i tuoi occhiali**?	............?

Non sei mica un barbiere!

F. **Mica** + *professions*

Io ti insegno l'italiano se vuoi.	Ma tu non sei **mica** professore.
Io ti do queste pillole se vuoi.	.... **mica** dottore.
Io ti preparo gli spaghetti se vuoi.	.... cuoco.
Io ti riparo le scarpe se vuoi.	....
Io ti riparo l'orologio se vuoi.	....
Io ti faccio i capelli se vuoi.	....
Io ti faccio la barba se vuoi.	....
Io ti pulisco i denti se vuoi.	....

G. *Irregular plurals; possessives;* **piace, piacciono.**

La tua faccia è bellissima.	Aa, ti **piace** la mia faccia?
Le tue gambe sono bellissime.	Aa, ti **piacciono** le mie .... ?
I tuoi occhi sono bellissimi.	Aa, ti **piacciono** .... ?
Il tuo naso è bellissimo.	.... ?
Le tue mani sono bellissime.	.... ?
Le tue labbra sono bellissime.	.... ?
Le tue ciglia sono bellissime.	.... ?
Le tue braccia sono bellissime.	.... ?

Lei è entrata, e poi...

H. *Perfect tense:* **avere, essere;** **non...niente.**

Signora, Lei **è entrata**, e poi cosa **ha trovato**?	**Sono entrata** sì, ma non **ho trovato** niente.
Signore, Lei **è tornato**, e poi cosa **ha visto**?	**Sono tornato** sì, ma non ....
Signora, Lei **è partita**, e poi cosa **ha preso**?	....
Signora, Lei **è salita** sul treno, e poi cosa **ha mangiato**?	....
Signore, Lei **è sceso** dal treno, e poi cosa **ha fatto**?	....
Signora, Lei **è arrivata** a casa, e poi cosa **ha scritto**?	....
Signore, Lei **è rimasto** a casa, ma cosa **ha letto**?	....

I. *Revision: Perfect tense*

Signore, La prego, deve camminare.	Ho camminato un po' stamattina, grazie.
Signora, La prego, deve bere.	Ho bevuto ....
Signore, La prego, deve esercitarsi.	Mi sono ....
Signora, La prego, deve dormire.	....
Signore, La prego, deve uscire.	....
Signora, La prego, deve divertirsi.	....
Signore, La prego, deve coricarsi.	....
Signora, La prego, deve lavarsi.	....

J. **Di chi** + *possessives*

Di chi è questo costume?	Non so, non è mio.
Di chi è questa camicia?	Non so, non è............
Di chi sono questi occhiali?	Non so, non sono ....
Di chi sono queste scarpe?	....
Di chi è questo vestito?	....
Di chi è questa maglia?	....
Di chi sono questi guanti?	....
Di chi sono queste calze?	....

PARLIAMO

Sono tutti vecchi.

K. Mio, tuo, suo → plural

Il tuo vestito è vecchio. — Tutti i miei vestiti sono vecchi.
La tua giacca è vecchia. — Tutte le mie . . . .
Il suo costume è vecchio. — Tutti i suoi . . . .
La sua camicetta è vecchia. — . . . .
Il tuo cappello è vecchio. — . . . .
La tua cravatta è vecchia. — . . . .
Il suo orecchino è vecchio. — . . . .
La sua gonna è vecchia. — . . . .

L. Mio, mia, miei, mie

Un momento, prendi quest'orecchino! — Mi dispiace, non è mica mio.
Un momento, prendi questa medaglietta! — Mi dispiace, non è mica . . . .
Un momento, prendi questi libri! — Mi dispiace, non sono . . . . .
Un momento, prendi queste pillole! — . . . .
Un momento, prendi questo coltello! — . . . .
Un momento, prendi questa rivista! — . . . .
Un momento, prendi questi occhiali! — . . . .
Un momento, prendi queste pinne! — . . . .

M. Irregular verbs; non…mai.

Non **sono saliti** in prima classe. — Ma non **salgono** mai in prima classe.
Non **sono rimasti** a letto. — Ma non . . . .
Non **hanno fatto** bella figura. — . . . .
Non **hanno detto** la verità. — . . . .
Non **hanno saputo** guidare. — . . . .
Non **sono andati** con il treno. — . . . .
Non **sono venuti** alle sette. — . . . .
Non **sono stati** simpatici. — . . . .

PAROLE NUOVE

Gli animali

l'asino	the donkey
il cane	the dog
il canguro	the kangaroo
la capra	the goat
il cavallo	the horse
il coniglio	the rabbit
l'elefante	the elephant
la gallina	the hen
il gatto	the cat
la giraffa	the giraffe
il koala	the koala
il leone	the lion
il maiale	the pig
la mucca	the cow
l'oca	the goose
la pecora	the sheep
la tigre	the tiger
l'uccello	the bird

Dov'è?	Where is it?
fra	between, among
in	in
dentro	inside
dietro	behind
fuori (di)	outside
sopra	above
sotto	under
su	on
davanti (a)	in front of
accanto (a)	next to
vicino (a)	near

CONVERSIAMO

1. **Al mare.**

Cosa vuoi fare? Preferisci	nuotare fare il surf fare il windsurf	o	andare in barca? sciare? prendere il sole?

Mmm, vediamo un po', Non sono sicuro/a, Veramente non so,	perchè non	peschiamo dal molo? guardiamo i/le ragazzi/e? leggiamo sulla spiaggia?

Va bene. Vado a prendere	la crema abbronzante. gli occhiali da sole. il mio ombrellone.

2. **Non andiamo mai d'accordo!**

Andiamo con	la mia il mio	barca. motoscafo. macchina. motorino.

No,	la mia il mio	è migliore, è più	comodo/a. grande. veloce.

Non è vero. Cosa dici? Macchè, scherzi?	La tua Il tuo	motoscafo barca motorino macchina	è	piccolissimo/a. scomodissimo/a. lentissimo/a.

Chi ha	preso usato bagnato mangiato	la mia il mio i miei le mie	barca? asciugamano? costume? pettine? panini? pinne? crema abbronzante? occhiali da sole?

Mica sono stato/a io! Non lo so. Domandi proprio a me!?!

CONTINUA

CONVERSIAMO

3. Permesso?

Permesso, Scusi, Senta,	è questo è questa	l'ufficio il negozio l'appartamento la pensione l'ambulatorio	della dell' del	Dottor Tripicchio? Avvocato Volpe? Ragionier Zappi? Dottoressa Remi? Signora Storti?

Sì, prego,	s'accomodi. dica pure. posso aiutarla?

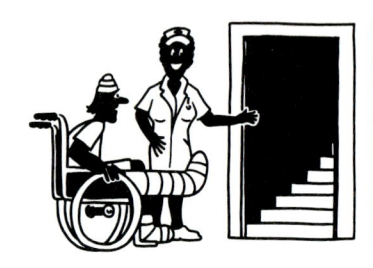

Voglio Vorrei Desidero	parlare con vedere	il dottore. la dottoressa. l'avvocato. la signora. il ragioniere.

Mi dispiace,	ma non c'è. non è qui. è fuori.	Vuole	fare un appuntamento? ritornare fra un'ora? aspettare?

A. You're at the beach with some friends on a beautiful sunny day.
≈ Ask if anyone wants to surf, go diving, swim, etc.
≈ None of your suggestions interest them, until you mention going water-skiing.
≈ You then argue about whose boat to go in.

B. Still at the beach, all your towels, combs, bathers, food, drinks etc. have been thrown in the same bag.
- Go through each item deciding whose it is.
- You blame the others for wetting your towel, eating your lunch, using your comb etc.
- They all deny it and blame someone else.

C. You had a terrible day at the beach yesterday, but you don't want your friend to know. You want to make him feel sorry for not having come.
- He asks about the outing.
- You list a number of fun things that you did.
- He then walks off and meets someone else who was with you at the beach.
- He checks to see if you really did all that you claimed to do.
- Your honest friend contradicts everything you said.

D. You've been given the address of a good lawyer, doctor, hotel etc.
- Enter the place and ask if it's the right one.
- The person you're looking for is out for the moment.
- You decide whether to wait or come back later.

L'ESTATE IN ITALIA

Qui Francesco Ficcanaso che vi parla da Cefalù in Sicilia. Abbiamo preparato per voi un servizio speciale[1] sull'Estate in Italia. Avete mai visitato una grande città italiana in agosto? È quasi deserta, a parte[2] i turisti, naturalmente. Ma gli italiani che abitano in queste grandi città, dove vanno? Che cosa fanno? Dunque, domandiamo a questo signore. Scusi, Lei come si chiama e che cosa fa d'estate?

Mi chiamo Vizzini Paolo e sono uno dei bagnini di questa spiaggia. Ecco come trascorro i mesi estivi[3]. È un lavoro molto impegnativo[4], come vedete.

Sì, sì, lo vedo bene. Lei è proprio di Cefalù?

Sì, sono nato qui. Abito da tanti anni in una casa che è proprio sul mare. Insomma, anche quando non lavoro, cioè quando sono a casa, vedo il mare. L'unica differenza è che davanti a casa mia non c'è una spiaggia ma delle rocce[5].

Ho capito. Allora che cosa ci può dire di Cefalù?

Be', è una cittadina abbastanza tipica[6] ma anche molto caratteristica[7], con stradette[8] strette, e palazzi abbastanza antichi.

E quando non lavora che cosa fa?

Vado al bar in piazza a prendere un caffè, faccio quattro chiacchiere con gli amici.

E voi bagnini, cosa fate per tenervi in forma[9]? Vi allenate[10]?

Sì, certo. Nuotiamo molto e facciamo anche un po' di footing. Di mattina presto è bello correre sul lungomare[11] quando non c'è ancora nessuno in giro.

È quasi mezzogiorno e vedo che la spiaggia diventa sempre più affollata. È meglio che La lasciamo al Suo lavoro[12].

Sempre Avanti! 172

Passiamo da una spiaggia al Sud[13], cioè in Sicilia, ad una spiaggia al Nord, e precisamente in Liguria. Come vedete, oggi la spiaggia è affollatissima. Questa è la Riviera Italiana, piena di turisti che vengono da tutte le parti del mondo. Ma vediamo se possiamo trovare qualche italiano.

Scusate, ragazze. Che cosa fate qui?

Siamo qui in vacanza. Abitiamo a Torino ma nel mese di agosto i nostri genitori ci portano qui sulla Riviera Ligure. Affittiamo questa casa di villeggiatura[14] ogni anno. E poi di bello, cosa facciamo[15]...?

Cosa facciamo di bello? Be', nuotiamo, ci sdraiamo sulla sabbia e ci abbronziamo un po'. E poi andiamo in cerca di[16] ragazzi ma quest'estate non abbiamo avuto molta fortuna. Ci sono dei ragazzi sulla spiaggia ma non fanno altro che[17] giocare a pallone[18] e litigare.

Ditemi una cosa. Come mai tutti gli ombrelloni sulla spiaggia sono in fila[19] così?

Be', questa è una zona turistica e tutte le spiagge sono a pagamento[20]. Bisogna affittare l'ombrellone e la sedia a sdraio. È il bagnino che li mette tutti in fila.

Che campione! Ho segnato un altro gol. Adesso siamo undici a zero.

Fifone, perchè l'hai lasciato passare?

Non è mica colpa mia.

Se preferite un'atmosfera più tranquilla, andate ad uno dei laghi. Eccoci al Lago di Trasimeno, nell'Umbria.

Il vostro inviato speciale[21], Francesco Ficcanaso, vi dà appuntamento alla settimana prossima quando presentiamo un'inchiesta sullo sciopero[22] dei gondolieri a Venezia.

1. **un servizio speciale:** a special report
2. **a parte:** apart from, except for
3. **come trascorro i mesi estivi:** how I pass the summer months
4. **impegnativo:** demanding
5. **delle rocce:** some rocks
6. **una cittadina abbastanza tipica:** a fairly typical town
7. **molto caratteristica:** full of character
8. **stradette:** little streets
9. **per tenervi in forma:** to keep yourselves in shape
10. **vi allenate?:** do you train, do any training?
11. **correre sul lungomare:** to run along the esplanade
12. **La lasciamo al Suo lavoro:** we'll leave you to your work
13. **al Sud:** in the South (of Italy)
14. **affittiamo questa casa di villeggiatura:** we rent this holiday house
15. **di bello, cosa facciamo?:** what interesting things do we do?
16. **in cerca di:** in search of
17. **non fanno altro che:** all they do is, they do nothing but
18. **giocare a pallone:** to kick the soccer ball around
19. **in fila:** in a row, line
20. **spiagge a pagamento:** beaches where you pay
21. **il vostro inviato speciale:** your special correspondent
22. **un' inchiesta sullo sciopero:** an inquiry into the strike

Sempre Avanti! ☞ 174

PAROLE SIMILI

The Italian word for poverty is **povertà**. You will often find that English words ending in -ty have an Italian equivalent ending in **-tà**. In Italian these words are feminine.

Guess the Italian equivalent of the following words:

unity	....	possibility	....
dignity	....	liberty	....
necessity	....	activity	....
gravity	....	authority	....
identity	....	hospitality	....

PAROLE NUOVE

abitare	to live, reside
affittare	to rent, to let
l'ambulatorio	the clinic, surgery
l'amicizia	friendship
l'appartamento	the apartment
l'appuntamento	the appointment
arrogante	arrogant
baciare	to kiss
il bacio	the kiss
la balena	the whale
bruciare	to burn
buttare	to throw
il campione	the champion
coprirsi (coperto)	to cover oneself (covered)
correre	to run
creare	to create
cretino	idiot, cretin
dare	to give
delicato	delicate
la differenza	the difference
la fortuna	luck, fortune
il fusto	the he-man, hunk
geloso	jealous
guasto	damaged, not working
lasciare	to leave
i muscoli	the muscles
la musica	the music
occupato	busy, occupied
il palazzo	the building, palace
la personalità	the personality
precisamente	precisely
preparare	to prepare
presentare	to present, introduce
ritornare	to return
robusto	robust, stout
salire	to climb, get onto
la scatola	the box
scendere (sceso)	to descend, to get off (descended)
lo scheletro	the skeleton
scomodo	uncomfortable
seguente	following

Espressioni

conquistare le ragazze	to con(quer) the girls, to break a few hearts
essere in forma	to be fit
fare il footing	to jog
fare la fila	to form a queue
il fratello maggiore	the older brother
non preoccupatevi	don't worry (plural)
la sorella minore	the younger sister
sono nato/a a/in	I was born in
mica sono stato io	it certainly wasn't me
domandi proprio a me!?	you're asking me (of all people)!?

SCIOGLILINGUA

Apelle, figlio d'Apollo,
Fece una palla di pelle di pollo.
Tutti i pesci vennero a galla
per vedere la palla di pelle di pollo,
fatta d' Apelle figlio d'Apollo.

LAURA SCRIVE DA TAORMINA

Would you give Laura a job as a reporter? How accurately does she relate the events she refers to in this postcard?

Laura ha scritto questa cartolina alla sua famiglia.

TAORMINA: ANFITEATRO GRECO

Taormina, 6 luglio

Carissimi Papà, Mamma, Marco, Claudio, Paolo e Agnese,
siamo in Sicilia adesso da cinque giorni. Io sto molto bene...non preoccupatevi!

Kevin ha avuto un incidente ed è stato molto ammalato per qualche giorno[1]. Ma adesso si sente meglio. Al mare l'altro giorno ha nuotato, ha fatto un bel tuffo e ha incontrato un bagnino.

Ricordate la mia amica Faye? Non è mica cambiata[2]. È sempre molto timida e modesta. L'altro ieri al mare io e Angela abbiamo indossato il bikini e lei invece ha indossato un costume da bagno antiquato. Quando sono arrivati i ragazzi si è coperta[3] di sabbia.

Ma ogni giorno ci divertiamo un mondo!

Bacioni a tutti,
Laura xx

P.S. Un bacio anche a Fido.

Laura.

Famiglia Brambilla

247 Cardigan Street

CARLTON, Victoria

AUSTRALIA 3053

1. **qualche giorno:** a few days
2. **cambiata:** changed
3. **si è coperta:** she covered herself

PAROLE NUOVE

Al mare

abbronzarsi	to tan, to get a suntan
l'abbronzatura	the suntan
l'asciugamano	the towel
avere mal di mare	to be sea sick
bagnarsi	to get wet
il bagnino	the life guard, beach attendant
la barca	the boat
il costume da bagno	the bathers
la crema abbronzante	the suntan lotion
estivo	summer (adjective)
fare il bagno	to go for a swim
fare il surf	to surf
fare il windsurf	to windsurf
il gabbiano	the sea gull
indossare	to put on, wear
il mare	the sea
il molo	the pier
il motoscafo	the motorboat
nuotare	to swim
gli occhiali da sole	the sun glasses
l'ombrellone	the beach umbrella
pescare	to fish
il pettine	the comb
le pinne	the flippers
prendere il sole	to sun bake
la sabbia	the sand
il salvagente	the life buoy
lo sci (acquatico)	(water) skiing
sciare	to ski
sdraiarsi	to lie down
la scottatura	the sun burn
la sedia a sdraio	the deck chair
la spiaggia	the beach
tuffarsi	to dive
la tuta	the wet-suit; track-suit, overalls
veloce	fast

RIASSUNTO DI GRAMMATICA

1. **Possessives**

	Singular		Plural		
	Masc.	Fem.	Masc.	Fem.	
	il mio	la mia	i miei	le mie	my, mine
	il tuo	la tua	i tuoi	le tue	your, yours
	il suo	la sua	i suoi	le sue	his, her, hers, its

Possessives are usually preceded by the definite article

e.g. **il mio** costume da bagno, **i tuoi** muscoli.
In expressions such as it's mine, they're yours, etc., the definite article is usually omitted, especially in answer to the question: **Di chi è?**

e.g. **Di chi è questa barca?**
Whose boat is this?

Non so, ma non è sua.
I don't know, but it's not his/hers.

Queste pinne sono tue?
Are these flippers yours?

No, non sono mie.
No, they're not mine.

Possessives *agree* with the object possessed. It makes no difference whether the owner is male or female.

e.g. **Laura, perchè non ti metti il tuo costume?**
Laura, why don't you put on your bathers?

Gino, la tua barca è sott'acqua.
Gino, your boat is under water.

Italians often omit possessives where there is no doubt about ownership, as with parts of the body or clothing.

e.g. **Laura, perchè non ti metti il costume?**
Laura, why don't you put on your bathers?

Giorgio non si pettina mai i capelli.
Giorgio never combs his hair.

2. **Irregular plurals**

il braccio	the arm	→	le braccia	the arms
il dito	the finger	→	le dita	the fingers
il labbro	the lip	→	le labbra	the lips
l'osso	the bone	→	le ossa	the bones

The following have both a regular and an irregular plural form, either of which may be used.

| l'orecchio | the ear | → | gli orecchi / le orecchie | the ears |
| il ginocchio | the knee | → | i ginocchi / le ginocchia | the knees |

Note especially — **la mano**: the hand; **le mani**: the hands

3. **non...mica**

Non...mica is used to reinforce a negative idea.

e.g. **Non sei mica Mr. Universo.**
You're certainly no Mr. Universe.

Mica is also used at the start of a sentence without **non**

e.g. **Mica sono stato io.** It certainly wasn't me.

4. **The preposition da**

The most common meaning of **da** is from.

e.g. **Tutto il giorno, dalla cucina ai tavoli.**
All day long, from the kitchen to the tables.

We have also seen a number of expressions in which **da** has quite a different meaning. You need to be very flexible in your approach to prepositions (**da, di, in, con, per, su**), and to understand that their meanings depend on the context in which they are used.

Try to understand the function of **da** in the following sentences:

a) **Abito qui da tanti anni.**
I've lived here for many years.

Da quanto tempo ha il mal di gola?
How long have you had the sore throat?

Siamo in Sicilia da cinque giorni.
We've been in Sicily for five days.

b) **La mamma ha preparato da mangiare.**
Mum has prepared something to eat.

Ho molto da fare oggi.
I have a lot to do today.

c) **Bisogna introdurre una moneta da 100 lire.**
You have to put in a 100 lire coin.

Mi ha dato un biglietto da 1000 lire.
He gave me a 1000 lire note.

d) **Devo andare dal medico.**
I have to go to the doctor's.

L'ho visto dal macellaio.
I saw him at the butcher's.

Perchè non vieni da Giovanni?
Why don't you come to John's place?

e) **Ho una fame da lupi.**
I'm starving, ravenous.

f) **gli occhiali da sole** — the sunglasses
la sala da pranzo — the dining room
la macchina da scrivere — the typewriter

5. **More about the Lei form**

**Signor Vucci, vedo che Lei è occupato.
È meglio che La lascio al Suo lavoro.**
Mr. Vucci, I see you're busy.
I had better leave you to your work.

Signora Casati, ho sentito che Lei è pronta per partire. Posso aiutarLa con le valigie? Questa borsetta è Sua?
Mrs. Casati, I heard you're ready to leave. Can I help you with your cases? Is this handbag yours?

Remember that **Lei**, a feminine looking word, is used for both men and women. So too is the object form **La**. The *possessives* that go with the **Lei** form are **(il) Suo, (la) Sua, (i) Suoi, (le) Sue**.

CAPITOLO TREDICI
GIORGIO DÀ UNA MANO

Il secondo giorno a Venezia i ragazzi vanno a visitare lo zio di Giorgio che è gondoliere. Gli domandano se possono fare un giro in gondola. Purtroppo oggi non è possibile perchè lo zio è ammalato.

Mi dispiace ragazzi. Vi dico la verità, non mi sento in forma oggi. Mi sono raffreddato, ho mal di gola.

Non so cosa fare. Fa bel tempo, la città è piena di turisti e io non posso lavorare. Che disastro per la mia famiglia. Se non lavoro d'estate non guadagno abbastanza soldi. Nessuno mi aiuta.

I ragazzi vanno via un po' giù di morale.

Povero zio Carlo! Dobbiamo aiutarlo.

D'accordo, ma come lo possiamo aiutare?

Se gli vogliamo dare una mano so cosa possiamo fare. Ho osservato i gondolieri, mi sembra facile. Io potrei…

Un momento, Giorgio, prima che vai avanti, già ti capisco. Non devi toccare la gondola dello zio. Sui canali ci sono regole come sulle strade e bisogna avere la patente. Essere un gondoliere è un'arte.

Lo sai chi sono io? Carlo è mio zio. Io sono suo nipote. Insomma quest'arte ce l'ho nel sangue.

Quando Giorgio si mette una cosa in testa, nessuno gli può dire niente.

Ecco un altro gondoliere. Gli domando quanto costa fare un giro in gondola.

Vedi se ti dà un buon prezzo. L'ultimo gondoliere ci ha detto cinquanta mila lire per due ore.

Scusi signore. Noi siamo in luna di miele… questa è mia moglie. Le ho promesso un giro in gondola. Quanto costa?

Ah, quanto costa… mmm… vediamo un po'… eh… cinquecento lire.

Cosa dice?… Cinquecento lire? Impossibile!

Mi ha detto che ci porta in giro per solo cinquecento lire.

Sempre Avanti! 179

Ma signore, questa è una gondola speciale. E questa è l'alta stagione... ma se il prezzo vi sembra un po' alto facciamo quattrocento lire.

No, no, no... impossibile.

E va bene, duecento lire... questo è il mio ultimo prezzo, e vi porto anche sotto il Ponte dei Sospiri.

Va bene, va bene, siamo d'accordo.

Ci può cantare una canzone romantica italiana per favore?

Dunque, Le piace la musica romantica... Vediamo un po'... Le canto una canzone classica, "Nella Vecchia Fattoria".

Oinc Oinc, Miao Miao, Bè Bè. ♪

Sempre Avanti! 180

- Chi ti ha dato la patente?!
- Chi ti ha insegnato a guidare?!
- Mi hai tagliato la strada . . .
- Ma sei pazzo!!
- Uffa, questi nuovi gondolieri non sanno guidare. Un momento che gli spiego le regole. Ma andate a piangere dalla mamma.
- Non c'è da preoccuparsi. State tranquilli.
- Dove andate? Non avete pagato. Non ho finito la canzone.
- Andiamo dove non ci sono gondole o gondolieri pazzi.
- Sì, torniamo a Roma dove il traffico è meno caotico!
- Tornate! Non avete pagato!

DOMANDE SUL FUMETTO

Answer the following questions in Italian:
1. Perchè non è possibile fare un giro in gondola oggi?
2. Perchè lo zio Carlo è così giù di morale?
3. Perchè Giorgio si mette in testa di prendere la gondola dello zio?
4. Che cosa si mette Giorgio per sembrare gondoliere?
5. Perchè il giapponese dice che il prezzo è "impossibile"?
6. Che cosa deve fare Giorgio per la signora giapponese?
7. Giorgio come spiega le regole agli altri gondolieri?
8. Perchè i giapponesi tornano a Roma?

PARLIAMO

A. Mi, ti, ci, vi — *direct and indirect objects pronouns*

Carlo **ti** dà una mano?	Ogni volta che **mi** vede **mi** dà una mano.
Carlo **vi** dà una mano?	Ogni volta che **ci** vede **ci** ....
Franco **ti** promette tutto?	Ogni volta che **mi** vede..............
Franco **vi** promette tutto?	Ogni volta che **ci** ....
Marco **ti** dice bugie?	....
Delia **vi** dice bugie?	....
Papà **ti** parla severamente?	....
Papà **vi** parla severamente?	....

B. *Direct and indirect object pronouns*

Chi **ti** aiuta?	Nessuno **mi** aiuta.
Chi **ti** dà una mano?	Nessuno **mi** dà una mano.
Chi **vi** aiuta?	Nessuno **ci** ....
Chi **vi** dà una mano?	Nessuno................
Chi **lo** aiuta?	....
Chi **gli** dà una mano?	....
Chi **la** aiuta?	....
Chi **le** dà una mano?	....

Nessuno mi dà una mano.

C. Lo → gli, la → le

Ecco lo zio Carlo. **Lo** puoi aiutare?	Sì, **gli** do una mano volentieri.
Ecco la zia Carmela. **La** puoi aiutare?	Sì, **le** do una mano volentieri.
Ecco la Signora Casati. **La** puoi aiutare?	Sì, **le**....................
Ecco il carabiniere. **Lo** puoi aiutare?	Sì,......................
Ecco la dottoressa. **La** puoi aiutare?	....
Ecco il mio fidanzato. **Lo** puoi aiutare?	....

D. Lo → gli, la → le

Dov'è mio suocero? Ecco**lo**!	Grazie. **Gli** domando se posso andare.
Dov'è mia cognata? Ecco**la**!	Grazie. **Le** domando se posso........
Dov'è mio padre? Ecco**lo**!	....
Dov'è mia madre? Ecco**la**!	....
Dov'è l'avvocatessa Vizzini? Ecco**la**!	....
Dov'è il signor Visconti? Ecco**lo**!	....
Dov'è il gondoliere ammalato? Ecco**lo**!	....
Dov'è la fidanzata di Mimmo? Ecco**la**!	....

E. Lo → gli, la → le

Perchè devi trovar**lo**?	Devo dar**gli** questo biglietto.
Perchè devi trovar**la**?	Devo dar**le** ....
Perchè **lo** devi trovare?	**Gli** devo dare ....
Perchè **la** devi trovare?	**Le** devo ....
Perchè devi veder**lo**?	Devo dar**gli**.............
Perchè devi veder**la**?	....
Perchè **lo** devi vedere?	....
Perchè **la** devi vedere?	....

PARLIAMO

F. Gli *meaning* to them

Chi dà una mano ai gondolieri ammalati?	Nessuno **gli** dà una mano.
Chi scrive ai genitori di Giorgio?	Nessuno **gli** ....
Chi telefona ai suoi amici?	Nessuno..............
Chi parla alle ragazze inglesi?	....
Chi fa domande ai turisti giapponesi?	....
Chi dice bugie ai carabinieri?	....

G. *Possessives with family* — mio, tuo

Questo è mio padre.	Tuo padre? Aa, molto lieto/a.
Questa è mia madre.	Tua madre? Aa, ...
Questo è mio fratello.	....
Questa è mia sorella.	....
Questo è mio nonno.	....
Questa è mia nonna.	....
Questo è mio marito.	....
Questa è mia moglie.	....

Ma certo, le sue sorelle sono tutte antipatiche.

H. *Possessives with family* — suo

Sua sorella è antipatica.	Ma certo, le sue sorelle sono tutte antipatiche.
Suo fratello è magro.	Ma certo, i suoi fratelli sono tutti ....
Suo zio è ricco.	....
Sua zia è siciliana.	....
La sua nipotina è birichina.	....
Suo cugino è bruttissimo.	....

I. *Possessives with, without article*

È il tuo amico o tuo fratello?	È mio fratello.
È la tua amica o tua cugina?	...... amica.
È il tuo studente o tuo nipote?	...... nipote.
È la tua studentessa o tua nipote?	. studentessa.
È il tuo medico o tuo padre?	...... padre.
È la tua professoressa o tua zia?	.... zia.

J. La, *object form of* Lei

Mi dispiace signore, non posso aiutarLa.

Insomma, non può invitarmi?	Mi dispiace signore, non **La** posso invitare.
Insomma, non può aiutarmi?	Mi dispiace signore, non **La** posso aiutare.
Insomma, non può chiamarmi?	....
Insomma, non può ascoltarmi?	....
Insomma, non può visitarmi?	....
Insomma, non può svegliarmi?	....

K. Gli, le piace

A Gino piace questa pensione?	Sì, **gli** piace moltissimo.
A Teresa piace la musica romantica?	Sì, **le** piace ....
Ai Bevilacqua piace abitare a Venezia?	Sì, **gli** ....
Questa pensione piace **a Gino**?	....
La musica romantica piace **a Teresa**?	....
Abitare a Venezia piace **ai Bevilacqua**?	....

Ma signore, non Le piacciono le carote?

L. Le piace, piacciono?

Questa **minestra** è terribile.	Ma signore, non **Le piace** la minestra?
Questi **fagioli** sono terribili.	Ma signore, non **Le piacciono** ..... ?
Questo **vino** è terribile.	.... ?
Queste **carote** sono terribili.	.... ?
Questo **formaggio** è terribile.	.... ?
Questi **spaghetti** sono terribili.	.... ?
Queste **patate** sono terribili.	.... ?
Questo **ristorante** è terribile.	.... ?

CONTINUA

PARLIAMO

M. Gli, le piace + *infinitive*

Perchè non parla Gino?	Perchè non gli piace parlare.
Perchè non lavora Teresa?	. . . . le piace lavorare.
Perchè non si tuffa Pietro?	. . . . tuffarsi.
Perchè non prende il sole Luisa?	. . . .
Perchè non nuotano quei ragazzi?	. . . .
Perchè non si addormentano quelle ragazze?	. . . .
Perchè non rimangono quei due?	. . . .
Perchè non vanno Mimmo e Bianca?	. . . .

N. Ce l'ho, ce l'hai...

Chi ha preso la crema abbronzante? Tu?	No, io non ce l'ho.
Chi ha preso l'ombrellone? Giulia?	No, lei non ce . . . .
Chi ha preso la sedia a sdraio? Voi?	No, noi . . . .
Chi ha preso il mio costume? Le ragazze?	. . . .
Chi ha preso l'asciugamano? Lei, signore?	. . . .
Chi ha preso la mia gondola? Tu, Giorgio?	. . . .

PAROLE NUOVE

La famiglia	The family
la bambina	the baby, girl
il bambino	the baby, boy
la cognata	the sister-in-law
il cognato	the brother-in-law
la cugina	the cousin (female)
il cugino	the cousin (male)
il fidanzamento	the engagement
la fidanzata	the fiancée
il fidanzato	the fiancé
la figlia	the daughter
il figlio	the son
il fratello	the brother
il genero	the son-in-law
i genitori	the parents
la madre	the mother
il marito	the husband
il matrimonio	the marriage, the wedding
la moglie	the wife
il nipote	the nephew, grandson
la nipote	the niece, grand-daughter
la nonna	the grandmother
il nonno	the grandfather
le nozze	the wedding
la nuora	the daughter-in-law
l'orfano	the orphan
il padre	the father
il padrino	the godfather
i parenti	the relatives
la sorella	the sister
la sposa	the bride
lo sposo	the groom
il suocero	the father-in-law
la suocera	the mother-in-law
la zia	the aunt
lo zio	the uncle

IL COMPARE E LA COMARE

☺ The family plays an enormously important part in the lives of Italians, and not just the immediate family. Grandparents, uncles, cousins, nieces — all are included when plans are made for a family occasion such as a First Communion or a Confirmation.

☺ The already extended family is further extended by the acceptance into the "fold" of the **compare** or **comare**. You become a **compare** or **comare** by acting as a godparent at a Baptism, a sponsor at a Confirmation or as a member of the wedding party (best man, bridesmaid, etc.). No wonder Italians seem to have so many uncles and aunties!

CONVERSIAMO

1. **Che cosa fai di bello?**

Che cosa	fai fate	di bello	il weekend? stasera? domani pomeriggio? la domenica?

Faccio una gita Facciamo un giro Andiamo Vado	al cinema in città al mare in campagna allo stadio	con	mia sorella. tutti gli amici. mio zio. i miei fratelli.

Ma non hai detto che non	ti vi	piace piacciono	tutto quel traffico? i film che danno? le mucche e le pecore? le partite di calcio? nuotare?

No, ma	mi ci	piace piacciono	vedere tutti i negozi. Sofia Loren. l'aria fresca. prendere il sole. le gambe dei giocatori.	Vuoi venire?

Sì, volentieri.
Grazie, ma non posso.
Mi dispiace, ma non sono libero/a.

2. **L'hai fatto?**

Hai	parlato con scritto a telefonato a	tua sorella? mio fratello? Carlo e Verena?

Sì, certo,	le gli	ho	parlato scritto telefonato	ieri. l'altro ieri. la settimana scorsa.
No, purtroppo, mi dispiace,	non	gli le	ho ancora	telefonato. scritto. parlato.

Perchè no?

Perchè	sono stato/a molto occupato/a. non ho avuto tempo. non è mai a casa. è sempre fuori. non so il suo indirizzo. non so il suo numero di telefono.

CONVERSIAMO

A. It's your sixteenth birthday and you've decided to throw a wild pool party. It'll be a real rage — swimming, diving, singing, eating plenty of Italian food.
- Together with your brother or sister you're deciding who to invite. Go through a list of relatives and friends, considering whether they like that sort of party.
  e.g. **E zio Carlo? No, non gli piace nuotare.**

B. You meet a friend or two and ask what they're getting up to on the weekend.
- They tell you what they're doing and with whom.
- You express surprise! You thought they didn't like doing that sort of thing.
- Well, they might not like everything about it but they do like certain aspects. You're invited to go along too.
- You accept gladly or regretfully decline the invitation.

C. At the beach, you decide to hire a windsurfer.
- You say how long you want it for and ask the price.
- The person in charge tells you the price, explaining that his windsurfers are special, that it's the high season.
- You express admiration for his windsurfers but show concern about the cost.
- In the end he/she reluctantly agrees to lower the price.

D. You've recently spent some of the holidays staying with a relative interstate.
- Your mother asks you if you have contacted this relative to thank him or her.
- You explain that you haven't yet but will do so soon.
- She asks why you haven't and you give an excuse or two (or three).

PAROLE NUOVE

l'arte(f)	art	**insistere**	to insist
buttare	to throw	**(insistito)**	(insisted)
il canale	the canal	**osservare**	to observe
cantare	to sing	**preoccuparsi**	to worry
caotico	chaotic	**il prezzo**	the price
il cibo	the food	**promettere**	to promise
classico	classic, classical	**raffreddarsi**	to get a cold
la costa	the coast	**ricco**	rich
la curva	the curve	**il ritratto**	the portrait
decidere	to decide	**romantico**	romantic
(deciso)	(decided)	**il sangue**	the blood
la donna	the woman	**il sospiro**	the sigh
evitare	to avoid	**stufo**	fed up, sick and tired
guadagnare	to earn	**toccare**	to touch
incantevole	beautiful, enchanting	**ultimo**	last

Sono stufo di aspettare che mi buttano un po' di grano.

RIASSUNTO DI GRAMMATICA

1. **Indirect object pronoun**

   Pronouns

Subject		Direct object		Indirect object	
io	I	mi	me	mi	to me
tu	you	ti	you	ti	to you
lui	he	lo (l')	him	gli	to him
lei	she	la (l')	her	le	to her
Lei	you	La	you	Le (m,f)	to you
noi	we	ci	us	ci	to us
voi	you	vi	you	vi	to you
loro	they	li, le	them	gli, (loro)	to them

   a) Indirect object pronouns correspond to the English idea <u>to me</u>, <u>to him</u>, <u>to them</u> etc., e.g.

   Mi vede ogni giorno ma non <u>mi</u> parla mai.
   He sees me every day but he never speaks to me.

   Non lo vedo molto ma <u>gli</u> scrivo ogni mese.
   I don't see him much but I write to him every month.

   b) In this book we have used **gli** as a plural form (i.e. <u>to them</u>) as well as a singular form (i.e. <u>to him</u>). **Loro**, is also commonly used as the plural form, particularly in writing. Unlike the other *object pronouns*, **loro** follows the verb, e.g.

   Dove sono i ragazzi? Ho promesso <u>loro</u> un gelato.
   or
   Dove sono i ragazzi? <u>Gli</u> ho promesso un gelato.
   Where are the kids? I promised them an ice cream.

   c) In Italian, verbs that express communication (telling, asking, writing etc.) are generally followed by an indirect object,

   e.g. **Perchè non <u>domandi</u> a Carlo?**
   Why don't you ask Charles?

   Gli <u>ho telefonato</u> ieri sera.
   I phoned him last night.

   Non le <u>ha detto</u> tutta la verità.
   He didn't tell her the whole truth.

   d) The expression <u>to speak to...</u> is usually translated by **parlare con...**, e.g.

   Hai parlato con Maura? Sì, le ho parlato.
   Have you spoken to Maura? Yes, I've spoken to her.

2. **Gli piace, le piace**

   When Italians talk about people liking things they actually say that things are pleasing to them.

   e.g. **A Giorgio piace il cibo italiano?**
   Does Giorgio like Italian food?

   Sì, <u>gli piace</u> moltissimo.
   Yes, he likes it very much.

   Il pittore <u>piace alla signora Casati</u>?
   Does Mrs. Casati like the artist?

   No, non <u>le piace</u> affatto.
   No, she doesn't like him at all.

   Gino e Teresa non vengono al cinema perchè non <u>gli piace</u> il film.
   Gino and Teresa aren't coming to the pictures because they don't like the film.

3. **Le piace?**

   When you're using the **Lei** forms, the way to ask <u>Do you like?</u> is to say **Le piace?** or **Le piacciono?** (You're actually saying: <u>Is it/are they pleasing to you?</u>)

   e.g. **Signor Tozzi, <u>Le piace</u> la Sua nuova Alfa?**
   Mr. Tozzi, do you like your new Alfa?

4. **More about possessives**

   The definite article, which precedes possessives in Italian, is omitted before a singular noun expressing family relationship (husband, daughter, uncle, etc.)

   e.g. **Carlo non è il padre di Giorgio, è <u>suo zio</u>.**
   Carlo isn't Giorgio's father, he's his uncle.

   Ho visto tua sorella in piazza.
   I saw your sister in the square.

   a) When the noun is in the plural the definite article is used.

   e.g. **Tutti <u>i suoi fratelli</u> sono venuti.**
   All his/her brothers came.

   b) The article is always used with the possessive **loro**.

   e.g. **<u>La loro</u> figlia è molto intelligente.**
   Their daughter is very intelligent.

5. **Ce l'ho**

   It is very common for Italians to use **ce** before **l'**, **li** and **le** when these pronouns are used with parts of **avere**. In this context **ce** has no meaning.

   e.g. **Dov'è il biglietto? <u>Ce l'hai</u> tu?**
   Where's the ticket? Do you have it?

   Io non <u>ce l'ho</u>. Forse ce l'ha Dario.
   I don't have it. Perhaps Dario has it.

DESTINAZIONE VENEZIA

Sperlonga, il 9 luglio.
Caro diario,
 Stufi di viaggiare in treno abbiamo deciso di noleggiare un camper per il viaggio dalla Sicilia a Venezia. Abbiamo pensato di vedere un po' della costa fra Reggio Calabria e Roma. In un primo momento ero contenta di non avere da fare con[1] gli orari e i capistazione ma adesso non sono sicura.

 Prima di tutto non mi sono ancora abituata[2] a guidare sulla destra e poi questo camper è molto più pesante della mia piccola Toyota a casa. E, caro diario, quella strada lungo la Costa Amalfitana è incredibile: tutte curve e così

La Costa Amalfitana

Il Vesuvio visto da Napoli

Gli scavi di Ercolano

stretta! Immagina questa scena, caro diario! Io che cerco di evitare un incidente con tutti i pullman e i camion che mi vengono incontro³ e i ragazzi dietro di me che litigano e mi gridano⁴ di andare più veloce. Quando siamo arrivati in cima al Vesuvio⁵ ho avuto una forte tentazione di buttarli tutti nel vulcano.

Ho portato i ragazzi agli scavi di Ercolano. Non sono sicuramente grandi come quelli di Pompei ma sono abbastanza interessanti. Almeno Kevin l'ha trovata un'esperienza istruttiva, mentre Giorgio ha insistito che i ristoranti romani prendono i loro panini da lì. Ad Ercolano siamo andati a visitare i parenti di una mia amica in Australia. Abbiamo dovuto guardare le fotografie di una gita a Capri che hanno fatto la figlia, Gina, e il suo ragazzo, Franco. Una barba da non credere!⁶ Non so come sono riuscita a⁷ guidare attraverso la città di Napoli con il suo traffico caotico e tutte quelle stradette a senso unico.

Comunque, caro diario, ce l'ho fatta⁸. E dopo diverse altre ore di guidare abbiamo trovato un campeggio tranquillo vicino a un paese incantevole che si chiama Sperlonga. Mentre scrivo questo i ragazzi sono sulla spiaggia. Adesso vorrei fare una passeggiata per le simpatiche vie di questo paese. Domani andiamo direttamente a Venezia perchè ci aspettano i Bevilacqua. Dai parenti di Angela ai parenti di Giorgio! Non vedo l'ora!⁹

Una stradetta di Napoli

Una piazza di Ercolano

Ragazzi, vi ho detto di aspettare. Lasciate passare mio cugino Salvatore nella sua nuova macchina.

1. **non avere da fare con:** not to have anything to do with
2. **non mi sono ancora abituata:** I haven't got used to
3. **che mi vengono incontro:** that are coming towards me
4. **litigano e mi gridano:** (they're) fighting and yelling at me
5. **in cima al Vesuvio:** to the top of Vesuvius
6. **Una barba da non credere!:** An incredible bore!
7. **come sono riuscita a:** how I managed to
8. **ce l'ho fatta:** I made it
9. **Non vedo l'ora:** I can't wait

Vedute di Sperlonga

> Sai che quel ragazzo lì è il figlio del nipote del terzo cugino della cognata del suocero di mia zia Concettina.

> Davvero!

Un' altra stradetta di Napoli

CAPITOLO QUATTORDICI
LA RIVINCITA DI FAYE

Mentre Giorgio spiega a suo zio come ha perso la sua gondola, le ragazze fanno una passeggiata in piazza S. Marco. Danno da mangiare alle colombe e fanno delle fotografie.

Veramente vorrei comprare dei ricordi di Venezia per mia madre. Forse un quadro va bene.

Ragazze, ecco un pittore. Ha dei quadri interessanti. Li volete vedere?

La pittura non mi interessa.

Scusi, Le posso fare una domanda? Chi Le ha insegnato a pitturare così?

Che visione di bellezza!! Le vostre facce, i vostri corpi, le vostre gambe.

Scusi, signore? Cosa dice?

Parlo come artista naturalmente. Vi devo fare il ritratto.

Se veramente trova interessanti le nostre facce può venire al nostro albergo.

Ma la nostra maestra...

Faye, ma cosa dici?! Sei pazza!!

Mi chiamo Ermelina Cassata e ci può trovare all'albergo Diana. È qui vicino.

Ma che cosa hai combinato!? Adesso siamo nei guai!

Ho capito!! La signora Casati ti ha rovinato la giornata al mare quando ti ha fatto mettere quell'orrendo costume da bagno...

Più tardi quel povero artista arriva all'indirizzo che le ragazze gli hanno dato, l'Albergo Diana. Ma naturalmente le ragazze hanno preferito essere molto lontane. Sono andate all'isola di Murano!

Buonasera, vorrei parlare con la signorina Ermelina Cassata.

Cassata, Cassata... Ma non c'è nessuno di quel nome.

Ma è impossibile! Sono tre ragazze bellissime. Le loro facce sono angeliche. I loro occhi sono così innocenti. E poi il loro accento, non so, forse è inglese o americano.

Ah, quelle ragazze australiane nella camera ventiquattro. Perchè non le chiama al telefono?

Pronto. Parlo con la signorina Ermelina Cassata?

Scusi? Cosa ha detto? Ma chi è Lei?

Ah, signorina; quel corpo, quelle gambe, quegli occhi... non posso aspettare più.

Un po' di rispetto, per favore! Da dove parla?

Sono qui, giù...

In questo albergo?!! Un momento. Vengo subito.

Adesso gli parlo faccia a faccia.

Mi chiamo C A S A T I, non Cassata, e sono sposata, non sono signorina! E nessuno tocca questo corpo. Playboy... Casanova... Don Giovanni...

DOMANDE SUL FUMETTO

1. Che cosa fanno le ragazze a Venezia?
2. Che cosa vuole comprare Laura?
3. Che cosa vuole fare il pittore?
4. Perchè Faye ha dato il nome "Ermelina Cassata" al pittore?
5. Secondo il pittore come sono le ragazze?
6. In quale camera dell' albergo è la signora Casati?
7. Perchè la signora Casati scende giù in portineria?
8. Secondo voi, il pittore che cosa pensa delle ragazze adesso?

PARLIAMO

A. Nostro, vostro

La nostra casa è brutta.	No, la vostra casa è bella.
Il nostro accento è brutto.	No, il vostro accento. . . .
I nostri ritratti sono brutti.	No, i vostri . . . .
Le nostre fotografie sono brutte.	No, le . . . .
La nostra maestra è brutta.	. . . .
Il nostro gondoliere è brutto.	. . . .
I nostri ricordi sono brutti.	. . . .
Le nostre gambe sono brutte.	

Il nostro gondoliere è brutto!

B. Loro: their

Quest'è **la gondola** di Carlo e di Enzo?	Sì, è **la loro** gondola.
Quest'è **l'indirizzo** delle ragazze?	Sì, è **il loro** . . . .
Questi sono **i quadri** di Anna e di Silvia?	Sì, sono **i** . . . .
Queste sono **le fotografie** dei ragazzi?	Sì, sono **le**. . . . .
Queste sono **le gambe** di Laura e di Faye?	. . . .
Questi sono **i ricordi** dei turisti?	. . . .
Quest' è **lo stadio** dei romanisti?	. . . .
Quest' è **la bomba** dei terroristi?	. . . .

C. Quello

Questo costume è bello.	Secondo me **quel** costume è ben altro.
Questa giacca è bella.	Secondo me **quella** giacca è ben altro.
Quest'albergo è bello.	Secondo me **quell'** albergo . . . .
Quest'isola è bella.	Secondo me **quell'**isola . . . .
Questi bicchieri sono belli.	Secondo me **quei**. . . . .
Queste pensioni sono belle.	. . . .
Questi italiani sono belli.	Secondo me **quegli** . . . .
Queste italiane sono belle.	. . . .

D. Bello, quello

Vi piace il quadro?	Sì, **quello** è un **bel** quadro.
. . . . . e la ragazza?	Sì, **quella** è una . . . .
. . . . . e l'albergo?	Sì, ...
. . . . . e il salotto?	. . . .
Vi piacciono gli occhiali?	Sì, **quelli** sono dei **begli** occhiali.
. . . . . e le gonne?	Sì, **quelle** sono delle. . . . .
. . . . . e i pantaloni?	. . . .
. . . . . e gli ombrelli?	. . . .

Quelli sono dei begli occhiali.

E. Un po' di

Vuole aceto o **sale**?	Prendo un po' di sale, per favore.
Vuole cappuccino o **latte**?	. . . . . un po' di latte, per favore.
Vuole salsa o **formaggio**?	. . . . formaggio, per favore.
Vuole limonata o **vino**?	. . . .
Vuole birra o **acqua**?	. . . .
Vuole pasta o **minestra**?	. . . .

PARLIAMO

Vorrei trovare qualche bell'ospedale.

F. Qualche → *partitive* di

Vorrei vedere qualche bel **palazzo**.   Venezia ha **dei palazzi** magnifi**ci**.
Vorrei trovare qualche bella **pensione**. .... **delle pensioni** magnifi**che**.
Vorrei trovare qualche bell'**albergo**. .... **alberghi** magnifi**ci**.
Vorrei trovare qualche bel **ristorante**. ....
Vorrei trovare qualche bella **chiesa**. ....
Vorrei trovare qualche bell'**ospedale**. ....

G. Alcune

Tutti i gondolieri sono belli!   Be', non direi tutti ..... forse alcuni.
Tutte le ragazze sono birichine!   Be', non direi tutte ....
Tutti i pittori sono bravi!   ....
Tutti gli studenti sono pigri!   ....
Tutte le barche sono gondole!   ....
Tutte le maestre sono simpatiche!   ....

Be', direi che ha qualche problema.

H. Qualche

Ha molti amici?   Be', ha **qualche** amic**o**.
Ha dei problemi?   ...... **qualche** problem**a**.
Ha molti ricordi?   ....
Ha dei quadri?   ....
Parla molte lingue?   ....
Pratica molti sport?   ....
Vede molti film?   ....
Legge delle riviste?   ....

I. Direi di sì, di no, certamente

La signora Casati è molto giovane?   Direi di no.
Gli italiani parlano italiano?   Ma certamente!
Venezia è molto bella?   Direi di sì.
La cucina italiana è buona?   ....
Dino Zoff è famoso in Italia?   ....
Giorgio è simpatico?   ....
Faye è bella?   ....
Kevin è in perfetta salute?   ....

J. Non...niente; *indirect object pronouns*

Macchè, non gli dai del pane?   No, **non** gli do **niente**.
Macchè, non le dai una mano?   No, **non** le ....
Macchè, non mi date da mangiare?   No, **non** ti diamo ....
Macchè non ci date da bere?   ....
Macchè, non ti dà il buongiorno?   No, **non** mi dà ......
Macchè non vi dà dell'acqua?   ....
Macchè, non gli danno dell'acqua?   ....
Macchè, non le danno del "tu"?   ....

K. Venire + *disjunctive pronouns*

Vuoi venire **a casa mia**?   Va bene, vengo **da te**.
Volete venire **a casa di Maria**?   ..... veniamo **da lei**.
Voglio venire **a casa tua**.   .... **me**.
Vuoi venire **a casa di Angelo**?   ....
Volete venire **a casa mia**?   ....
Vuoi venire **a casa nostra**?   ....
Volete venire **a casa loro**?   ....
Voglio venire **a casa vostra**.   ....

CONVERSIAMO

1. In albergo.

| Scusi, | ha
vorrei
posso avere | una camera | singola
doppia | per | una notte?
due notti?
una settimana? |

| Sì, certo. | La vuole con o senza | aria condizionata?
bagno?
balcone?
doccia? |

| Be', la vorrei con | una veduta del mare.
l'aria condizionata.
tutti i servizi.
un televisore a colori. | Quanto costa? |

| Costa | 35.000
50.000
47.000
70.000 | lire a notte. |

| È incluso/a | la colazione?
la tassa?
il servizio? |

No, mi dispiace, non è incluso/a.
Sì, tutto è incluso.
Può avere la pensione completa se vuole.

| Va bene. Vuole | un documento?
il mio passaporto? |

Sì. E può riempire questo modulo, per favore?

| Certo. | Il mio bagaglio
Le mie valige
La mia roba | è
sono | in macchina. |

2. Opinioni.

| Cosa | pensa
pensano | dell'avvocatessa
del dentista
dell'artista
del medico | in | Piazza Garibaldi?
Via Cavour?
centro?
città? |

| Secondo | lui
lei
loro | non è affatto
è molto | bravo/a.
intelligente.
preciso/a.
furbo/a.
caro/a. |

| E, secondo te ha | sempre fretta?
molta pazienza?
troppi clienti?
la faccia antipatica? |

Be', direi di sì.
No, affatto.

CONVERSIAMO

Cosa	pensi pensate	degli uomini politici? degli alberghi a Venezia? delle ragazze italiane? dei ragazzi australiani? della pittura moderna?

Alcuni/e	quadri individui alberghi ragazzi/e	sono	belli/e, bravi/e, intelligenti, interessanti, comodi/e,	altri/e	sono	brutti/e. noiosi/e. stupidi/e. scomodi/e.
						non mi piacciono affatto.

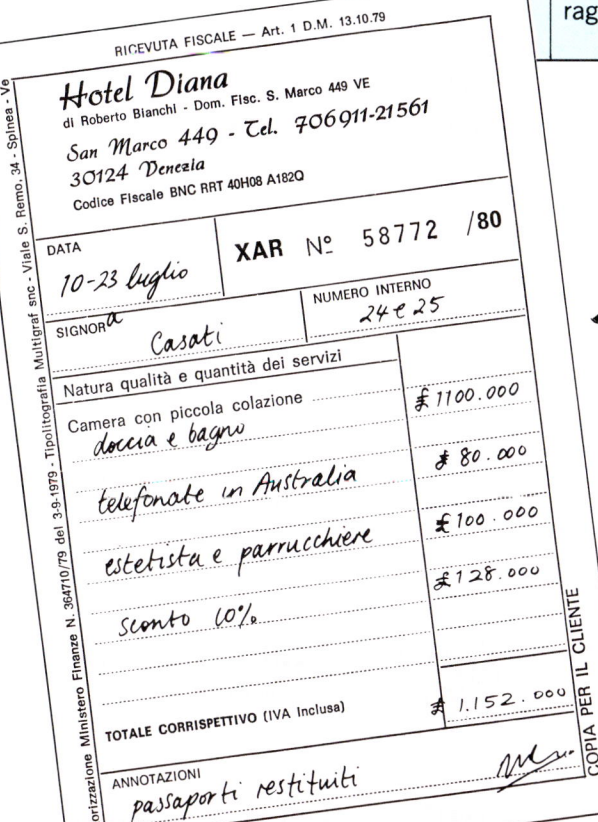

A. You go to the reception desk of a luxurious hotel.
- The desk clerk dazzles you with a huge array of options.
- You reply, choosing from what is offered.
- When told the price of the room you end up choosing, you decide to look for a **pensione**.

B. You and a colleague have just interviewed a number of people from different walks of life who would like to go into politics. It's up to you to decide if they're suitable.
- You ask your colleague what he/she thinks about the different applicants.
- Your colleague finds good and bad points to say about each one.
- In the end you state your preference for one giving your reasons.

L'INNO DI MAMELI

The Italian national anthem

Fratelli d'Italia l'Italia s'è desta,
Dell'elmo di Scipio s'è cinta la testa.
Dov'è la vittoria? Le porga la chioma
Che schiava di Roma Iddio la creò.

Coro:
Stringiamoci a coorte siam pronti alla morte
Siam pronti alla morte l'Italia chiamò! Sì!

VIVERE A VENEZIA

Ciao. Mi chiamo Chiara Vaccari. Ho quattordici anni e, come vedete, vivo a Venezia. Infatti abito al Lido[1] che è a circa un quarto d'ora in vaporetto[2] da qui.

Frequento il liceo classico Marco Polo[3]. Eccolo. È quel palazzo bianco a sinistra. Questo è il mio primo anno ma ho già fatto molti nuovi amici.

Ecco alcuni miei amici. Da sinistra a destra sono: Lorenzo, Paola, Luisa e Federico. C'incontriamo spesso qui al Burger One. È un posto dove possiamo fare quattro chiacchiere e forse fare anche uno spuntino.

Mi dispiace Paolo ed io non possiamo venire questo pomeriggio. Abbiamo troppi compiti da fare.

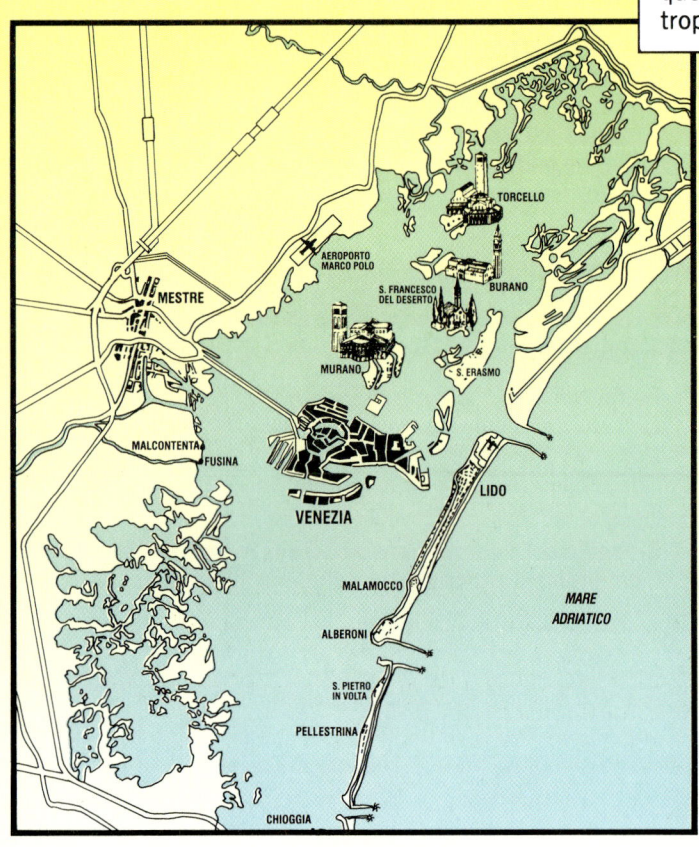

Compiti!? Ma voi non fate mai i compiti!

Dunque, ci vediamo davanti al Palazzo Ducale[4] alle quattro.

Alcuni miei compagni abitano vicino alla scuola e tornano a casa a piedi. Altri invece devono prendere il vaporetto. In questa foto del Canal Grande vedete tre vaporetti e mezzo. Li vedete?

Un mio amico abita in uno di questi palazzi proprio sul Canal Grande. Dalla finestra del loro salotto possono vedere il Rialto che è il ponte più celebre di Venezia.

Ho anche qualche amico che abita a Burano, una delle isole di Venezia. Burano è famosa per i lavori di merletto[5]. Come vedete qui ha un aspetto tutto particolare. Un'altra isola di Venezia è Murano. Sapete perchè è famosa?

Luisa è una delle mie nuove amiche. Non è di Venezia. È venuta qui quest'anno con suo padre che è il nuovo maresciallo dei carabinieri.

Luisa, sei pronta? Gli altri ci aspettano alle quattro.

Sì, sì, vengo subito.

Luisa abita vicino al centro. Per andare da casa sua al Palazzo Ducale passiamo vicino al Ponte dei Sospiri[6]. Per i turisti sembra molto romantico ma per i prigionieri del Doge che una volta lo attraversavano era ben altro. Si dice che i gondolieri che ci passavano sotto sentivano le loro grida[7] e i loro sospiri.

A Venezia l'estate è l'alta stagione per il turismo. I canali sono pieni di gondole e le gondole sono piene di turisti. Noi veneziani non andiamo quasi mai in gondola. Il nostro mezzo di trasporto pubblico è il vaporetto. Ma più spesso andiamo in giro a piedi.

Eccoci arrivati al Palazzo Ducale dove dobbiamo incontrarci con gli amici. Ma dove sono? Non li vedo. Comunque, mentre aspettiamo vi parlo di alcuni vantaggi di vivere a Venezia. Prima di tutto è come avere un museo come città, praticamente. Tutti hanno visto fotografie del Palazzo del Doge e della Piazza San Marco. Ebbene[8], fanno parte della nostra vita di ogni giorno.

Un altro vantaggio di vivere a Venezia è che non ci sono macchine. Perciò[9] possiamo camminare liberamente per le vie e le calli[10] senza preoccuparci del traffico. Ed in più[11] non abbiamo i problemi di smog e di rumore delle grandi città.

Aah, Erica, sei finalmente arrivata. Adesso non ti lasciamo scappare.

Guardate che ore sono. Sono già le quattro e venti. Perchè perdiamo tempo qui ad aspettare. Facciamo una passeggiata.

Vi ho già parlato dei vantaggi di vivere a Venezia, ma ci sono anche degli svantaggi. Adesso è estate ma nei mesi di novembre e dicembre viene l'acqua alta che inonda[12] tutta Venezia, specialmente le parti più basse. Vedete le porte di quei palazzi a sinistra? Sono quasi al livello del canale. Quando arriva l'acqua alta i primi piani di alcuni edifici[13] sono inondati.

Ovviamente bisogna usare le barche anche per trasportare la merce[14] ai mercati ed ai negozi. Ma torniamo in piazza per vedere se sono arrivati i ragazzi.

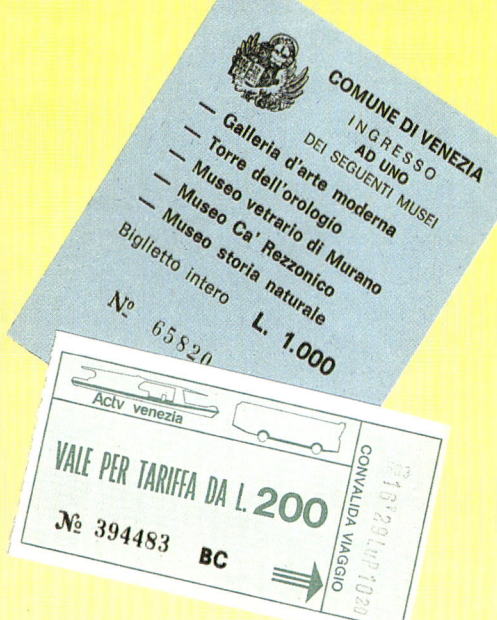

Signorina, quella faccia, quegli occhi, quei capelli……

Siamo qui da dieci minuti. È possibile che bisogna sempre aspettare le ragazze?

Ma dove siete state? Avevamo l'appuntamento per le quattro e mezzo.

Federico, fammi il piacere[15]. L'appuntamento era per le quattro. Siamo noi che abbiamo aspettato venti minuti prima di perdere la pazienza.

1. **Infatti abito al Lido:** As a matter of fact I live at the Lido.
   The Lido is an elongated stretch of land about a fifteen minute boat ride from the city of Venice. With its fashionable hotels and beaches it is a popular place both with locals and tourists, especially in summer.
2. The **vaporetto** is the Venetian equivalent of the bus. The usual thing for the tourist is to take a bus or train to the outskirts of Venice and then to board a vaporetto for the trip to the centre along the **Canal Grande**. As the ferry stops at the various stations along the canal the tourist will rub shoulders with Venetians going about their daily business.
3. **Frequento il liceo classico:** I go to the **liceo classico**. The liceo classico is one of the senior high school options open to Italian students after **scuola media**. This one is named after the famous Venetian explorer.
4. The **Palazzo Ducale** was the home of the Duke or **Doge** of Venice in the days when Venice was a powerful, independent republic. It is now a major tourist attraction in the centre of Venice.
5. **Burano** is famous for its lace-work.
6. **Ponte dei Sospiri:** The Bridge of Sighs connects the court room in the **Palazzo Ducale** with what used to be the prison.
7. **le loro grida:** their cries
8. **Ebbene:** well, well then
9. **perciò:** therefore, for that reason
10. **le calli:** a **calle** is a narrow Venetian street
11. **Ed in più:** and what's more, furthermore
12. **inonda:** floods
13. **edifici:** buildings
14. **la merce:** goods, merchandise
15. **fammi il piacere:** come off it! fair go! if you don't mind

Sempre Avanti! ☞ 202

PAROLE NUOVE

l'accento	the accent
angelico	angelic
l'artista (m,f)	the artist
la bellezza	beauty
celebre	famous
il collega	the colleague
la colomba	the dove, pigeon
davvero!!	really!!
direi	I'd say
la fotografia	the photograph
furbo	cunning, tricky, sneaky
il gruppo	the group
l'individuo	the individual
l'isola	the island
la laguna	the lagoon - in this context: the stretch of water surrounding Venice
liberamente	freely
il livello	the level
nascondersi	to hide (yourself)
il nome	the name
l'ombrello	the umbrella
ovviamente	obviously
la pittura	painting
pitturare	to paint
il ponte	the bridge
praticamente	virtually, more or less
il prigioniero	the prisoner
il quadro	the picture, painting
il rispetto	respect
il ritratto	the portrait
rovinare	to ruin
salutare	to say hello, goodbye; to greet
scandalizzato	scandalized
scappare	to escape, run away
sospirare	to sigh
lo svantaggio	the disadvantage
il vantaggio	the advantage
l'uomo politico	the politician
la vasca da bagno	the bath-tub
la visione	the vision

In albergo

l'albergo	the hotel
l'aria condizionata	the air conditioning
il bagno	the bath, bathroom
il balcone	the balcony
la colazione	the breakfast, lunch
la camera	the room
la doccia	the shower
doppio	double
il garage	the garage
il giardino	the garden
l'hotel (m)	the hotel
l'ingresso	the entrance
la notte	the night
la pensione	the hotel, boarding house
la pensione completa	full board (including meals)
la sala da pranzo	the dining room
il salotto	the lounge room
le scale	the stairs
i servizi	toilet, bathroom facilities
la veduta	the view

Riempire un modulo — Filling out a form

il cognome	the surname
la cittadinanza	the citizenship
la data	the date
il documento	the identity papers
il domicilio	the place of residence
il luogo di nascita	the place of birth
la nazionalità	the nationality
il passaporto	the passport
il soggiorno	the (temporary) stay

MODULO DI SOGGIORNO

- Albergo: Hotel Diana
- Indirizzo: S. Marco 449 Venezia
- Nome: Ermelina
- Cognome: Casati
- Luogo di nascita: Castiglione delle Stiviere
- Cittadinanza: Australiana
- Data di nascita: Non essere ficcanaso
- Domicilio: Melbourne
- Documento: Passaporto N° 874487
- Giorni di permanenza: 14 giorni
- Camera: 24
- Qualità dei servizi: bagno e doccia

RIASSUNTO DI GRAMMATICA

1. **More about possessives:** nostro, vostro, loro

Singular		Plural		
Masc.	Fem.	Masc.	Fem.	
il mio	la mia	i miei	le mie	my, mine
il tuo	la tua	i tuoi	le tue	your, yours
il suo	la sua	i suoi	le sue	his, her(s), its
il nostro	la nostra	i nostri	le nostre	our, ours
il vostro	la vostra	i vostri	le vostre	your, yours(plural)
il loro	la loro	i loro	le loro	their, theirs

   a) **nostro, vostro, loro** work in the same way as **mio, tuo, suo**. They are preceded by the definite article, except before a singular noun not qualified by an adjective, expressing family relationships.

   e.g. **La nostra maestra è all'Albergo Diana.**
   Our teacher is at the Hotel Diana.

   Dunque, ragazzi, vostro zio è gondoliere?
   So, boys, your uncle is a gondolier?

   b) Remember that possessives *agree with* the object possessed; it makes no difference whether the owner is male or female.

   e.g. **Giorgio, Dario, sono pronte le vostre valige?**
   Giorgio, Dario, are your cases ready?

   c) Notice that **loro** is invariable, i.e. its form does not change.

   e.g. **Le loro facce sono angeliche. I loro occhi sono così innocenti.**
   Their faces are angelic. Their eyes are so innocent.

2. **Ways of saying** some

   a) The most common way of saying some is to use **del, della, dell', dei, delle, degli.**

   e.g. **Vorrei comprare dei ricordi di Venezia.**
   I'd like to buy some souvenirs of Venice.

   Venezia ha delle pensioni magnifiche.
   Venice has some magnificent pensioni.

   Scusi, ho ordinato del formaggio e della frutta.
   Excuse me, I've ordered some cheese and some fruit.

   b) **Alcuni/e** means some in the sense of some, not all or some, not others. It is used with plural nouns, and only with things that can be counted.

   e.g. **Tutti gli studenti sono pigri.** All students are lazy.

   Be', non direi tutti...forse alcuni. Altri sono veramente bravi.
   Well, I wouldn't say all...perhaps some. Others are really good.

   c) **Qualche** means some in the sense of a few, a couple of, one or two. It's a particularly tricky word because the noun that follows must always be singular. **Qualche** is only used with things that can be counted.

   e.g. **Sì, l'ho visto qualche giorno fa.**
   Yes, I saw him a few days ago.

   d) **Un po' di** means some in the sense of a bit of. It should only be used with things that you *can't* have a number of, i.e. with things that you *can't* count. It is most commonly used with things to eat and drink.

   e.g. **Mi dia del prosciutto e un po' di formaggio, per favore.**
   I'll have some ham and some (a bit of) cheese, please.

   E da bere prendo un po' d'acqua minerale.
   And to drink I'll have some mineral water.

   Espressioni
   ben altro — something quite different
   Che cosa hai combinato? — What have you been up to? / What do you think you are doing?
   non...affatto — not at all
   siamo nei guai — we're in big trouble
   Vieni da me? — Are you coming to my place?

RIASSUNTO DI GRAMMATICA

3. Quello and bello

Quello (that) and **bello** (beautiful), when preceding a noun, work in exactly the same way as the articulated prepositions (**nel, del** etc.).

	Masculine		Feminine	
Singular	quel / bel	} quadro	quella / bella	} pensione
	quell' / bell'	} albergo	quell' / bell'	} italiana
	quello / bello	} scandalo		
Plural	quei / bei	} quadri	quelle / belle	} pensioni
	quegli / begli	} alberghi	quelle / belle	} italiane
	quegli / begli	} scandali		

★ Remember, these forms are only used in front of a noun.

e.g.
Abbiamo trovato un bell' albergo, l'Albergo Diana.
We've found a lovely hotel, the Hotel Diana.

L'Albergo Diana?! Quello non è molto bello.
The Hotel Diana?! That's not very nice.

4. Dare — to give

do	I give
dai	you give
dà	he, she, it gives
diamo	we give
date	you (pl.) give
danno	they give

★ Note the accent on the third person singular form.

5. Dare expressions

We have already seen this verb in the following expressions:

dare una mano	to give a hand
dare del tu	to use the **tu** forms of address
dare una festa	to throw a party

Here are some more **dare** expressions:

dare il buongiorno	to say hello
dare il benvenuto	to welcome
dare da mangiare	to feed
dare sui nervi	to get on someone's nerves
dare nell' occhio	to attract attention
dare un esame	to sit for an exam
dare le carte	to deal the cards

6. Irregular nouns

il problema	the problem	→ **i problemi**
il sistema	the system	→ **i sistemi**
il programma	the program	→ **i programmi**

7. Disjunctive pronouns

Subject	Direct object	Indirect object	Disjunctive
io	mi	mi	**me**
tu	ti	ti	**te**
Lei	La	Le	**Lei**
lui	lo	gli	**lui**
lei	la	le	**lei**
noi	ci	ci	**noi**
voi	vi	vi	**voi**
loro	li/le	gli(loro)	**loro**

The *disjunctive pronouns* should be easy to remember because they are very similar to the subject pronouns. Which two are different?

They are used:

a) *after* secondo...

e.g. **Secondo me il gondoliere è bravissimo.**
According to me (in my opinion) the gondolier is very good.

Secondo loro il pittore è innocente.
According to them (in their opinion) the artist is innocent.

b) *after* prepositions...

e.g. **Ho parlato di te alla Signora Casati.**
I spoke about you to Mrs. Casati.

Sei andata al cinema con loro?
Did you go to the cinema with them?

c) *for emphasis...*

e.g. **Gina non ama te, ama me.**
Gina doesn't love you, she loves me.

Il pittore cerca Faye? Sì, cerca proprio lei.
Is the artist looking for Faye? Yes, she's the one he's looking for.

d) *when a verb has more than one object...*

e.g. **Aspetto te e Dario alle sei.**
I'll be waiting for you and Dario at six o'clock.

SCIOGLILINGUA

Sopra la panca la capra campa.
Sotto la panca la capra crepa.
Try saying this three times as quickly as you can!

CAPITOLO QUINDICI
LE BELLEZZE DI SIENA

Il viaggio da Venezia a Siena è stato molto lungo. Appena arrivati in albergo tutti si sono riposati. Dopo un po' le ragazze sono scese in piazza pronte per scoprire le ricchezze artistiche e storiche della città.

Laura, guarda che fusto! Quel bel pezzo d'uomo alto e bruno è mio.

Non guardare quel ragazzo, Faye. Quello lì è mio. Non vedi come mi guarda con quegli occhi amorosi?

Sta' zitta, Laura! Quello è mio.

Dammi il binocolo! Mmm… io preferisco il tipo intellettuale. Ragazze, guardate quello a sinistra.

È così simpatico!

Ah, com'è bella Siena! Andiamo a parlare con questi monumenti nazionali! Avanti ragazze!

Cosa?! Vuoi dire adesso? No, non voglio, non sono pronta… Va' tu, Laura. Preferisco restare qui.

Di' la verità! Ti vergogni, vero? Va bene, vado da sola allora.

Scusate, ragazzi. Disturbo?

No, signorina, si figuri. S'accomodi.

Grazie, Lei è molto gentile.
Ma diamoci del "tu". Siediti qui … prendi questa sedia! Sono le tue amiche quelle? Chiamale!
Venite avanti ragazze, non vergognatevi! Dunque, posso presentare i miei amici? Questo è Fausto, questo è Ugo e io sono Marcello.
Molto lieta.
Ciao fusto, eh eh voglio dire Fausto.
Piacere. Io sono Laura e questa è Angela e questa mangiauomini si chiama Faye.
Sta' zitta Laura!
Dimmi Fausto, vi vestite tutti così a Siena? È l'ultima moda?
Ci vestiamo così perchè siamo dei lupi!

Uuuu, la mamma mi ha detto di stare lontano dai lupi italiani. Sta' attenta, Faye!
No, no, state tranquille. Non siamo dei veri lupi – viviamo nella contrada del Lupo.
Sì, sì, ci prepariamo per il Palio. Sapete cos'è il Palio?
In Australia ho visto un programma alla televisione . . .
Ma sì, certo. C'è scritto in questa guida turistica. "Il Palio è una famosa corsa di cavoli a Siena."
SIENA
L'avete sentita? Una corsa di cavoli!! Ma che cavolo ha detto?
Che scema che sei! Non sai nemmeno la differenza tra cavalli e cavoli! Adesso mi vergogno veramente.
Ma voi ragazze siete veramente simpatiche. Laura, sei così spiritosa. Venite a guardarci durante il Palio domani. Siamo degli sbandieratori. Ci possiamo vedere anche prima della corsa.

Ottima idea! Prendete questi biglietti, ragazze. E incontriamoci prima della gara.

Oh grazie, siete stati molto gentili…

Mentre le ragazze fanno il loro giro culturale della città i ragazzi si preparano anche loro per il Palio…

L'Onda – 7/4
L'Istrice – 9/2
Il Lupo – 3/1
L'Elefante – 12/1

Dario, vieni qui! Guarda lo schermo. Sono i miei calcoli per il Palio.

Macchè! Vuoi fare l'allibratore tu?

Esatto! Con questo sistema non possiamo perdere.

L'Onda – 7/4
L'Istrice – 9/2
Lupo – 3/1
Elefante – 12/1

Acchiappate queste pizze, ragazzi. E Dario fammi un favore, portami quella sedia! E che cosa combinate qui?

Giorgio, senti l'idea di Kevin!

Dario, Dario, non gridare, sta' calmo! E Giorgio, quella pizza, non metterla sul computer, mettila sul tavolo!

Giorgio, Kevin vuol fare l'allibratore al Palio domani. Ma è troppo pericoloso, il rischio è tremendo e poi …

Non dire stupidaggini, Dario. Il nostro Kevin è un genio. Silenzio, spegni la radio e ascolta! Prego Kevin, continua!

Prima, pulisci lo schermo … Benissimo! Allora, domani …

Continua ☛

DOMANDE SUL FUMETTO

1. Cosa hanno fatto i ragazzi dopo il loro arrivo a Siena?
2. Che cosa guardano Laura e Faye con il binocolo?
3. Perchè Faye non va subito a parlare con i ragazzi?
4. Come si chiamano gli amici di Fausto?
5. Perchè si vestono così?
6. Per che cosa si preparano i ragazzi?
7. Che cos'è il Palio?
8. Cosa fanno Fausto e gli altri durante il Palio?
9. Cosa vuole fare Kevin durante il Palio?
10. Perchè l'idea di Kevin non piace a Dario?

PARLIAMO

A. *Imperative — tu*

Devo mangiare la verdura?	Sì, **mangia** la verdura, subito!
Devo prendere il binocolo?	Sì, **prendi** il binocolo, ... !
Devo partire per Pisa?	
Devo pulire lo schermo?	Sì, **pulisci** . . . . !
Devo salutare la mamma?	
Devo leggere quel libro?	
Devo aprire la finestra?	
Devo portare la sedia?	

Mangia la verdura subito.

B. *Imperative — voi → tu*

Presto, cambiate il canale!	Laura, cambia il canale!
Presto, scendete in piazza!	Laura, scendi . . . . !
Presto, sentite quest'idea!	
Presto, finite il primo piatto!	
Presto, ordinate il secondo!	
Presto, spegnete la radio!	
Presto, guardate il telegiornale!	
Presto, pulite questa camera!	

C. *Negative imperative — tu*

Posso gridare qui?	No, **non gridare**, per favore.
Posso scrivere qui?	No, **non scrivere**, ...
Posso dormire qui?	No, **non** . . . .
Posso fumare qui?	
Posso leggere qui?	
Posso cantare qui?	

BIBLIOTECA SILENZIO

Posso gridare qui?

No, non gridare, per favore.

D. *Reflexive imperative — voi*

Ci laviamo adesso?	No, lava**tevi** più tardi!
Ci nascondiamo adesso?	No, nasconde**tevi** . . . . . . !
Ci vestiamo adesso?	
Ci prepariamo adesso?	
Ci radiamo adesso?	
Ci divertiamo adesso?	
Ci riposiamo adesso?	
Ci alziamo adesso?	

E. *Reflexive imperative — tu*

Non lava**rti** adesso.	No, lava**ti** più tardi!
Non nasconde**rti** adesso.	No, nascondi**ti** . . . . . . !
Non vesti**rti** adesso.	No, vesti**ti** . . . . !
Non prepara**rti** adesso.	
Non rade**rti** adesso.	
Non diverti**rti** adesso.	
Non riposa**rti** adesso.	
Non alza**rti** adesso.	

F. *Imperative — noi*

Dobbiamo andare adesso.	Andiamo allora!
Dobbiamo alzarci adesso.	Alziamoci allora!
Dobbiamo scendere adesso.	. . . . !
Dobbiamo finire adesso.	. . . . !
Dobbiamo vestirci adesso.	. . . . !
Dobbiamo ascoltare adesso.	. . . . !
Dobbiamo prepararci adesso.	. . . . !
Dobbiamo divertirci adesso.	. . . . !

PARLIAMO

G. *Irregular imperatives*

Non vuole andare a casa.	Nicola, va' a casa subito!
Non vuole fare la minestra.	Nicola, fa' la minestra !
Non vuole dire la verità.	Nicola, di'………. !
Non vuole dare una mano.	Nicola, da' ……… !
Non vuole stare zitto.	Nicola, sta'………. !
Non vuole stare attento.	………………. !
Non vuole fare i compiti.	………………. !
Non vuole andare al negozio.	………………. !

H. *Mi ha detto di…*

Sta' lontano dai lupi!	Mamma mi ha detto di stare lontano dai lupi.
Non mangiare troppa pasta!	Mamma mi ha detto di non mangiare…….
Non dire mai bugie!	……………………….
Di' la verità!	……………………….
Va' in chiesa ogni domenica!	……………………….
Prendi le vitamine ogni mattina!	……………………….
Ascolta sempre la Signora Casati!	……………………….
Pulisci le scarpe ogni giorno!	……………………….

> Mamma mi ha detto di stare lontano dai lupi.

I. *Imperatives + pronouns*

E se non lo faccio?	Fa**llo** subito o ti ammazzo!
E se non li chiamo?	Chiama**li** subito o ….. !
E se non la prendo?	Prendi**la** ………… !
E se non le pulisco?	Pulisci**le** ………… !
E se non lo dico?	Di**llo** ………… !
E se non mi alzo?	Alza**ti** ………… !
E se non mi rado?	Radi**ti** ………… !

J. *Perfect tense of* essere

Laura è stata stupida.	Laura e Faye sono stat**e** stupid**e**.
Laura è stata ridicola.	Laura e Faye sono stat**e** ……
Laura è stata spiritosa.	Laura e Faye sono……….
Laura è stata timida.	Laura e Faye …………
Laura è stata pazza.	……………….
Laura è stata sfacciata.	……………….

K. *Perfect tense of* essere

Sei stato a Siena?	Sì, sono stat**o/a** a Siena.
E Angela?	Sì, è stat**a** a ……………….
E voi?	Sì, siamo stat**i** ……………….
Ed i tuoi genitori?	Sì, sono……….
E la zia Santa e la zia Carmela?	……………….
E lo zio Carlo?	……………….
Ed il turista giapponese?	……………….
E sua moglie?	……………….
E voi, ragazze?	……………….
Ed io, povera ragazza che sono?	……………….

L. *Non…nemmeno,* avere

Hai delle pizze?	Mi dispiace, non ho nemmeno una pizza.
Avete dei panini?	Mi dispiace, non abbiamo nemmeno……….
Hanno dei vestiti di moda?	Mi dispiace, non hanno ……….
Hai dei cavoli?	……………….
Avete dei cavalli, allora?	……………….
Hanno degli asini, allora?	……………….

M. *Imperative → present tense + lo, la*

Spegni la radio!	Va bene, la spengo subito.
Spegnete la televisione!	Va bene, la spegniamo ……….
Accendi la televisione!	Va bene,……………….
Accendete la radio!	……………….
Cambia il canale!	……………….
Alzate il volume!	……………….

CONVERSIAMO

1. Fallo pure, ma prima...

Vorrei	accendere la radio.	Che ne pensi?
	guardare il telegiornale.	Va bene?
	sentire questo disco.	C'è tempo?

Sì,	guardalo	pure, ma prima	va'	al negozio.
	sentilo		fa'	i compiti.
	accendila			i piatti.
				dal macellaio.

Ma non voglio	andarci.
	farli.

Vacci	adesso e dopo puoi	accenderla.
Falli		guardarlo.
		sentirlo.

2. Ma tu non sei affatto pronto!

Roberto,	dobbiamo	mangiare.	Sei	pronto?
Carla,		uscire.		pronta?
		partire.		

Sì,	eccomi.	Possiamo	mangiare	adesso, se vuoi.
	certo.		uscire	
	sono pronto/a.		partire	

Ma guardati! Non sei affatto pronto/a.	Lavati	i capelli.
	Pettinati	i denti.
	Mettiti	le mani.
	Spazzolati	una camicia pulita.

Va bene.
L'ho già fatto.
Non sei mai contento/a.

3. Come faccio a...?

Come faccio a	cambiare quest'assegno.	È troppo difficile.
	cucinare gli spaghetti.	Ci vuole troppo tempo.
	spedire questo pacco.	È troppo complicato.
	avere questa medicina.	

Prima va',	alla farmacia	e da'	il pacco	all'impiegato.
	all'ufficio postale		la ricetta	al cuoco.
	alla banca		gli spaghetti	al farmacista.
	in cucina		l'assegno	

E poi cosa faccio?

Di'	all'impiegato	che sei	ignorante!
	al cuoco		incapace!
	al farmacista		incompetente!

CONVERSIAMO

A. Your young son or daughter has been making you some nice mud pies in the back yard with some friends.
- 🗣 Call him/her in for tea and tell the friends (nicely) to go home.
- 🗣 Show your annoyance at seeing him/her so dirty and your gratitude for the lovely pie.
- 🗣 Tell the child exactly what he/she must do to be ready to sit at the table — and be quick about it!

B. You've decided to earn a bit of money by doing some babysitting. Tonight you're left in charge of Tino and Tina, the terrible twins.
- ☛ The twins tell you what they've decided to do while their parents are out and proceed to do it.
- ☛ You tell them, individually and together, not to do this, not to do that. (You're getting desperate).
- ☛ By 9:30 you've had enough. You tell them to get ready for bed, get into bed, turn off the light and go to sleep.

PAROLE NUOVE

l'allibratore	the bookmaker	oltre	further (than), past, beyond
amoroso	amorous, full of love	raccontare	to tell, narrate
appena	just, as soon as	restare	to stay, remain
artistico	artistic	le ricchezze	the riches, wealth
l'asso	the ace	la ricetta	the recipe, prescription
la bandiera	the flag	il rischio	the risk
la barzelletta	the joke	lo sbandieratore	the flag thrower
il binocolo	the binoculars	lo schermo	the screen
i calcoli	the calculations	scoprire	to discover
calmo	calm	il sistema	the system
il cavolo	the cabbage	spazzolarsi	to brush one's ...
il compagno	the friend, companion	lo spettatore	the spectator, viewer
continuare	to continue, to go on	spegnere	to switch off
la contrada	district, section of Siena	sporco	dirty
la corsa	the race	storico	historic
cucinare	to cook	tranquillo	calm
culturale	cultural	vergognarsi	to be embarrassed, ashamed
esatto	exact, exactly		
il genio	the genius		
intellettuale	intellectual		
lanciare	to throw, to hurl		
la lupa	the she-wolf (the name of one of the Siena contrade)		
il lupo	the wolf		
la mangiauomini	the man eater		
nazionale	national		

Espressioni

appena arrivati	as soon as they arrived
che cavolo hai detto?	what the dickens did you say?
s'accomodi	sit down, make yourself comfortable
si figuri	of course not, don't be silly
disturbo?	am I intruding/disturbing you?
non dire stupidaggini!	don't talk rubbish!

FACCIAMO GLI SBANDIERATORI!

Dunque, siete venuti a visitare la nostra città. Si chiama Assisi. È in Umbria, nell'Italia centrale. Avete sicuramente sentito parlare di San Francesco. Ebbene, questa è la sua città nativa.

Ecco una veduta panoramica della città. In fondo[1] a sinistra vedete la basilica di San Francesco. In primo piano[2] vedete i girasoli[3] che coprono il paesaggio umbro e toscano[4] d'estate. Sapete perché quel fiore si chiama girasole?

Dimmi, ti vesti sempre così? È l'ultima moda?

Spiritosa la ragazza, eh? No, sono uno sbandieratore. Abbiamo il nostro club proprio qui. Alcuni ragazzi giocano al calcio, altri praticano diversi sport, noi preferiamo sbandierare.

Facciamo le prove[6] tre volte alla settimana davanti alla basilica dove c'è un prato[7] ideale. Ci prepariamo per una visita a Siena per il Palio.

Veramente io sono tamburino[5]. Eccomi qui a destra.

Il nostro campione Paolo - noi lo chiamiamo Braccio di Ferro[8] - ha sfidato[9] un certo Fausto di Siena. Paolo sa lanciare la bandiera oltre i cinque metri.

Sempre Avanti! ☛ 217
CAPITOLO 15

FACCIAMO GLI SBANDIERATORI!

Ecco il nostro campionissimo. Dai, Paolo! Facci vedere qualche trucco[10]!

Ma Paolo, dimmi, perchè siete così giù di morale? È morto qualcuno?

Non scherzare! Abbiamo appena sentito che quel furbo di Fausto ha lanciato la bandiera oltre i tredici metri di altezza.

Che brutta figura che facciamo al Palio con la RAI TV e tutti quei giornalisti presenti.

Anch'io sono molto preoccupato. Da ventisette anni ho il record mondiale per il lancio[11] della bandiera e adesso mi dicono che un ragazzo di Siena mi vuole fregare[12] questo record.

Eccoci in Piazza del Campo a Siena dove ha luogo il Palio due volte all'anno. La strada che vedete diventa la pista[13] per i cavalli. Gli spettatori si affollano nella piazza e alle finestre dei palazzi. In un giorno caldo d'estate come questo i turisti ed i senesi si riposano all' ombra della famosa torre[14].

1. **in fondo:** in the background
2. **in primo piano:** in the foreground
3. **i girasoli:** the sunflowers
4. **il paesaggio umbro e toscano:** the Umbrian and Tuscan landscape
5. **tamburino:** drummer
6. **le prove:** the practice sessions
7. **un prato:** a grassed area
8. **Braccio di Ferro:** Iron Arm (the name Italians give "Popeye")
9. **ha sfidato:** has challenged
10. **facci vedere qualche trucco!:** show us/let's see a few tricks!
11. **il lancio:** throwing, the throw
12. **fregare:** to pinch (steal)
13. **la pista:** the track
14. **all'ombra della torre:** in the shadow(shade) of the tower
15. **si avvicina:** approaches
16. **si allenano sul serio:** they're training seriously
17. **l'Istrice:** the Porcupine (one of the **contrade**)
18. **fantino:** jockey

Ma non c'è riposo per Fausto ed i suoi compagni. Il giorno del Palio si avvicina[15] e non vogliono fare brutta figura. Si allenano sul serio[16]. Pensano solo alla vittoria.

È la sera prima del Palio. In alcune contrade chiudono una via e la trasformano in un ristorante all'aperto. C'è tensione nell'aria.

Secondo me, quest'anno vince l'Istrice[17]. Avete visto il loro cavallo?

Io, invece, direi che questo è l'anno della Lupa. Il loro fantino[18] è un asso.

Secondo me.....

California

20,30

J. R. la lunga mano di Dallas

J. R. (Larry Hagman) continua a molestare «a distanza» il fratello Gary: invia un collaboratore a Knots Landing in vista dell'inizio di ricerche petrolifere nella zona. Gary (Ted Shackelford) si oppone al progetto, spalleggiato da Sid e Karen Fairgate, mentre Richard (John Fleshette) si schiera dalla parte di J. R.

Qui sopra, da sinistra, Michele Lee (43 anni; Karen Fairgate), Don Murray (55, Sid Fairgate).

Mai dire Sì

L'uomo computer

Un fuggiasco accusato di omicidio si rivolge agli investigatori privati Laura Holt (Stephanie Zimbalist) e Remington Steele (Pierce Brosnam) affermando di essere vittima di un complotto della Cia. Alcuni misteriosi agenti lo vorrebbero uccidere proprio alla vigilia del matrimonio.

TELEFILM 21.30

A lato, Stephanie Zimbalist con Pierce Brosnam (36 anni).

Sindrome di Down

La dottoressa Cavanero (Cynthia Sikes) ha il difficile compito di in-

Qui sotto, William Daniels (Mark Craig).

TEL. 02/21621

- 8,00 Church of God. Rubrica.
- 8,30 FILM per la Tv—Commedia «Splendore nell'erba». Di Richard C. Sarafian. (Usa, '81). Con Melissa Gilbert, Eva Marie Saint.
- 10,00 FILM—Avventura «La tigre è ancora viva: Sandokan alla riscossa». Di Sergio Sollima. (Italia, '77). Con Kabir Bedi.
- 12,00 TF—California.
- 13,00 Muppet Show. Varietà.
- 13,30 Jambo Jambo. Documentario.
- 14,00 TF—Amici per la pelle.
- 15,00 FILM—Avventura «Le tigri di Mompracem». Di Mario Sequi. (Italia, '70). Con Ivan Rassimov, Claudia Gravy.
- 17,05 FILM per la Tv—Drammatico «La moglie di Caino». Di George G. Scott. (Usa, '76). Con Trish Van Devere, John D. Carson. Una giovane coppia con un bambino naufraga su un'isola deserta. Passano gli anni e il ragazzo, ormai adulto, comincia a sentire gli stimoli del sesso.
- 19,05 Retequattro per voi. Attualità.
- 19,30 TF—Bravo Dick. «Che la festa cominci». Con Jennifer Holmes.
- 20,00 TF—Con affetto, Sidney. «La rivolta di Sidney». Con Tony Randall.
- * 20,30 TF—California.
- * 21,30 TF—Mai dire sì.
- * 22,30 TF—A cuore aperto.
- 23,30 FILM—Drammatico B/N «La parola ai giurati». Di Sidney Lumet. (Usa, '57). Con Henry Fonda, Lee J. Cobb, Ed Begley. Un ragazzo è accusato di avere ucciso il padre con un coltello a serramanico. Uno solo dei dodici giurati è convinto che l'imputato sia innocente.
- 1,20 TF—L'ora di Hitchcock.

TEL. 06/36864890

- 13,00 Tg3 - Diretta sportiva.
  — Motociclismo. Gran Premio di Francia, classi 125, 500 e 250 cc. Dal circuito di Le Mans.
  — Ciclismo. Tour de France. Tappa Orléans-Parigi. Da Parigi.
- 19,00 Tg3. Notizie nazionali e regionali.
- 19,25 Di Gei musica. Musicale. Condu-

TEL. 02/6073881

- 8,30 Chappy. Cartoni animati.
  — Lo specchio magico. Cartoni.
  — Chappy. Cartoni animati.
  — Lo specchio magico. Cartoni.
- 10,15 Alla scoperta del West — FILM—Western «I conquistatori dell'Oregon». Di Gene Fowler jr. (Usa, '59). Con Fred Mac Murray. Nel 1846 una carovana viaggia verso l'Oregon. Lungo il percorso la vecchia guida viene uccisa da un indiano e una giovane viene corteggiata da due cowboy.
- 12,00 TF—Hardcastle and McCormick. «Una batosta di 750.000 dollari». Con Brian Keith.
- 13,00 Grand Prix. Settimanale televisivo. Pista, strada, rally. Replica.
- * 14,00 Deejay Television. Video estate. Musicale. Con Claudio Cecchetto.
- 16,15 FILM per la Tv—Commedia «Vacanze alle Hawaii». Di Bill Bixby. (Usa, '78). Con June Allyson, Ray Bolger, Loni Anderson, John Byner. Una serie di coppie vincono un concorso: il premio consiste in una vacanza alle Hawaii.
- 18,00 TF—Masquerade. «Un ostaggio prezioso». Con Rod Taylor.
- 19,00 TF—La banda dei sette. «Un riformatorio di Stato».
- 20,00 Simpatiche canaglie. Cartoni.
- * 20,30 Quo Vadiz? Varietà.
- 21,30 TF—I predatori dell'idolo d'oro.
- * 23,15 TF—Camera oscura.
- 0,15 FILM per la Tv—Poliziesco «Doppio gioco». Di William Hale. (Usa, '75). Con James Farentino, John Saxon, Patrick O'Neal, Ramon Bieri. Un poliziotto si infiltra nel sottobosco malavitoso della città per portare alla luce sporchi affari.
- 1,35 TF—Mod Squad i ragazzi di Greer. «Lovanne».

TEL. 06/3599170

- 14,50 Il mondo di domani. Rubrica.
- 15,20 Automobilismo. Gran Premio di Inghilterra di Formula 1. In Eurovisione e in diretta da Silverstone. Commento di Renato Ronco.
- 17,30 FILM—Guerra B/N «Sette donne all'inferno». Di Robert D. Webb. (Usa, '61). Con Patricia

---

PAROLE NUOVE

La radio e la televisione

accendere	to switch on
l'antenna	the antenna
la batteria	the battery
il bottone	the button
cambiare	to change
il canale	the channel
la commedia	the play, the comedy
la cronaca	the report
il film	the film
il giornale radio	the radio news
il giradischi	the record player
il notiziario	the news bulletin
la puntata	the episode
il presentatore / **la presentatrice**	the announcer, compere
il programma	the programme, show
la reclame	the commercial
il registratore	the tape recorder
regolare	to adjust
lo schermo	the screen
il segnale orario	the time signal
la serie	the series
spegnere	to switch off
la stazione	the station
la stella	the star
il telegiornale	the TV news
il televisore	the TV set
la TV (ti vu)	the TV

Espressioni

cambiare il canale	to change the channel
il film a puntate	the serial
la stella del cinema	the movie star
il televisore a colori	colour TV

RIASSUNTO DI GRAMMATICA

1. **The Imperative — tu and voi**

   You use these forms when you're telling someone to do something.

	parlare	to speak	prendere	to take
tu	parla!	speak!	prendi!	take!
voi	parlate!	speak!	prendete!	take!

	dormire	to sleep	pulire	to clean
tu	dormi!	sleep!	pulisci!	clean!
voi	dormite!	sleep!	pulite!	clean!

   e.g. **Presto, cambia subito il canale!**
   Quick, change the channel immediately!

   Pulisci quelle scarpe, per favore!
   Clean those shoes, please!

   Leggete questo capitolo stasera!
   Read this chapter this evening!

2. **The Imperative — noi**

   Andiamo means we go. It can also mean let's go! The **noi** form of any verb can be used with the sense of let us...!

   e.g. **Puliamo la nostra camera!**
   Let's clean up our room!

   Apriamo una finestra!
   Let's open a window!

   Salutiamo la mamma!
   Let's say goodbye to mum!

3. **The Negative Imperative — how to say** don't...!

   a) When you're telling one person not to do something you use **non** and the *infinitive* of the verb.
   e.g. **Per favore, non mettere la pizza lì!**
   Please, don't put the pizza there!

   Elena, non spegnere la radio!
   Helen, don't turn off the radio!

   b) When you're telling more than one person not to do something you use **non** and the **voi** *imperative forms.*
   e.g. **Ragazzi, non cantate quella canzone qui.**
   Children, don't sing that song here.

   Non accendete la televisione adesso.
   Don't turn on the television now.

4. **The Imperative — used with pronouns**

   We have seen that the pronouns

   mi ti ci vi
   lo la li le
   gli le

   normally come before the verb.
   e.g. **Mio fratello non mi parla oggi.**
   My brother isn't talking to me today.

   These pronouns are always attached to the endings of imperative forms.

   e.g. **Tesoro, parlami!**
   Darling, speak to me!

   Giovanni, trova il libro e portalo qui!
   John, find the book and bring it here!

   Questa camera è sporca. Puliamola adesso!
   This room is dirty. Let's clean it up now!

   Attenzione, è pericoloso. Non toccarlo!
   Look out, it's dangerous. Don't touch it!

5. **Some Irregular Imperatives**

   The following verbs have irregular **tu** form imperatives.

andare	va'!
dare	da'!
fare	fa'!
stare	sta'!
dire	di'!

   e.g. **Sta' zitto!**
   Be quiet!

   Di' la verità!
   Tell the truth!

   When pronouns are attached to the end of these irregular imperatives, the first letter of the pronoun is doubled (**gli** is the one exception).

   e.g. **Fammi un favore, portami quel giornale!**
   Do me a favour, bring me that newspaper!

   Dallo a Carlo, per favore!
   Give it to Carlo please!

   Facci vedere qualche trucco!
   Let's see a few tricks!

   Digli che siamo arrivati!
   Tell him we've arrived!

6. **Imperative of Reflexive Verbs**

   Reflexive pronouns are also attached to the endings of imperative forms.

   e.g. **Su, Gina, alzati subito!**
   Come on, Gina, get up right away!

   Presto, ragazzi, svegliatevi!
   Quickly, boys, wake up!

   Prepariamoci per il Palio.
   Let's get ready for the Palio.

7. **Stare:** to stay, remain; to be

   sto
   stai
   sta
   stiamo
   state
   stanno

   Stare expressions
   stare zitto — to be, keep quiet
   lascialo/a stare! — leave it, him, her alone
   stare per uscire, per dire, ecc. — to be about to, go out, to say, etc.
   stare fermo — to keep still
   stare tranquillo — to keep calm
   stare attento — to be careful
   stammi a sentire! — listen here (to me)!

CAPITOLO SEDICI
RAGAZZI SCAPPIAMO!

Avanti, signori e signore, avanti! Scommettete sul Palio! Chi non scommette non vince.

Quei ragazzi sono incredibili! Devono sempre fare i bambini. Li hai visti?

Sì, li ho visti. Sempre le solite stupidaggini.

Ei, ragazzi, cosa fate? Non sapete apprezzare le bellezze artistiche della città?

Scommetto tre a uno che le bellezze che guardate voi sono alti e bruni. Lasciateci in pace!

Metto ventimila sul cavallo dell'Onda.

Io voglio diecimila sull'Elefante.

Trentamila sul Lupo!

L'Onda – sei a uno,
L'Elefante – dieci a uno,
Il Lupo – due a uno.

Tre lupi sull'elefante, diecimila a uno, sì, sì, subito ...

Kevin, cosa facciamo se perdiamo? Ci sono tante possibilità.

Possibilità?! Non ti preoccupare! Le ho coperte tutte.

Attenzione! Oggi Fausto vuole creare un nuovo record per il lancio della bandiera.

Che cos'ha detto l'altoparlante?

Non lo so, non l'ho sentito. C'è troppo rumore.

Non importa. Guardiamo Fausto! Uuum, che fusto!!!!

Forza, un nuovo record per i Lupi.

Dai, Fausto, in bocca al lupo!

Deve buttare la bandiera in alto oltre i tredici metri per battere il record precedente.

Che cosa hanno detto? Non ho sentito. Ooh … guarda … Fausto mi ha buttato la sua bandiera.

No, l'ha buttata a me!

Ma che cavolo fai, Faye? La mia bandiera! Lascia cadere la mia bandiera!

Che disastro! La bandiera è sparita... no, l'ha acchiappata quella ragazza! Ha rovinato il record mondiale!

Va bene. Vuoi la bandiera? Eccola!

Aiii... Mi hanno rovinato. Perchè le ho invitate? Il mio record!!!!

Andiamo, Faye. Siamo state stupide. Tutti i ragazzi sono uguali. Che bambino! L'hai visto piangere?

Hai ragione. E poi, non è tanto bello. Ha le gambe magre.

C'è in testa il cavallo del Lupo seguito dall'Onda ma... cos'è successo?.. il Lupo è caduto... ha vinto l'Onda.

Sempre Avanti! ☛ 225
CAPITOLO 16

Ha vinto il cavallo dell'Onda. Ecco tutti i biglietti. Quanto dobbiamo pagare?

Un momento, faccio subito i conti.

3.000.000.000...

Non dirmi che dobbiamo pagare... Tre miliardi!!! Ma abbiamo preso solo cinquecentomila. Che cos'hai fatto? Perchè non mi hai ascoltato?

Presto, dobbiamo scappare.

Angela, di' alla signora Casati che vi aspettiamo a Milano, nella Galleria.

L'ho sempre detto. Sono dei bambini.

Genio, eh? Non sbagli mai, eh? Hai calcolato tutte le possibilità, eh...

Non capisco, le ho calcolate tutte. Sono stato così preciso.

Dove andate? Vogliamo i nostri soldi. Ladri!

DOMANDE SUL FUMETTO

1. Secondo Angela perchè i ragazzi sono incredibili?
2. Secondo Giorgio le ragazze sono interessate nelle bellezze di Siena?
3. Kevin ha coperto tutte le possibilità?
4. Che cosa cerca di fare Fausto oggi?
5. Che cosa ha fatto Faye per rovinare il record mondiale di Fausto?
6. Quale contrada ha vinto il Palio?
7. Gli allibratori quanto devono pagare?
8. Perchè i ragazzi scappano via?

PARLIAMO

A. Past participle agreement with **lo, la, li, le**

Dov'è la pizza con i funghi? Non dirmi che l'hai dimenticata!

Giorgio, dov'è la pizza?	Non dirmi che **l'**hai dimentica**ta**!
E il vino rosso?	Non dirmi che **l'**hai dimentica**to**!
E i panini?	.... che **li** hai dimentica**ti**!
E le patate?	.... **le** hai dimentica**te**!
E la minestra?	.... !
E il latte?	.... !
E gli spaghetti?	.... !
E le cotolette?	.... !
E i fagioli?	.... !
E il pane?	.... !

B. Past participle agreement with **lo, la, li, le**

Quel vestito di Angela è nuovo.	Sì, **l'**ha compra**to** ieri a Venezia.
Quella giacca di Dario è nuova.	Sì, **l'**ha compra**ta** ieri ....
Quei calzini di Carlo sono nuovi.	Sì, **li** ha compra**ti** ....
Quelle scarpe di Anna sono nuove.	Sì, **le** ha ....
Quel pullover di Bianca è nuovo.	....
Quella cravatta di Vittorio è nuova.	....
Quei pantaloni di Enzo sono nuovi.	....
Quelle calze di Silvia sono nuove.	....

C. Past participle agreement with **lo, la, li, le**

Avete salutato tutti i parenti di Angela?	Sì, **li** abbiamo saluta**ti**.
Le zie Santa e Carmela?	Sì, **le** abbiamo ......
Il piccolo Salvatore?	Sì, **l'**abbiamo ......
Mario, Dario e Rosario?	....
La zia Matilde?	....
Il nonno Filippo?	....

D. Irregular past participles → infinitives

Perchè non ha detto tutta la verità?	Perchè è difficile dire tutta la verità.
Perchè non è sceso dall'albero?	Perchè è difficile scendere ....
Perchè non ha fatto i calcoli?	Perchè è ....
Perchè non ha vinto la corsa?	....
Perchè non ha creato un nuovo record?	....
Perchè non ha coperto tutte le possibilità?	....
Perchè non ha scoperto i ladri?	....
Perchè non è stato gentile con Giorgio?	....

Chi vuole dormire deve spegnere la luce.

E. **Chi** meaning he/she who

Mario mangia perchè ha fame.	**Chi ha** fame **deve** mangiare.
Luisa studia perchè va a scuola.	**Chi va** a scuola ....
Franco si addormenta perchè ha sonno.	....
Verena cerca perchè vuole trovare.	....
Ezio accende la luce perchè vuole vedere.	....
Claudia spegne la luce perchè vuole dormire.	....

PARLIAMO

F. Domandare a...di...

Chiudi la porta!	Domanda a Francesca di chiudere la porta.
Apri la finestra!	Domanda a Francesca ....
Scrivi la lettera!	....
Spegni la luce!	....
Accendi la radio!	....
Prenota i posti!	....

G. Di' a...!

A chi dico di aspettare?	Di' a Ettore di aspettare!
A chi dico di svegliarsi?	Di' a Ettore .... !
A chi dico di scommettere?	.... !
A chi dico di acchiappare la bandiera?	.... !
A chi dico di non piangere?	.... !
A chi dico di fare i conti?	.... !

Gli ho detto di pulire la sua camera.

H. Chiedergli/le di...

Marco non dice la verità.	Gli ho chiesto di dire la verità.
Maria non scende dall'albero.	Le ho chiesto di scendere....
Marco non fa i calcoli.	Gli ho ....
Maria non saluta lo zio Carlo.	Le ....
Marco non attira i clienti.	....
Maria non va al Palio.	....
Marco non pulisce la sua camera.	....
Maria non si nasconde.	....

I. Quello che *meaning* that which + fare, dare, dire

Che cosa fai?	Faccio quello che voglio.
Che cosa fate?	Facciamo quello che ....
Che cosa dici?	....
Che cosa dicono?	....
Che cosa date?	....
Che cosa do?	....
Che cosa faccio?	....
Che cosa diciamo?	....

J. Tutto quello che

Hai preso la valigia?	Ho preso tutto quello che dovevo.
Hai preparato i panini?	Ho preparato tutto quello ....
Hai fatto il letto?	....
Hai letto il libro?	....
Hai mangiato le carote?	....
Hai rubato il computer?	....

K. *Imperatives* + lo, la, li, le

Non ho ancora fatto il letto.	Allora **fallo** subito!
Non ho ancora detto la verità.	Allora **dilla** .... !
Non ho ancora finito le lettere.	.... !
Non ho ancora dato i biglietti.	.... !
Non ho ancora preparato le lasagne.	.... !
Non ho ancora spento la radio.	.... !
Non ho ancora fatto i compiti.	.... !

L. *Imperatives of* dire + gli, le

Di' a Giuseppe di ascoltare!	**Digli** di ascoltare!
Non dire a Clelia di andare!	Non **dirle** ..... !
Di' a Maura di telefonare!	.... !
Di' a Stefano di spegnere!	.... !
Non dire a Pino di venire!	.... !
Non dire a Monica di aiutare!	.... !

SCIOGLILINGUA

Se l'arcivescovo di Constantinopoli
Si volesse disarcivescoviscostantinopolizzare
Vi disarcivescoviscostantinopolizzereste voi per
disarcivescoviscostantinopolizzare lui?

PARLIAMO

M. Che — *the all purpose relative pronoun*

Questo cavallo ha vinto il Palio.	No, quello non è il cavallo **che** ha vinto il Palio.
Questa contrada ha vinto il Palio.	No, quella non è la contrada **che** . . . .
Questo ragazzo ha creato un record.	No, quello non è . . . .
Questa ragazza ha acchiappato la bandiera.	No, quella . . . .
Questa ragazza ha rovinato il record.	. . . .
Questo ragazzo ha lanciato la bandiera.	. . . .
Questo cinema dà Superman IV.	. . . .
Questa canzone la manda su di giri.	. . . .

N. Che — *the all purpose relative pronoun*

E poi ha buttato questa bandiera.	Davvero!? Quella è la bandiera **che** ha buttato.
E poi ha rotto questo disco.	Davvero!? Quello è il disco **che** . . . .
E poi ha registrato questa canzone.	Davvero!? Quella è . . . .
E poi ha letto questo giallo.	Davvero!? . . . .
E poi ha incontrato quest'uomo.	. . . .
E poi ha visto questa donna.	. . . .
E poi ha aspettato questo ragazzo.	. . . .
E poi ha salutato questa ragazza.	. . . .

LE CARTE ITALIANE

Le carte italiane sono diverse da quelle che usiamo comunemente in Australia. Prima di tutto, invece di essere cinquantadue, le carte sono quaranta. E poi i disegni sono completamente diversi. Le figure sono **il re, la donna** ed **il cavallo**. Le altre carte vanno **dall'asso al sette**. I quattro colori sono **denari, coppe, spade e bastoni**. Ci sono tanti diversi giochi ma i più popolari sono **la Briscola, la Scopa** ed **il Tresette**. Chiedete alla professoressa o al professore di insegnarvi uno di questi giochi. Ma quando giocate, parlate soltanto in italiano!

un mazzo di carte	a deck of cards
i disegni	the pictures
le figure	the picture cards
i colori	the suits (when referring to cards)

il cavallo di bastoni

l'asso di coppe

il re di denari   la donna di spade

Passatempi	Hobbies
Dove andiamo?	
a ballare	dancing
al cinema	to the cinema
in città	to the city, into town
al concerto	to the concert
alla discoteca	to the disco
alla sala giochi	to the fun parlour
a nuotare	swimming
al parco	to the park
alla partita	to the game/match
a passeggio	for a stroll
al teatro	to the theatre
a vedere un film	to see a film
il video	the video
registrare	to tape, to record
la telecamera	the video camera
i video giochi	the video games
Giocare a	**To play**
biliardo	billiards
carte	cards
dama	draughts
Monopoli	Monopoly
scacchi	chess
Fare la collezione di	**To collect**
bambole	dolls
cartoline	post cards
farfalle	butterflies
francobolli	stamps
libri	books
monete	coins
quadri	paintings

LA LINGUA ITALIANA

Mi criria ca nun avievitu fami.

Minti u pani o renti c'a fami si senti.

◀ Capisci quello che dicono? Se rispondi di sì forse sei di una famiglia siciliana perchè queste persone parlano il **dialetto siciliano**. Come gli italiani di tutte le regioni quando si trovano tra amici o parenti queste persone usano il loro dialetto. In Piemonte parlano **piemontese**, nel Veneto usano il **veneto**, in Abruzzo c'è il dialetto **abruzzese**. Insomma, ogni regione ha il suo dialetto.

Se adesso hai paura di andare in Italia, non preoccuparti. Gli italiani parlano sempre agli stranieri in italiano, cioè nella lingua nazionale. E naturalmente tutti i programmi alla radio e alla televisione sono in italiano. L'italiano è la lingua del commercio, della stampa (i giornali e le riviste) e della scuola.

Ma che cos'è questa lingua nazionale? Chi l'ha inventata? Da dove viene? È uno dei dialetti? Per rispondere a queste domande bisogna tornare al Trecento (cioè il quattordicesimo secolo). A quell'epoca, la lingua scritta era il latino mentre per parlare tutti usavano i diversi dialetti. Molti però vedevano la necessità di avere una lingua comune, una lingua nazionale. Ma quale dialetto scegliere?

▲ Allora, nel Trecento a Firenze un certo **Dante Alighieri** scriveva la sua famosissima **Divina Commedia**, non in latino ma in dialetto toscano. (Per gli italiani Dante è importante com'è Shakespeare per noi). Durante lo stesso periodo **Francesco Petrarca** scriveva le sue poesie (**il Canzoniere**), anche quelle in toscano. E poi c'era **Giovanni Boccaccio** che scriveva il famoso **Decamerone**, di nuovo in toscano. Quale dialetto scegliere? È evidente, no?

▼ Dunque, la lingua nazionale è simile ai dialetti della Toscana, ma non è identica. Ascolta questo fiorentino che si trova in un bar non troppo lontano dal Ponte Vecchio:

Una pizza halda e una hoha-hola

Sì, anche a Firenze, il luogo di nascita della lingua nazionale, hanno il loro dialetto. A Siena che si trova a meno di sessanta chilometri da Firenze il dialetto toscano è un po' differente. I senesi bevono senza dubbio la Coca-Cola. Infatti quasi ogni regione ha diversi dialetti. Come tutte le lingue moderne l'italiano cresce e cambia. Prende alcune parole da altre lingue e principalmente dall'inglese. Ecco un articolo recente su un giornale italiano:
Il Corriere di Poggibonsi

LEADER ITALIANO AL SUMMIT DI GINEVRA

Durante il weekend ho intervistato il ministro dello sport Gianfranco Canestro su un jet Alitalia. Il Canestro andava a Ginevra per una conferenza su 'Gli effetti dello stress nel basket internazionale'.

Vestito in jeans e pullover il leader ha parlato francamente. Mentre parlava mangiava uno snack portatogli dall'hostess...

Se vuoi trovare altri esempi di questi prestiti da altre lingue, prendi una rivista italiana, trova una reclame, e fa' un elenco tutto tuo!

Interessante, no? Una lingua nazionale che cambia con i tempi e un gran numero di dialetti ancora oggi parlati. E gli italiani che hanno la fortuna di essere bilingui…Sì, interessante, ma per ora, sempre avanti con il tuo studio dell'italiano.

Ou, uaglie iemmecinne allu mare!

Ma te scherset, el fa minga frech.

Indovinate cosa dicono questi due! Il primo parla in **abruzzese,** il secondo in **milanese**. Per la risposta girate a pagina 234.

You've already noticed how the Italian language has adopted many English words. Well, this is particularly true of the world of pop music, hi-fi stereos, videos and modern technology in general. So you should be able to work out the following Italian phrases:

il concerto pop	il pac man
la musica pop	(video gioco)
il video clip	il poster
i super hits	lo stereo
l'album	lo/la star
l'hi-fi portatile	la telecamera
il transistor	l'hobby

Alcune Regioni	L'aggettivo
Abruzzo	abruzzese
Calabria	calabrese
Friuli	friulano
Lombardia	lombardo
Puglia	pugliese
Sicilia	siciliano
Toscana	toscano
Veneto	veneto

LA LETTERA DI FAYE

Some people say that Faye is boy crazy and that she thinks of nothing else. Read this letter and see if you agree.
Faye scrive questa lettera a una sua amica in Australia.

1. **un discreto assortimento di ragazzi:** a reasonable choice of boys
2. **ma tornando:** but getting back to...
3. **a guardarli:** looking at them
4. **lasciamo perdere:** let's forget about, get off the subject of

Siena, il 25 luglio

Carissima Susanna,

Scusami se non ti ho scritto prima, ma credimi non ho avuto proprio tempo. I giorni volano, e non ci siamo fermati da quando siamo arrivati in Italia due mesi fa.

Devo dire che c'è un discreto assortimento di ragazzi[1] qui in Italia e sono molto amichevoli. Quando sanno che siamo australiani vogliono sapere tutto dell'Australia. Vogliono anche esercitare il loro inglese con noi. Sono stanca di sentire parlare di canguri. La prima cosa che ti dicono gli italiani è, "Ah sì, l'Australia, i canguri..." Però conoscono anche molti cantanti e complessi australiani. Infatti alla radio si sentono tante canzoni inglesi, americane ed australiane. In questo momento una canzone australiana è quinta nella classifica del hit parade.

Ma tornando[2] ai ragazzi, a guardarli[3] sembrano abbastanza maturi; a sedici anni molti hanno già la barba. Ma purtroppo tutto il mondo è paese...Sai cos'è successo oggi? Un ragazzo abbastanza simpatico che si chiama Fausto, invece di uscire con me, ha preferito giocare con delle stupide bandiere. Ci credi?

Ma lasciamo perdere[4] i ragazzi. Forse vuoi anche sapere qualcosa dell'Italia. Nelle ultime settimane siamo stati prima a Venezia e poi a Siena. Sono città bellissime piene di storia ma sono soprattutto tranquille e silenziose. A Venezia, ovviamente, non ci sono macchine e qui a Siena tutto il centro è chiuso al traffico. Domani partiamo per Milano, e forse torniamo al rumore.

Finisco qui la mia lettera perchè dobbiamo fare un'ultima passeggiata in piazza prima di partire. Mi piace moltissimo fare delle passeggiate perchè si vedono tantissime persone...ed in particolare ragazzi!

Salutami tutti i nostri amici. Fra poco ci rivediamo.

Un caro abbraccio,

Faye

P.S. Vai ancora con Michele? È un ragazzo carino!

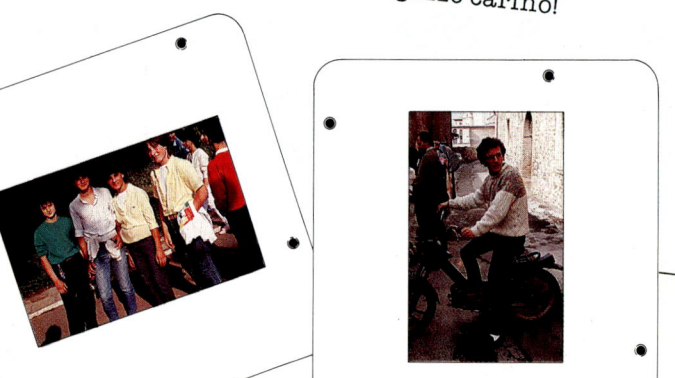

CONVERSIAMO

1. **Chi parla in proverbi dà sui nervi.**

Mi dispiace, ma	sono un po' in ritardo.
	ho bisogno di aiuto.
	sono andato troppo veloce.
	mi voglio riposare adesso, domani lavoro.
	ho rotto il bicchiere.

Chi dorme non piglia pesci.
Chi fa da sè fa per tre.
Chi tardi arriva, male alloggia.
Chi rompe, paga.
Chi va piano va sano e va lontano.

2. **Posso aiutare?**

La macchina		parte.
Il motorino	non	
La mia vespa		funziona.
Il motoscafo		

Posso aiutare?	Sono un meccanico.
Vuole aiuto?	Sono un tecnico.
Posso fare qualcosa?	So riparare queste cose.

Sì, grazie.	Ho provato	ma non riesco.
Che fortuna!		ma non so cosa fare.
Lei è molto gentile.		ma non sono bravo/a in queste cose.

Allora,	vediamo un po'. Da quanto tempo	non pulisce le candele?
Dunque,		l'ha comprato/a?
Insomma,		non mette benzina?
		non mette olio?
		è guasto/a?

L'ho comprato/a	proprio ieri.
Ho messo l'olio	molto tempo fa.
L'ho fatto/a riparare	la settimana scorsa.
Ho messo la benzina	cinque anni fa.
Le ho pulite	

Ecco il problema. Lei deve	mettere la benzina.
	fare pulire le candele.
	mettere l'olio.
	cambiarla/lo. È troppo vecchio/a.

Che	stupido/a	che sono, devo	stare più attento/a.
	sciocco/a		svegliarmi.
	mezza testa		

CONVERSIAMO

3. Perchè non vieni da me?

Vorrei Voglio	ascoltare questi dischi	ma non ho	un televisore.
	provare questi video giochi		un video registratore.
	guardare questo film		un giradischi.

		televisore,		andiamo a casa mia.
	Io ho un	giradischi,	perchè non	usi il mio.
		video registratore,		vieni da me.

Grazie ma,	oggi sono troppo stanco/a.	Non	fare complimenti,	non disturbi affatto.
	abiti troppo lontano.		cercare scuse,	è un piacere per me.
	non voglio disturbarti.		fare storie,	ti porto in bicicletta.

A. **You're having problems starting your car, boat, scooter, etc.**
- A friendly passer-by offers to help.
- You're very grateful and explain what has happened.
- The problem is something very obvious.
- You thank the person and feel very silly about the whole thing.

B. **You've just bought or hired some new video games, records, videos etc. and you're showing them to your friends.**
- You say you'd like to listen to, play, see them, but you don't have the right equipment.
- Someone in your group offers the use of his TV, video etc. but it's at his/her place.
- You give a reason why you don't want to go.
- Your friend talks you into it.

	Films
I film	
i cartoni animati	cartoons
dare un film	to show a film
il documentario	the documentary
la fantascienza	science fiction
il giallo	the detective story
di prima visione	latest release
di seconda visione	{ less recent film which costs less to see
i western	westerns
La musica	**The music**
l'altoparlante (m)	the (loud) speaker
il cantante	the singer
il cantautore	the singer/song writer
la canzone	the song
la cassetta	the cassette
la chitarra elettrica	the electric guitar
la cuffia	the head-phones
dare un concerto	to give, put on a concert
il disco	the record
fare il musicista	to be a musician
l'LP (il long playing)	the LP
il 33 giri	the 33 r.p.m. album
il 45 giri	the 45 r.p.m. single
il giradischi	the record player
l' impianto Hi-Fi	the Hi-Fi system
il nastro	the tape
la radio	the radio
il registratore	the tape recorder

Answer to the question on page 231.
Ou,uaglie iemmecinne allu mare!
Uei ragazzi, andiamo al mare!
Ma te scherset, el fa minga frech.
Macchè scherzi, fa troppo freddo.

PAROLE NUOVE

acchiappare	to catch
l'adesivo	the sticker
l'altoparlante	the loudspeaker
amichevole	friendly
apprezzare	to appreciate
l'articolo	the article
bilingue	bilingual
calcolare	to calculate
il canguro	the kangaroo
chiedere (chiesto)	to ask (asked)
chilometro	kilometre
il cliente	the client
completamente	completely
comune	common
comunemente	commonly
creare	to create
crescere	to grow
il dialetto	the dialect
disegnare	to draw
l'elenco	the list
l'elettricità	the electricity
l'epoca	the era
l'esempio	the example
forza!	come on!
francamente	frankly
girare	to turn
identico	identical
incredibile	incredible
indovinare	to guess
intervistare	to interview
inventare	to invent
il ladro	the thief
il lancio	the throw
il latino	Latin
la luce	the light
un miliardo	a billion
il musicista	the musician
la necessità	the necessity
però	but
la poesia	the poetry
la possibilità	the possibility
precedente	previous
premere	to press
principalmente	mainly
qualcosa	something
rassomigliare	to resemble
recente	recent
rischiare	to risk
rispondere	to reply
la risposta	the answer
rivedere	to see again
rompere (rotto)	to break (broken)
rubare	to steal
rumoroso	noisy
scappare via	to run away
scommettere	to bet
scoprire (scoperto)	to discover (discovered)
il secolo	the century
seguire	to follow
sino/fino a	until
il solito	the usual
soprattutto	above all
sparire	to disappear
la stampa	the press
stesso	same
lo straniero	the foreigner
il tecnico	the technician
tirare	to pull
uguale	identical, same
il vetro	the glass
volare	to fly

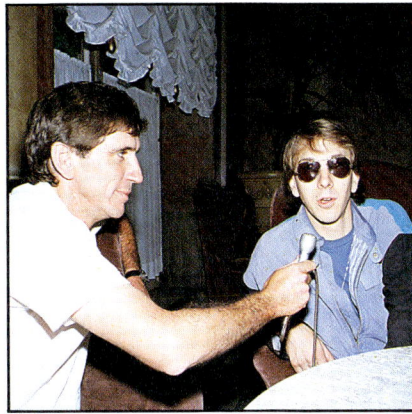

Espressioni

due mesi fa	two months ago
con doppia cassette	with a double cassette deck
ci credi?	can you believe it?
il complesso ha fatto una tournee	the group went on a tour
fra poco	shortly
ho un adesivo dei Beatles	I have a Beatles sticker
in particolare	in particular
la classifica Hit Parade	the charts
l'altoparlante a due vie	the two way speaker
questa canzone mi manda su di giri	this song really turns me on
che cosa danno all'Odeon?	what's on at the Odeon cinema?
un film/un concerto da non perdere	a film/concert not to be missed
il cavallo di battaglia di un cantante	the best, most popular song of a singer

Espressioni

c'era	there was
c'erano	there were
Che cos'è successo?	What happened?
fare i bambini	to act like children
le bellezze artistiche	the artistic beauties
Lasciateci in pace	Leave us in peace
In bocca al lupo!	Good luck! Break a leg!
essere in testa	to be leading
per esempio	for example
premere il pulsante/tasto	to press the button
voglio esercitare il mio inglese	I want to practise my English

RIASSUNTO DI GRAMMATICA

1. Agreement of the past participle

The past participle (e.g. **visto, preso, mangiato**) of a verb used with **avere** agrees with a preceding direct object pronoun (**lo, la, li, le**).

e.g. **Mmm, che fusto! L'hai visto, Faye?**
What a hunk! Did you see him, Faye?

La mia bandiera!! Chi l'ha presa?
My flag!! Who has taken it?

Avete visto gli sbandieratori?
Ma certo che li abbiamo visti.
Did you see the flag-throwers?
Of course we saw them.

Dove sono le pizze?
Non dirmi che le hai mangiate!
Where are the pizzas?
Don't tell me you've eaten them!

2. Che — who, whom, that, which

We have already seen **che** used in a question.

e.g. **Che (cosa) hai fatto?**
What have you done?

Che can also mean who, whom, that, which. It is invariable — it doesn't matter whether you're referring to things or people, masculine or feminine, singular or plural.

e.g. **Il ragazzo che butta la bandiera è mio.**
The boy (who's) throwing the flag is mine.

Quelle ragazze che abbiamo incontrato ieri sono australiane. Those girls (whom) we met yesterday are Australian.

Dove hai messo le pizze che hai comprato?
Where did you put the pizzas (that) you bought?

The brackets in the sentences above are a reminder that we often omit these relative pronouns (who, whom, which, that) in English. However, you must never omit **che** in Italian.

3. Chi — he who, she who

We have already seen **chi** in a question.

e.g. **Chi è quello?**
Who is that?

Chi also means the person who, he who. **Chi** in this sense is especially suitable for sayings and proverbs.

e.g. **Chi dorme non piglia pesci.**
The person who sleeps doesn't catch fish.
(The early bird catches the worm.)

Chi non scommette non vince.
He who does not bet does not win.
(You've got to be in it to win it.)

4. Quello/a che — he who, she who

Another way of saying the one who is to use **quello/a che**. The plural forms **quelli/e che** mean those who.

e.g. **Quello/a che porta gli occhiali è più simpatico/a.** The one wearing the glasses is nicer.

Quelli che hanno biglietti possono entrare adesso. Those who have tickets can go in now.

5. Quello che — that which

We have already seen the English word what, in a question. In this sort of sentence Italian uses **che cosa?** When what occurs in a statement or a command the Italian equivalent is **quello che**. If you can replace the English what with the words that which, use **quello che** in Italian.

e.g. **Fa' quello che vuoi fare!**
Do what you want to do!

Fammi vedere quello che hai comprato.
Show me what you have bought.

Quello che is very commonly used after **tutto** in this sort of sentence:

e.g. **Fammi vedere tutto quello che hai comprato.**
Show me everything you have bought.

6. Chiedere/dire a... di...

e.g. **Perchè non chiedi alla mamma di farti un sandwich?** Why don't you ask your mum to make you a sandwich?

Ho detto a Paola di non venire oggi.
I told Paula not to come today.

7. Past participles of -ere verbs. Check list

accendere	**acceso**	prendere	**preso**
chiudere	**chiuso**	ridere	**riso**
decidere	**deciso**	rompere	**rotto**
dire (dicere*)	**detto**	scendere	**sceso**
fare (facere*)	**fatto**	scrivere	**scritto**
leggere	**letto**	spegnere	**spento**
mettere	**messo**	vedere	**visto**
perdere	**perso**	vincere	**vinto**

*old form

PROVERBI

Trovate dei proverbi simili in inglese

Chi parla molto non dice niente.
e.g. *Literally:* Who speaks a lot says nothing.
   Proverb: Empty vessels make the most sound.
Chi dorme non piglia pesci.
Chi rompe, paga.
Chi non lavora non mangia.
Chi fa da sè fa per tre.
Chi va piano, va sano e va lontano.
Chi tardi arriva male alloggia.
Chi ha tegole di vetro, non tiri sassi al vicino.
Tutto il mondo è paese.
Paese che vai usanza che trovi.

CAPITOLO DICIASSETTE
VALIGIA MIA, DOVE SEI?

Il tre agosto a Milano nella famosa galleria.

Li ho trovati, signora, li ho trovati!!!! Erano nella piazza del Duomo. Guardavano delle modelle.

Modelle?!?!?

Sì, c'erano dei fotografi e delle modelle. Le modelle avevano caldo perchè indossavano vestiti pesanti.

Basta con le chiacchiere, Laura!

Mascalzoni! Mentre voi vi divertivate in piazza noi aspettavamo qui. La signora Casati era veramente preoccupata.

Sì, ero preoccupata perchè avevamo un appuntamento per le sei e mezzo. E adesso sono già le sette.
E ragazzi, siamo venuti a Milano per vedere il Duomo e La Scala, non per guardare le modelle.
Mi dispiace, signora. Le ragazze hanno ragione. Siamo in Italia per la cultura e la storia … come a Siena, vero Faye?
Comunque. Siamo di nuovo insieme. Ho una fame da lupi, andiamo a mangiare.
Al ristorante …
Giorgio, che diavolo hai fatto qui? Guarda questi biglietti! Quando io dicevo "quindici a uno" tu scrivevi "cinquanta a uno". Ecco perchè abbiamo perso tanti soldi!
Non dirmi che è colpa mia! C'era una grande folla … e tutti gridavano. C'era troppo rumore, avevo fretta, non mi sentivo bene … L'idea è stata tua. È colpa tua, ecco!
Pronto. Posso parlare con il capo, per favore? Pronto. Capo, sono io. Ho trovato quello che volevi per la Fiera. È un computer eccezionale, così compatto … tutto in una valigetta. Fa tutto quello che puoi immaginare.

Che cosa aspetti, allora? Fa' quello che devi fare.

Signora, Le devo dire una cosa. A Siena le ragazze non erano con noi. Andavano in giro con dei lupi … hanno rovinato il Palio.

Imbecille! Bugiardo!

Non dirci che tu sei stato un santo. Signora, lui scommetteva sui cavalli …

Basta, basta! Mi date sui nervi con queste storie.

La mia valigetta, dov'è?!!? Aiuto! Hanno rubato la mia valigetta.

Il giorno dopo, in prima pagina del "Corriere della Sera":

Corriere della Sera
**SCOPERTA RIVOLUZIONARIA …
IL COMPUTER DEL FUTURO.**

Alla Fiera di Milano oggi lo scienziato biddelonese Prof. S.P. Ionaggio presenta il computer del ventunesimo secolo. Fa tutto quello che potete immaginare.

Kevin dove sei? Non abbandonarmi.

Kevin, ecco la tua valigetta. L'ha rubata questo scienziato.

Un momento, lo riconosco. L'ho visto ieri quando eravamo al ristorante. Era seduto al tavolo accanto.

Sì, l'ho visto anch'io. Mangiava delle scaloppine al vino bianco con un contorno di fagiolini e patatine …

Sta' zitto, ghiottone! Anch'io l'ho notato. Aveva un'aria disonesta.

Avete visto? Mentre voi litigavate lui rubava la valigia.

Non litigavamo, signora, parlavamo soltanto.

Perdiamo tempo qui. Dobbiamo andare alla Fiera. La mia povera valigia!

Mentre i ragazzi leggevano il giornale il Professor Ionaggio presentava la sua nuova invenzione.

Ero nel mio laboratorio. Sperimentavo con un programma quando mi è venuta quest'idea.

Chi compra uno di questi computer non deve più lavorare! Volete lavarvi? Vi lava. Volete pettinarvi? Vi pettina. Vi volete svegliare in tempo? Vi sveglia. Osservate! Basta premere questo pulsante e dare l'ordine.

Lavami la faccia.

Eccola! Ladro! Dammi la mia valigia!

Kevin, dove eri mentre mi rubavano? Non lasciarmi più!

Sempre Avanti! ☛ 240

DOMANDE SUL FUMETTO

1. Dov'erano i ragazzi quando Laura li ha trovati?
2. Che cosa facevano i ragazzi in piazza?
3. Perchè le modelle avevano caldo?
4. Che cosa facevano le ragazze mentre i ragazzi si divertivano?
5. Com'era la signora Casati mentre aspettava i ragazzi? Perchè?
6. Perchè i ragazzi hanno perso tanti soldi a Siena?
7. Giorgio ha tante scuse per gli errori che ha fatto. Quali sono?
8. Perchè il computer di Kevin piace tanto alla spia?
9. Che cosa facevano i ragazzi mentre l'uomo rubava la valigia?
10. Dove devono andare per trovare il computer?

PARLIAMO

A. *The Imperfect — io → noi*

Che cosa facevate . . .
mentre io guardavo le modelle?   Anche noi guardavamo le modelle.
mentre io mi divertivo in piazza?   Anche noi ci . . . .
mentre io mangiavo al ristorante?   . . . .
mentre io scrivevo delle lettere?   . . . .
mentre io dormivo nella mia camera?   . . . .
mentre io riparavo la macchina?   . . . .
mentre io leggevo i giornali?   . . . .
mentre io seguivo il Professor Ionaggio?   . . . .

Anche noi ci divertivamo in piazza.

B. *The Imperfect — lui/lei → loro*

Giorgio guardava le modelle.   No, le modelle guardavano Giorgio.
La spia aveva una sorpresa per i ragazzi.   No, i ragazzi avevano una . . . .
Faye divertiva i ragazzi di Siena.   No, i ragazzi di Siena . . . .
La signora Casati era preoccupata dei ragazzi.   No, i ragazzi . . . .
La spia prendeva la valigia per i ragazzi.   No, i ragazzi . . . .
Giorgio litigava con le ragazze.   No, ...

C. *Imperfect of avere*

Perchè hai gridato?   Perchè ho gridato? Perchè **avevo** paura.
Perchè ha gridato?   Perchè ha gridato? Perchè **aveva** . . . .
Perchè hanno gridato?   Perchè hanno gridato? Perchè . . . .
Perchè abbiamo gridato?   Perchè avete gridato? . . . .
Perchè avete gridato?   Perchè abbiamo gridato? . . . .
Perchè ho gridato?   Perchè hai gridato? . . . .

D. *Imperfect of essere*

Hai lavorato ieri sera?   No, **ero** troppo stanco/a.
Ha lavorato ieri sera?   No, **era** troppo . . . .
Hanno lavorato ieri sera?   No, **erano** . . . .
Avete lavorato ieri sera?   No, **eravamo** . . . .
Sei uscita ieri sera?   . . . .
È uscita ieri sera?   . . . .
Sono uscite ieri sera?   . . . .
Siete uscite ieri sera?   . . . .

E. *Imperfect of volere*

Perchè non l'hai aiutato?   Perchè non **volevo** aiutarlo.
Perchè non l'ha aiutato?   Perchè non **voleva** . . . .
Perchè non l'hanno aiutato?   Perchè non . . . .
Perchè non l'avete aiutato?   Perchè . . . .
Perchè non l'avete vista?   . . . .
Perchè non l'hanno vista?   . . . .
Perchè non l'ha vista?   . . . .
Perchè non l'hai vista?   . . . .

PARLIAMO

F. Perfect versus Imperfect

Luigi non lavora mai.	Ma quando l'ho visto lavorava.
Maria non beve mai.	Ma quando l'ho vista beveva.
Filippo non dorme mai.	Ma quando l'ho visto dormiva.
Carla non piange mai.	....
Giulio non litiga mai.	....
Roberta non si rade mai.	....
Elio non scherza mai.	....
Elena non si diverte mai.	....

Ma quando l'ho visto dormiva.

G. Imperfect of sembrare, essere

Sembravi preoccupato/a ieri.	Sì, **ero** preoccupato/a ieri, ma oggi è un altro giorno.
Sembrava preoccupato/a ieri.	Sì, **era** preoccupato/a ieri, ma ....
Sembravano preoccupati/e ieri.	Sì, **erano** ....
Sembravate preoccupati/e ieri.	....
Sembravi arrabbiato/a ieri.	....
Sembrava arrabbiato/a ieri.	....
Sembravano arrabbiati/e ieri.	....
Sembravate arrabbiati/e ieri.	....

H. Revision — perfect tense with lo, la

La finestra era aperta stamattina.	Sì, **l'ho** apert**a** ieri sera.
La radio era accesa stamattina.	Sì, **l'ho** acces**a** ....
La luce era spenta stamattina.	....
La porta era chiusa stamattina.	....
Il negozio era chiuso stamattina.	Sì, **l'ho** chius**o** ....
Il registratore era spento stamattina.	....
Il giradischi era acceso stamattina.	....
Il negozio era aperto stamattina.	....

I. Voi imperatives + pronouns

Possiamo parlare a quell'uomo?	No, non parl**ategli** adesso!
Possiamo ordinare il pranzo?	.... ordin**atelo**, adesso!
Possiamo fotografare le modelle?	.... !
Possiamo seguire la spia?	.... !
Possiamo spegnere la luce?	.... !
Possiamo telefonare a zia Matilde?	.... !
Possiamo accendere la radio?	.... !
Possiamo telefonare al professore?	.... !

QUANT'È BEL VIAGGIARE

In Italia siamo stati
Para bonsi bonsi bo
Ci ha portati la Casati
Para bonsi bonsi bo
Quando siamo arrivati
Ci hanno quasi arrestati

Quant'è bel viaggiare
Quant'è bel viaggiar

Poi a Roma siamo stati
Para bonsi bonsi bo
Motorini noleggiati
Para bonsi bonsi bo
Ho guidato come un asso
Giorgio ha avuto un collasso

Quant'è bel viaggiare
Quant'è bel viaggiar

In Sicilia un Casanova
Para bonsi bonsi bo
Con la voce nuova nuova
Para bonsi bonsi bo
Dalla barca del bagnino
Ci ha fatto un bel tuffino

Quant'è bel viaggiare
Quant'è bel viaggiar

A Venezia c'è un pittore
Para bonsi bonsi bo
Ancora piange dal dolore
Para bonsi bonsi bo
La Casati l'ha cacciato
Ed infine l'ha picchiato

Quant'è bel viaggiare
Quant'è bel viaggiar

Per il Palio a Siena
Para bonsi bonsi bo
Oh che divertente scena
Para bonsi bonsi bo
Dov'è andato il vostro fusto?
Non è più di nostro gusto

Quant'è bel viaggiare
Quant'è bel viaggiar

E adesso che facciamo
Para bonsi bonsi bo
Be', l'oroscopo leggiamo
Para bonsi bonsi bo
Una cosa è sicura
Ci sarà una sventura!

Quant'è bel viaggiare
Quant'è bel viaggiar

CONVERSIAMO

1. Ma signore, questo non va.

Senta,	queste carte questo Monopoli quest'orologio questi dischi questi video giochi questa telecamera questo motorino	che ho	comprato preso noleggiato	ieri	non funziona. non funzionano. è guasto/a. sono guasti/e. sono usati/e. è usato/a.

Mi dispiace ma	l' li le	ha	rotto/a/i/e usato/a/i/e guastato/a/i/e	Lei. Prima Ricordo che	Ieri	funzionavano benissimo. funzionava benissimo. era nuovo/a di zecca. erano nuovi/e di zecca.

Ridicolo! Impossibile! Scherza!	Era Erano	già così e	lo la li le mi	deve	riparare. cambiare. rimborsare.

Va bene, non c'è bisogno di	gridare. arrabbiarsi. agitarsi.	Lo La Li Le	riparo cambio rimborso	subito.

2. Che cosa facevi...?

Che cosa facevi quando	il ladro è entrato? ti ho telefonato? i pompieri sono arrivati? hai sentito la notizia? ti hanno rubato la macchina?

Be', devo confessare che	dormivo tranquillamente. facevo una doccia. guardavo la televisione. non facevo proprio niente.

Pigrone! Devi stare più attento/a!	Io non	dormo mai faccio mai la doccia guardo mai la televisione mi riposo mai	a quell'ora.

CONVERSIAMO

3. Come ti sentivi?

| Come | ti sentivi / era il tempo | quando / mentre | sei partito/a per Genova? / giocavi a pallone? / sei arrivato/a al mare? / lavoravi in giardino? / hai avuto quell' incidente? / guidavi sull'autostrada? |

| Be', per dire la verità, | non mi sentivo bene. / era bruttissimo. / faceva un caldo da morire. / c'era tanta nebbia. / avevo mal di testa. / avevo paura. / volevo stare a letto. |

Poveretto/a!
Ma tu non sei mai contento/a!
Come sei coraggioso/a!

A. You've just bought something brand new and there's already something wrong with it.
- You go back to the shop to complain about it.
- The shopkeeper makes some excuses.
- You get rather angry and insist on a refund or an exchange.
- The shop keeper tries to calm you down and gives you what you want.

B. Something very unpleasant has just occurred (e.g. you've been robbed, your house caught fire, etc.) A policewoman is very suspicious and interrogates you.
— She asks what you were doing at the time.
— You say what you were doing.
— The policewoman says that it was silly of you.
— You explain that you do that every day.

C. You've just returned from a disastrous holiday.
- You tell a friend where you went and how long you were away.
- He asks what it was like and what you used to do, what the weather was like, etc.
- You have negative things to say about everything.
- Your friend may either feel sorry for you or tell you you're never happy.

SCIOGLILINGUA

Trentatrè Trentini entrarono a Trento tutti trentatrè trottando.

UN DUOMO, UNA FIERA, E UN PAIO DI JEANS

Quasi ogni grande città italiana ha il suo simbolo che è subito riconosciuto da tutti. Roma ha il suo Colosseo, Pisa ha la sua Torre Pendente e Milano ha il suo Duomo. La parola **duomo** indica la chiesa principale di una città: c'è il duomo di Firenze, il duomo di Siena, il duomo di … insomma, ce ne sono tanti. L'architettura spettacolare del Duomo di Milano è conosciuta in tutto il mondo. La Piazza del Duomo è il cuore della città di Milano. Non è soltanto un luogo d'incontro per i milanesi e una meta obbligatoria per i turisti[1] ma è anche lo sfondo ideale per fotografie di moda.

Nel mondo della moda l'Italia occupa uno dei primi posti. Parole come stile, eleganza ed audacia sono sinonime con l'abbigliamento di marca italiana. E non è soltanto per l'alta moda che i prodotti italiani sono conosciuti. Forse avete visto qualche tennista internazionale in tenuta **Ellesse** o **Fila**. Forse avete comprato un paio di scarpe **Diadora** o un paio di jeans **Fiorucci**.

Signorina, ecco la grande Capricciosa che ha ordinato.

È tutta colpa tua. Eravamo a Roma dove faceva bel tempo. Ed ora eccoci nel freddo di Milano.

Io non ho preso un pallone australiano per una bomba. Sei stato tu. Scemo.

Bugiardo.

Ghiottone.

Fifone.

◀ Come già sapete, Milano è nell'Italia settentrionale, cioè nel nord d'Italia. D'inverno a Milano se non piove o non nevica sicuramente c'è la nebbia.

▲ Ma oggi è una giornata d'estate e si sta benissimo a Milano. Ecco il cavalier Ugo Mezzalira che una volta era uno dei più grandi uomini d'affari di Milano. Adesso è pensionato ma non tanti anni fa era il capo di una grande ditta milanese. Oggi va alla Borsa per comprare e vendere delle azioni. Milano è la capitale commerciale ed industriale d'Italia. Ogni anno centinaia di migliaia d'italiani e stranieri ci vanno per vedere la vasta gamma di prodotti esposti alla sua famosissima Fiera. Con Torino e Genova, due altre grandi città industriali del nord, Milano forma il cosiddetto **triangolo industriale**.

LA PAROLA JEANS

A proposito di Genova[2], forse quella ragazza nella foto ▲ che indossa i jeans non sa che è proprio quella città che ha dato il suo nome a quei famosissimi pantaloni.
◀ Per questa storia bisogna tornare al Quattrocento. A quell'epoca certi mercanti francesi commerciavano in stoffe italiane: il panno di Firenze, la seta di Lucca, il velluto di Genova. Ebbene, a Genova - i francesi la chiamano Genes - questi mercanti scoprirono[3] il fustagno di cotone, una stoffa molto rozza e dura che era tinta di blu. Questa non era una stoffa di alta moda ma era molto forte e resistente. Per questo motivo la Marina Britannica era contentissima di comprarne una vasta quantità. Tutti i marinai del Cinquecento e del Seicento conoscevano il "Jene Fustyan", come lo pronunciavano a quei tempi, che usavano per i loro sacchi, per le loro amache e per coprire il carico.

Intanto fu scoperta l'America[4]. I pionieri americani che partivano per conquistare il West avevano bisogno di qualche tessuto robusto e resistente per coprire i loro carri e per fare le loro tende. Ebbene, quasi tutti avevano visto una certa stoffaccia blu sulle navi britanniche e in poco tempo il Jene Fustyan diventava parte del Wild West. Poi i cowboys, stufi di consumare un paio di pantaloni alla settimana mentre domavano i cavalli, avevano bisogno di pantaloni forti, robusti e resistenti. Perchè no!?! Non passava troppo tempo che tutti i cowboys indossavano i pantaloni di Jene Fustyan che presto chiamavano semplicemente **i jeans**.

La parola jeans viene dal nome di questa città: **Genova**.

1. **meta obbligatoria per i turisti:** a compulsory destination (a must) for tourists
2. **A proposito di Genova:** While we're on the subject of Genoa
3. **scoprirono:** discovered
4. **Intanto fu scoperta l'America:** In the meantime America was discovered

RIASSUNTO DI GRAMMATICA

1. **The Imperfect tense**

   When you want to describe a past situation, i.e. what was going on, what someone was doing, etc., you use the *imperfect tense*.
   The forms are as follows:

Parl**are**	to speak	Prend**ere**	to take	Dorm**ire**	to sleep
parl**avo**	I was speaking	prend**evo**	I was taking	dorm**ivo**	I was sleeping
parl**avi**	you were speaking	prend**evi**	you were taking	dorm**ivi**	you were sleeping
parl**ava**	he, she, it was speaking	prend**eva**	he, she, it was taking	dorm**iva**	he, she, it was sleeping
parl**avamo**	we were speaking	prend**evamo**	we were taking	dorm**ivamo**	we were sleeping
parl**avate**	you (pl.) were speaking	prend**evate**	you (pl.) were taking	dorm**ivate**	you (pl.) were sleeping
parl**avano**	they were speaking	prend**evano**	they were taking	dorm**ivano**	they were sleeping

   N.B. All the **-ire** verbs are conjugated like **dormire**;
   e.g. **capivo, pulivo, sentivo**.

   When using these forms in conversation pay special attention to the pronunciation of the **noi** and **voi** forms: you say parlav**Amo**, prendev**Ate**, dormiv**Amo**, but parl**Avano**, prend**Evano**, dorm**Ivano**.

2. **Imperfect tense of essere and avere**

Essere	to be	Avere	to have
ero	I was	**avevo**	I had
eri	you were	**avevi**	you had
era	he, she, it was	**aveva**	he, she, it had
eravamo	we were	**avevamo**	we had
eravate	you (pl.) were	**avevate**	you (pl.) had
erano	they were	**avevano**	they had

3. **How to use the Imperfect**

   When you want to tell people about events, i.e. what someone did, where someone went, etc., you use the *perfect tense*.

   e.g. **Maria è venuta da me e abbiamo guardato un video.**
   Mary came to my place and we watched a video.

   a) You use the *imperfect* to say what was going on, what someone was doing.

   e.g. **Li ho trovati! Erano in piazza. Guardavano delle modelle.**
   I found them. They were in the piazza. They were looking at some models.

   Sì, l'ho visto anch'io. Era al tavolo accanto e mangiava delle scaloppine.
   Yes, I saw him too. He was at the next table and he was eating scaloppine.

   Mentre voi vi divertivate in piazza noi aspettavamo qui.
   While you were enjoying yourselves in the piazza we were waiting here.

   In the sentences above notice the difference between completed actions (**li ho trovati, l'ho visto**) and incomplete actions (**guardavano, mangiava**).

   b) Use the Imperfect to give an idea of what the situation was, of how conditions were.

   e.g. **No, non abbiamo giocato ieri. Faceva molto freddo e pioveva e il campo era inondato.**
   No, we didn't play yesterday. It was very cold, it was raining and the field was flooded.

   c) Use the Imperfect to express how people were feeling, what they wanted.

   e.g. **Non voleva uscire perchè non si sentiva bene. Aveva mal di testa.**
   She didn't want to go out because she didn't feel well. She had a headache.

   d) The imperfect is also used for remembering how things were.
   We'll look at this closely in the next chapter.

RIASSUNTO DI GRAMMATICA

4. | *Perfect versus Imperfect* |

When you're telling people about what has been happening you use the *perfect* to narrate events (to say what occurred) and the *imperfect* to set the scene, to give a background to what happened. Use this little story to help you understand. Write the verbs in the *perfect* in one column, those in the *imperfect* in another.

Era mezzanotte e faceva un freddo da morire. Tutti i ragazzi dormivano profondamente sotto le coperte. Ad un tratto Giorgio si è alzato ed ha cominciato a camminare. Ma non camminava nel modo normale: aveva le braccia distese davanti a sè e aveva gli occhi chiusi. Dormiva mentre camminava!!!

Intanto è entrato in cucina, ha aperto il frigo e ...... ma che disastro!! Era vuoto! Non c'era niente da mangiare!

Poi un suono che veniva dalla camera della signora Casati l'ha svegliato.
È andato ad investigare. La porta della camera era aperta, la luce era accesa ed ecco la Casati che mangiava l'ultimo boccone del pollo arrosto che era nel frigo.

"Ciao, Giorgio," ha detto. "Mi dispiace, ma avevo fame."

PAROLE NUOVE

◀ **Proverbi e detti**
Proverbs and sayings

Il vestito non fa il monaco.
Don't judge a book by its cover.

Essere nato con la camicia.
To be born with a silver spoon in one's mouth.

Fare il cappotto.
To inflict a defeat without the opposition scoring.

Espressioni

ad un tratto	all of a sudden
Basta con le chiacchiere!	That's enough chatter!
le braccia distese	arms outstretched
Che diavolo hai fatto?	What in the blazes did you do, have you done?
dare l'ordine	to give the order
essere pensionato	to be a pensioner
essere in tenuta sportiva	to wear sports clothes
nuovo di zecca	brand new
un luogo d'incontro	a meeting place
Non abbandonarmi!	Don't abandon me!

PAROLE NUOVE

agitarsi	to become upset
l'architettura	the architecture
l'audacia	boldness, daring
l'azione (f)	the action; the share
cominciare	to begin, start
commerciare	to deal
consumare	to use up, wear out
coprire	to cover
cosiddetto	so called
il cotone	the cotton
la cultura	culture
il cuore	the heart
disonesto	dishonest
la ditta	the company
la donna politica	the politician (f)
eccezionale	exceptional
l'eleganza	elegance
la fiera	the fair, exhibition
il fotografo	the photographer
il frigo	the fridge
il futuro	the future
imbecille	imbecile
immaginare	to imagine
l'imperatore	the emperor
indicare	to show, indicate
industriale	industrial
intanto	meanwhile
inventare	to invent
l'invenzione (f)	the invention
investigare	to investigate
il laboratorio	the laboratory
la marca	the brand
mascalzone	rogue, scoundrel
il mercante	the merchant, trader
la meta	the destination
migliaia	thousands
la modella	the model
morire	to die
la nave	the ship
inondare	to flood
normale	normal
notare	to notice
la notizia	the news
obbligatorio	compulsory
occupare	to occupy
l'orologio	the watch
osservare	to observe
un paio	a pair
la parola	the word
la politica	politics
principale	main
il prodotto	the product
profondamente	deeply
pronunciare	to pronounce
rimborsare	to refund
rivoluzionario	revolutionary
scherzare	to joke
sedere	to sit
seguire	to follow
semplicemente	simply
settentrionale	northern
lo sfondo	the background
il simbolo	the symbol
sinonimo	synonymous
la sorpresa	the surprise
sperimentare	to experiment
la spia	the spy
lo stile	the style
suonare	to play (a musical instrument)
l'uomo d'affari	the business man
vasto	huge, enormous, vast

La moda — Fashion

l'abbigliamento*	clothes
il fustagno	fustian (thick cotton cloth)
la seta	silk
lo stile	style
la stoffa	the material (cloth)
il tessuto	the fabric
il velluto	velvet
duro	hard, hard-wearing
forte	strong
resistente	tough
rozzo	rough

*Revise the **Parole Nuove** in Chapter 2: **Abbigliamento**

Espressioni

seguire la moda	to follow the fashion
essere di moda	to be in fashion
fatto su misura	made to order (**misura**: size)
l'ultima moda	the latest fashion
l'ultimo grido	the latest fad (**grido**: cry)

CAPITOLO DICIOTTO
SIRMIONE E I SUOI RICORDI!

La sera del ventisette agosto i nostri amici si trovano nella casa di uno zio della Signora Casati a Sirmione, sul Lago di Garda. La Signora Casati ha mandato i ragazzi a letto molto presto. E con lo zio Alberto ricorda il passato.

Ho comprato questa casa tre mesi fa. Che ne pensi?

È meravigliosa! La veduta è spettacolare.

Secondo me è la veduta più bella del mondo. Questo vino è buono, ne vuoi ancora?

Sì, grazie … mmm … di notte si vede Sirmione con tutte le sue luci. Sai che Roberto ed io venivamo spesso a Sirmione col suo motorino? Gli piaceva sedere in riva al lago e non dire niente. Guardavamo la luna e sognavamo.

Cosa sta facendo?

Sta bevendo del vino e parlando con lo zio.

Che monella che eri! Avevi solo quattordici anni. Eri ancora a scuola.

Sì, ma odiavo la scuola. Era così noiosa. Non mi potevo concentrare perchè pensavo sempre a Roberto.

Che cosa stanno dicendo?

Aveva un fidanzato a quattordici anni. Non le piaceva la scuola.

Sì, adesso ricordo. Ti hanno sospeso dal liceo.

Be', l'ho lasciato perchè non mi piaceva. Non mi piacevano i professori perchè non mi capivano. E così sono andata alla scuola professionale.

Ma ti hanno sospeso anche da quella scuola. Non ti piaceva?

Sì, mi piaceva cucinare ma bruciavo tutto. I professori là mi consideravano troppo pericolosa e così mi hanno sospesa.

L'hanno buttata fuori dalla scuola ... due volte! Era la ragazza più pericolosa della scuola. Infatti, quando cucinava quasi dava fuoco alla scuola.

Il giorno seguente scendono al Lago di Garda per noleggiare dei wind-surf ... ma c'è una sorpresa per la Signora Casati.

Non ci credo. Roberto!! Sei veramente tu. Che cosa fai qui?

Sto lavorando, signora. Prego, posso aiutarla?

Roberto, non mi riconosci?

Ermelina, sei proprio tu!! Che sorpresa!

Roberto, Roberto, Roberto!!

Senti, Ermelina, per adesso devo lavorare. Perchè non ci vediamo stasera a casa mia.

Casa tua?

Sì, ho un appartamento a Mantova. Ecco l'indirizzo. Così possiamo ricordare il passato insieme. A più tardi, allora.

Chi è quello, signora?

Quello è ... be', insomma, è un vecchio amico ... cioè un cugino, ecco, sì un cugino. Questa sera vado a trovarlo nel suo appartamento a Mantova.

Nel suo appartamento? E Lei ci va? Ma signora, non ci deve andare.

Ma certo che ci vado. Mi ha invitato, devo andarci.

Signora, ha scritto a suo marito di recente?

Quella sera la Signora Casati si presenta all'appartamento di Roberto.

Avanti, Ermelina. Ti presento mia moglie e la mia famiglia.

Molto lieta, signora.

Piacere. Che bei bambini, quanti ne ha signora? ...

CAPITOLO 18

E così voi due vi conoscevate all'età di cinque anni. Come passano gli anni.

Può darsi. Ma per me è roba vecchia.

Eh sì. Ormai mi sento vecchio e senza forze, come questa sedia qui che devo buttar via.

Devi buttarla via!! Macchè, scherzi!? È un pezzo da museo. Dev'essere del settecento; stile veneziano.

Senti, Roberto, se devi buttarla, dalla a me! Conosco un antiquario a Roma, un certo dottor Tripicchio, che potrà restaurarla.

Domani mattina di buon'ora. Dobbiamo esserci al più presto perchè vogliamo passare qualche giorno a Roma prima di partire per l'Australia. A proposito, è già tardi. Se devo alzarmi…

Be', se ti fa piacere, prendila pure. Ma dimmi, quando parti per Roma?

Devi già andare? Che peccato! Ermelina, è stato un vero piacere conoscerti. La prossima volta che sei da queste parti…

Arrivederci. Grazie. Buon viaggio. Ci scriveremo.

Sì, tante grazie. Siete troppo gentili. Quando sarà restaurata questa sedia, voglio mandarvela. Solo un piccolo regalo.

DOMANDE SUL FUMETTO

1. Quando ha comprato questa casa lo zio Alberto?
2. La nuova villa dello zio piace alla signora Casati?
3. Che cosa facevano Ermelina e Roberto in riva al Lago di Garda?
4. La signora Casati dice che non le piaceva la scuola. Perchè no?
5. Perchè non le piacevano i professori?
6. Perchè l'hanno sospesa dalla scuola professionale?
7. Perchè Roberto non può parlare a lungo con Ermelina?
8. Dove s'incontrano Roberto ed Ermelina quella sera?
9. In questo capitolo ci sono due sorprese per la signora Casati. Qual'è la prima sorpresa?
10. Qual'è la sua seconda sorpresa?

PARLIAMO

A. **Ne** *meaning* of them

> Quanti **ne** vuole, signore? Due?   No, **ne** prendo tre.
> Quanti **ne** vuole, signore? Cinque?   No, **ne** prendo . . .
> Quanti **ne** vuole, signore? Nove?   No, **ne** . . . .
> Quanti **ne** vuole, signore? Undici?   . . . . una dozzina.
> Quanti **ne** vuole, signore? Diciassette?   . . . .
> Quanti **ne** vuole, signore? Diciannove?   . . . . . una ventina.

Quanti ne vuole, signore? Diciassette?

B. **Ne** *meaning* of it

> Che **ne** pensa Alberto?   Non lo so. Non **ne** parla mai.
> Che **ne** pensano i ragazzi?   Non lo so. Non **ne** parlano . . . . . .
> Che **ne** pensa Giuliana?   . . . .
> Che **ne** pensano i De Felice?   . . . .
> Che **ne** pensa il cameriere?   . . . .
> Che **ne** pensano i suoi parenti?   . . . .

C. **Ne** *meaning* of them

> Hai visto molti laghi?   Laghi?? **Ne** ho visto centinaia.
> Hai visitato molti monumenti?   Monumenti?? **Ne** ho visitato . . . . . .
> Hai conosciuto molte ragazze?   Ragazze?? **Ne** ho . . . .
> Hai fatto molte fotografie?   . . . .
> Hai comprato molti ricordi?   . . . .
> Hai scritto molte cartoline?   . . . .
> Hai ricevuto molte lettere?   . . . .
> Hai visto molte partite?   . . . .

Ricordi? Ne ho comprato centinaia.

D. **Ci** *meaning* there; **lo, la, li, le**

> Hai visto Giovanni?   Devo ved**erlo** domani.
> Sei andato a Venezia?   Devo and**arci** . . . .
> Hai scritto la lettera?   Devo scriv**erla** . . . .
> Sei tornato al lago?   Devo . . . .
> Hai riparato i freni?   . . . .
> Sei andato a La Scala?   . . . .
> Hai pulito le candele?   . . . .
> Sei tornato in Francia?   . . . .

E. **Ci** *meaning* there + *perfect tense of* essere

> Perchè non vai a Milano?   No, ci sono già stato/a due volte.
> Perchè non va a Mantova?   No, c'è già stato/a . . . .
> Perchè non andate al lago?   No, ci siamo. . . . .
> Perchè non vanno a Tootgarook?   No, ci. . . . .
> Perchè non vanno a Torino?   . . . .
> Perchè non andate a Genova?   . . . .
> Perchè non va alla Fiera?   . . . .
> Perchè non vai alla Galleria?   . . . .

PARLIAMO

F. Ce n'è, ce ne sono

C'è del risotto?	Certo, ce n'è tanto.
Ci sono dei fotografi?	Certo, ce ne sono tanti.
C'è della minestra?	Certo, ce n'è ....
Ci sono delle modelle?	Certo, ce ne ....
C'è del pane?	Certo, ce ....
Ci sono dei fagioli?	....
C'è della pastasciutta?	....
Ci sono dei francobolli?	....

G. Imperfect used in reminiscing

Lei abita a Milano?	No, ma anni fa **abitavo** a Milano.
Le piace andare in motorino?	No, ma anni fa mi **piaceva** ....
Capisce quel dialetto?	No, ma anni fa **capivo** ....
Lei odia la scuola?	....
Le piacciono le lasagne?	....
Beve molto latte?	....
Vuole diventare ricco/a?	....
Lei viene spesso al lago?	....

H. Perfect tense of piacere

Tu hai mangiato un mucchio di spaghetti.	Certo, e mi sono piaciuti.
Giorgio ha mangiato un mucchio di lasagne.	...... gli sono piaciute.
Voi due avete mangiato un mucchio di spaghetti.	.... piaciuti.
Angela e Laura hanno mangiato un mucchio di lasagne.	....
Io ho mangiato un mucchio di spaghetti.	....
Noi abbiamo mangiato un mucchio di lasagne.	....

I. Stare + gerund

È vero che ascolti l'Hit Parade?	Infatti, lo **sto ascoltando** adesso.
È vero che leggi la Divina Commedia?	Infatti, la **sto leggendo** ....
È vero che pulisci sempre la casa?	Infatti, la ....
È vero che guardi sempre la televisione?	....
È vero che vendi la nuova macchina?	....
È vero che segui il Professor Ionaggio?	....
È vero che impari il gerundio?	....
È vero che parli italiano?	....

J. Imperfect of stare + gerund

Hai detto che lavorava. Sei sicuro/a?	Sì, quando l'ho visto **stava lavorando**.
Hai detto che leggeva. Sei sicuro/a?	Sì, quando l'ho visto **stava** ....
Hai detto che dormiva. Sei sicuro/a?	Sì, quando l'ho visto ....
Hai detto che partiva. Sei sicuro/a?	....
Hai detto che rideva. Sei sicuro/a?	....
Hai detto che studiava. Sei sicuro/a?	....
Hai detto che aspettava. Sei sicuro/a?	....
Hai detto che guidava. Sei sicuro/a?	....

SCIOGLILINGUA

Tritate trentatrè trotine in trentatrè tritatrici!

SCUOLA, SCUOLA, SIAMO SEMPRE LÀ!

▲Ciao. Sono Alessandra. Ho sedici anni e frequento il liceo linguistico qui a Perugia. Faccio la terza. Dopo la scuola media ho scelto questo liceo perchè mi piacevano le lingue. Alla fine dei miei studi a quest'istituto, cioè dopo il quinto anno, vorrei trovare un posto di lavoro nel campo del turismo - forse in un'agenzia viaggi. Ma non sono ancora sicura. C'è anche l'altra possibilità di andare all'università. Se mi laureo in lingue posso fare l'interprete o la traduttrice.

▲Le materie principali all'Istituto Vannucci sono l'inglese, il francese e il tedesco. Ma naturalmente studiamo anche l'italiano, la matematica, la biologia, la storia e l'educazione fisica.
Ecco il nostro professore d'inglese, il signor Beveridge. Viene dall'Inghilterra. Ecco anche il nostro testo d'inglese. Studiamo non soltanto la lingua ma anche la cultura dei paesi dove si parla inglese. L'inglese è la mia materia preferita, ma è così difficile. Tutta quella grammatica, tutte quelle parole ed espressioni da imparare...e la pronuncia!!! Come si fa a pronunciare parole come *cough, through, rough, bough, dough*? Perchè l'inglese non può essere facile come l'italiano?

▲Sono all'Istituto Vannucci dalle otto fino alle dodici e trentacinque. Poi vado a casa, mangio qualcosa e faccio i miei compiti. Cerco di finire prima delle quattro e mezza perchè nel pomeriggio mi piace fare una passeggiata con il mio ragazzo. Poveretto, è così timido. Non parla a nessun'altra ragazza. Ha occhi soltanto per me. Passeggiamo per ore intere per le vie di Perugia.

Piazza IV Novembre, Perugia

▲Di mattina presto a Castiglione delle Stiviere, nella piazza principale, c'è un viavai di studenti. Alcuni aspettano il pullman che li porta all'Istituto Tecnico a Lonato, un paese vicino. Altri vanno al liceo o alla scuola professionale a Castiglione.

◀Questa scuola professionale prepara gli studenti per diventare cuochi, parrucchieri, estetisti, pasticcieri e alberghieri. Oggi è un giorno molto importante per gli studenti di arte culinaria. Come parte del loro esame devono preparare un pranzo per i professori. Gli studenti che arrivano al diploma hanno buone possibilità di trovare lavoro perchè l'Italia ha moltissimi alberghi e ristoranti.

◀All'Istituto Tecnico, invece, studiano la meccanica, l'elettronica, il disegno tecnico e la saldatura insieme alle materie più generali come la fisica, la chimica, la storia e la geografia. Dopo cinque anni all'Istituto Tecnico gli studenti possono cercare lavoro nel loro campo di specializzazione o continuare gli studi all'università, possibilmente in ingegneria.

Com'è andato l'esame oggi, ragazzi? Siete stati bocciati o promossi?

Una frana! Abbiamo bruciato le lasagne e poi uno dei professori ha detto che li volevamo avvelenare.

◀ Ecco il liceo classico di Sulmona. Gli alunni qui studiano soprattutto le materie umanistiche come il latino, il greco e la filosofia. Sembrano intelligenti, no?

Voi ragazze frequentate questa scuola?

Liceo classico?? Chi, noi?? Ma no! Noi facciamo ragioneria a un altr' istituto qui a Sulmona.

◀ Intanto io sono contenta di continuare i miei studi di ragioneria. I miei genitori hanno una bancarella al mercato qui a Sulmona e dopo solo un anno di studio sono in grado di aiutarli con la contabilità.

Sempre Avanti! ☛ 259
CAPITOLO 18

CONVERSIAMO

1. Quando ero giovane...

Quando ero	giovane piccolo/a bambino/a	abitavo	in a	Roma. campagna. Sicilia. Napoli. Tootgarook. Sunshine.

E che cosa facevi	la domenica?
Dove andavi	durante il weekend?
Come ti divertivi	nei giorni festivi?

Il weekend La domenica, Durante le vacanze	io e	i miei genitori le mie sorelle i miei amici	andavamo al cinema. facevamo delle gite. visitavamo la nonna.

Davvero!
Mmm, interessante!
Che barba!

2. Persone famose.

Duemila anni fa Pochi anni fa Nel Seicento Negli anni 50	c'era	un'attrice un Primo Ministro un imperatore uno scienziato	che si chiamava	Nerone. Indira Gandhi. Marilyn Monroe. Galileo Galilei.

Sì, lo so.	Era	una donna politica un genio un pazzo una stella	che	suonava la lira. amava il suo paese. faceva continuamente delle scoperte. è morta tragicamente.

3. In una discoteca.

Scusi, signorina, Ciao bello/a	vuole vuoi	ballare?

Sì, volentieri.	Ma andiamo dove c'è meno rumore.
Perchè no?	Ma aspettiamo una canzone più vivace.
Va bene.	Ma aspetta/i cinque minuti, sono stanco/a.

Come ti chiami?
Vieni qui spesso?
Ti piace questa discoteca?
Vuoi prendere un po' d'aria fresca?
Vuoi venire fuori a guardare la luna?

No, fa troppo freddo.
Mi chiamo...
È la seconda volta che vengo qui.
D'accordo andiamo.
Sì, è abbastanza carina.
Ma è nuvoloso stasera.

Lavori?
Sei ancora a scuola?
Che cosa fai di bello?
Che fai durante la settimana?

Sono	un astronauta, una stella del cinema, ancora a scuola, un insegnante,	faccio dei film romantici. studio al liceo classico. ma per adesso sono disoccupato/a. insegno all'Istituto Professionale.

CONVERSIAMO

4. Che classe frequenti?

| Dove | studi? |
| | vai a scuola? |

Vado	al liceo scientifico	di	Epping.
Sono	alla High School		Traralgon.
	al Collegio Santa Monica		Milano.

| Che classe frequenti? |
| Quali materie studi? |

Studio	la terza.
Frequento	l'italiano.
	la matematica.
	la quarta.
	la contabilità.

Quali sono le materie	che	ti piacciono?
		ami?
		odi?
		detesti?

Detesto	l'elettronica	ma	odio	le lingue.
Odio	l'educazione fisica		detesto	le materie umanistiche.
Mi piace	la storia		amo	le materie scientifiche.
Amo			mi piacciono	

---

1. **At a disco you spot someone you'd like to meet.**
   ♪ You introduce yourself and ask for a dance.
   ♪ He/she accepts but prefers to chat before dancing.
   ♪ You chat about what you both do.
   ♪ Finally you decide to dance.

2. **You've finished dancing with someone you've just met.**
   ★ You find out that you're both students.
   ★ You ask about school, class, subjects, etc.
   ★ You chat about subjects you like and dislike and discuss what you hope to do in the future.

3. **You're getting on like a house on fire!**
   ♪ You're now discussing what you used to do as a child, where you lived, etc.
   ♪ He/she asks what you used to do on weekends and holidays.
   ♪ You talk about what you liked doing.
   ♪ The evening has flown by, you must leave, but arrange to meet another time.

LA PAROLA TARANTELLA

♪ La **tarantella** è il nome di un ballo tradizionale praticato in tutta l'Italia meridionale. Ci sono tante variazioni di questo ballo ma la storia delle origini è una sola.
♪ La parola tarantella viene dal nome di un ragno molto velenoso, la **tarantola**. Se una tarantola morde una persona, in pochi giorni quella persona muore.
Secondo gli antichi, per guarire dal morso di una tarantola bisognava ballare per giorni e notti. Il ballo che facevano era la **Tarantella**.
♪ Molti antichi morivano dall'effetto di questo ballo!

Espressioni

un viavai di studenti	students coming and going
dare fuoco a	to set fire to
essere in grado di	to be capable of, to be in a position to
è stata sospesa	she was suspended
è una frana!	he/she/it is a disaster!
ne ho un mucchio	I have lots, a stack of them
è nella provincia di Torino	it's in the province of Turin.
siete stati promossi? o bocciati?	did you pass or fail?

PAROLE NUOVE

l'agenzia viaggi	the travel agency
l'alunno	the pupil
avvelenare	to poison
la bancarella	the stall
la caramella	the lolly
considerare	to consider
la dozzina	the dozen
davvero!	really!
l'educazione (f)	education
l'esame (m)	the exam
l'estetista	the beautician
felice	happy
la frana	the landslide
frequentare	to attend
generale	general
imparare	to learn
infatti	in fact
intero	whole
l'interprete (m,f)	the interpreter
l'istituto	the school, institute
meraviglioso	wonderful, marvellous
un mucchio	a heap
odiare	to hate
il pasticciere	the pastry cook
la poesia	the poem, poetry
possibilmente	possibly
la pronuncia	the pronunciation
pronunciare	to pronounce
sognare	to dream
soprattutto	above all
sospendere (sospeso)	to suspend (suspended)
specializzazione	specialization
gli studi	studies
studiare	to study
il testo	the text
la traduttrice	the translator (female)

Le materie	School subjects
l'arte	art
l'arte culinaria	cooking
la biologia	biology
la chimica	chemistry
il disegno	drawing
l'educazione fisica	physical education
la filosofia	philosophy
la fisica	physics
la geografia	geography
l'ingegneria	engineering
l'elettronica	electronics
la matematica	mathematics
la meccanica	mechanics
la programmazione	computer programming
la ragioneria	accounting
la religione	religion
la saldatura	welding
la storia	history
studi di computer	computer studies
le materie umanistiche	humanity subjects
le materie scientifiche	science subjects
essere promosso	to pass
essere bocciato	to fail

ETÀ	TIPO DI SCUOLA
3→5 anni	**Asilo**
6 7 8 9 10	**Scuola Elementare** • prima • seconda • terza • quarta • quinta
11→13	**Scuola Media** • prima • seconda • terza
14→18	**Liceo Classico** (5 anni)
	Liceo Scientifico (5 anni)
	Liceo Artistico (5 anni)
	Istituto Tecnico (5 anni)
	Istituto Professionale (5 anni) • Ragioneria • Scuola Alberghiera • ecc.
	Istituto Magistrale (4 anni) • per diventare maestri di scuola elementare
19→22	**Università**

RIASSUNTO DI GRAMMATICA

1. **The Imperfect — remembering how things were, used to be**

   The Imperfect is the tense to use when you're remembering how things were, what you used to do:

   e.g. **Roberto ed io venivamo spesso qui in motorino. Guardavamo quella luna e sognavamo.**
   Robert and I came here often on his scooter. We would look at that moon and we would dream.

   Quando ero bambino papà mi portava delle caramelle ogni venerdì sera.
   When I was a little boy dad used to bring me lollies every Friday night.

   Notice the different ways English has of expressing these memories: Robert and I came, we would dream, he used to bring. Italian is simpler: you just use the Imperfect.

2. **Ci**

   Ci is a simple, convenient way of referring to a place that has just been mentioned:

   Il Lago di Garda? Ah sì, ci passavamo giornate intere.
   Lake Garda? Oh yes, we used to spend whole days there.

   Vai a Mantova? Anch'io ci vado.
   You're going to Mantua? I'm going there too.

   Questa valigia è vuota. Perchè non ci metti la tua roba?
   This suitcase is empty. Why don't you put your stuff in it?

3. **Ne**

   Ne is a way of referring to something that has just been mentioned and can have the following meanings:

   a) of it

   Questa è la mia nuova villa. Che ne pensi, Ermelina?
   This is my new house. What do you think of it, Ermelina?

   b) of them

   C'erano dieci panini ma Giorgio ne ha mangiati tre.
   There were ten rolls but Giorgio has eaten three (of them).

   c) some of it

   Questa pizza è ottima. Ne vuoi?
   This pizza is great. Do you want some (of it)?

   d) some of them, any of them

   Sì, ho visto le cartoline ma non ne ho comprate.
   Yes, I saw the post cards but I didn't buy any (of them).

   The brackets in the sentences above are to remind you that in English of it and of them are usually omitted. In Italian **ne** is never omitted.
   N.B. When **ne** is used as a *direct object*, the *past participle* agrees with it as it does with **lo, la, li, le**.

   e.g. **Esami? Ne ho dati tanti.**
   Exams? I've had lots (of them).

4. **Ce n'è, ce ne sono.**

   C'è del risotto? Certo, ce n'è tanto.
   Is there any risotto? Of course, there's plenty (of it).

   Ci sono dei fagioli? Certo, ce ne sono tanti.
   Are there any beans? Of course, there are plenty (of them).

5. **Talking about what you liked**

   Piacere is commonly used in the *Perfect* and *Imperfect* tenses. Note that in the Perfect, **piacere** is used with **essere**.

   e.g. **Ho visto "Via col Vento" ieri sera. Mi è veramente piaciuto.** I saw "Gone with the Wind" last night. I really liked it.

   Ti sono piaciute quelle ragazze che abbiamo incontrato? Did you like those girls we met?

   Quando ero a scuola mi piacevano le lingue.
   When I was at school I liked languages.

6. **Imperfect of dire and fare**

   The *Imperfect* of these verbs is based on the old forms **dicere** and **facere**.

dire to say, to tell	**fare** to do, to make
dic**evo**	fac**evo**
dic**evi**	fac**evi**
dic**eva**	fac**eva**
dic**evamo**	fac**evamo**
dic**evate**	fac**evate**
dic**evano**	fac**evano**

7. **The Gerund: -ando and -endo forms.**

   When you want to emphasise that someone is or was actually in the act of doing something you can use the *Present* or *Imperfect* of **stare** with **-ando** (for **-are** verbs) and **-endo** (for **-ere, -ire** verbs) forms:

   e.g. **Sta parlando con lo zio. Stanno bevendo del vino.** She's talking with her uncle. They're drinking wine.

   Quando hai telefonato io stavo leggendo e gli altri stavano ascoltando la radio. When you phoned I was reading and the others were listening to the radio.

CAPITOLO DICIANNOVE
GLI OROSCOPI NON DICONO BUGIE

Come passa il tempo! I quattro mesi di vacanze in Italia sono quasi finiti. I ragazzi si trovano di nuovo a Roma il giorno prima di partire per l'Australia.

Dov'è quella rivista che hai comprato, Laura? Aah Giorgio, ce l'hai tu. Te l'ho data stamattina. Me la dai, per favore? Voglio leggere il mio oroscopo.

L'oroscopo!? Non dirmi che leggi quelle stupidaggini! E poi non posso muovermi. Mi fa male il dente.

Su, Giorgio, non essere un guastafeste. Gli oroscopi sono interessanti. Sta' zitto che Angela ce li legge. Io sono nata il tredici novembre. Sono Scorpione.

Dunque, vediamo un po'. Scorpione, "Farete un lungo viaggio. Sarete contenti perchè rivedrete vecchi amici, ma sarà la fine di un'esperienza piacevole".

Te l'ho detto, Giorgio! Questi oroscopi sono molto precisi. È chiaro, no? Parla del nostro ritorno in Australia.

È una coincidenza. Una semplice coincidenza. Aii! Questo maledetto dente!

Giorgio, tu sei Toro, vero? Questo sembra molto interessante, ma se non credi nell' oroscopo …

E va bene. Se proprio devi, me lo puoi leggere.

Dice che andrai in un palazzo reale, riceverai una corona d'oro che varrà moltissimo. Giorgio, saremo ricchi.

Vuoi dire che io sarò ricco. Sì, ho sentito dire che i Bevilacqua erano ricchi nobiluomini di Venezia. Forse i miei parenti troveranno una corona e me la daranno.

Sono tutte stupidaggini, vero Giorgio!?

Ragazzi quante volte ve l'ho chiesto? Dovete tenere la stanza in ordine. Adesso devo uscire per un po'. Se telefona un certo dottor Tripicchio diteglí di lasciare il messaggio. L' ho visto stamattina e aspetto una sua opinione.

Quando ritornerà signora?

Ritornerò fra un' ora.

Prima di andare via signora, di che segno zodiacale è Lei? Stiamo leggendo gli oroscopi. Sono molto interessanti.

Sempre Avanti! ▬ 265

Vergine. Ci vediamo fra un'ora.

Va bene, arrivederci signora. Allora, Vergine… Santo cielo! Dice che la sua salute entrerà in un periodo di crisi. Infatti, ha visto un dottore stamattina. Dice anche che la guarigione sarà molto difficile. Ma no, sono tutte storie!

Pronto, chi parla?

Pronto, sono il dottor Tripicchio. C'è la Signora Casati, per favore?

No, mi dispiace, è appena uscita. C'è un messaggio? Vuole lasciarmelo?

Dunque, Lei sarà una delle studentesse. Abbiamo un problema. Ve l'ha spiegato la Signora Casati, vero?

Sì, sì…

Va bene… sono brutte notizie. Non c'è speranza, non vale la pena salvarla.

Che cosa ha detto!? Non vale la pena! Ma deve salvarla.

Sempre Avanti! ☛ 266

Ma è inutile, è troppo vecchia. Ma l'ha vista, Lei? È così vecchia. Le gambe sono storte, le braccia sono deboli.

Sì, sì, lo so, lo so! Ma non può aiutarla?

Ragazzi, calmatevi… dopo tutto non è nemmeno bella. Questa è la verità. Ve l'ho detta chiara e tonda. Ha avuto una lunga vita e adesso bisogna buttarla via. Non preoccupatevi che ce ne sono tante altre come quella. Buongiorno.

Ragazzi, la nostra povera Signora Casati è in fin di vita. Me l'ha detto il dottore.

AAAH… non ne posso più. Portatemi dal dentista! Se no, finirò peggio della Signora Casati!

PALAZZO REALE   DENTISTA

Va bene… posso salvare il dente… Ma devo mettere una corona d'oro. Che ne dici Giorgio?

Dunque, Giorgio, sembra che non diventerai ricco dopo tutto!

Però, l'oroscopo aveva ragione. Questa corona d'oro vale moltissimo!

Sempre Avanti! ☛ 267
CAPITOLO 19

DOMANDE SUL FUMETTO

1. Chi ha la rivista che Laura ha comprato?
2. Che cosa vuol fare Angela?
3. Perchè Giorgio non può muoversi?
4. Quando è nata Faye?
5. Che cosa dice l'oroscopo di Giorgio?
6. Che cosa aspetta la signora Casati?
7. Di che segno zodiacale è la signora Casati?
8. Che cosa dice il suo oroscopo?
9. Che cosa dice il dottor Tripicchio?
10. Perchè non vuole salvarla?

PARLIAMO

A. *The Future* — io, tu

Secondo l'oroscopo divent**erai** ricco/a. — Benissimo, ma dice quando divent**erò** ricco/a?
Secondo l'oroscopo ricev**erai** un milione di lire. — Benissimo, ma dice quando ricev**erò** ....
Secondo l'oroscopo part**irai** per l'America. — Benissimo, ma dice quando ....
Secondo l'oroscopo ritorn**erai** in Italia. — ....
Secondo l'oroscopo rived**rai** vecchi amici. — ....
Secondo l'oroscopo **farai** un lungo viaggio. — ....
Secondo l'oroscopo **sarai** primo ministro. — ....
Secondo l'oroscopo cap**irai** tutta questa grammatica. — ....

B. *The Future* — lui/lei, loro

Non è ancora tornato? — Te l'ho detto, torn**erà** fra due settimane.
Non sono ancora arrivati? — Te l'ho detto, arriv**eranno** fra................
Non l'ha ancora comprato? — Te l'ho detto, lo ....
Non l'hanno ancora riparata? — Te l'ho detto, la ....
Non è ancora partita? — ....
Non sono ancora uscite? — ....
Non l'ha ancora venduto? — ....
Non l'ha ancora vista? — ....

C. *The Future* — noi, voi; lo, la, li, le

Ma non avete visitato i nonni! — Pazienza, li visit**eremo** uno di questi giorni.
Ma non abbiamo letto la Divina Commedia! — Pazienza, la legg**erete** ....
Ma non avete finito i compiti! — Pazienza, li ....
Ma non abbiamo fatto le fotografie! — Pazienza, le ....
Ma non avete rivisto quei vecchi amici! — ....
Ma non abbiamo comprato la nuova macchina! — ....
Ma non avete riparato il mio orologio! — ....
Ma non abbiamo incontrato quelle ragazze! — ....

D. *The Future* — essere, avere; ci, ne

Sarò a Milano il ventuno. Ci sarai tu? — Sì, **ci sarò** anch'io.
Sarò a Siena il sedici. Ci sarà lui? — Sì, **ci sarà** anche ....
Saremo a Firenze il due. Ci sarete voi? — ....
Saremo a Roma il venti. Ci saranno loro? — ....
Avrò due valige. E tu, quante ne avrai? — **Ne avrò** due anch'io.
Avrò tre biglietti. E lui, quanti ne avrà? — **Ne avrà** tre anche ....
Avremo sei posti. E voi, quanti ne avrete? — ....
Avremo nove giorni. E loro, quanti ne avranno? — ....

E. *Irregular Futures*

Vedrai la Fiera? — Se **avrò** tempo la **vedrò**. — **Verrai** anche tu? ....
Andrà in Svizzera? — Se **avrà** tempo ci ...... — **Rimarrà** con gli zii? ....
Rimarrete a Parigi? — Se **avremo** .... — **Andrete** dalla zia? ....
Verranno Anna e Renzo? — Se **avranno** .... — **Vedranno** il Duomo? ....

PARLIAMO

F. Non vale la pena!

Perchè non salva la signora Casati? Perchè non vale la pena salvarla.
Perchè non ripara il mio orologio? Perchè non vale la pena ripararlo.
Perchè non leggi l'oroscopo? ....
Perchè non finisci quella lettera? ....
Perchè non cerchi quell'orecchino? ....
Perchè non vendi quella vecchia macchina? ....

G. Pronoun combinations: mi, ti, ci, vi + lo, la, li, le

Ah, il giornale d'oggi! Me lo dai? E va bene, **te lo** do.
Che bel motorino! Ce lo dai? E va bene, **ve lo** do.
Mi piace quella foto. Me la mandi? E va bene, **te la** mando.
Una cartolina di Sirmione! Ce la mandi? E va bene, **ve la** mando.
Che begli orecchini! Me li presti? ....
Se non vuoi questi libri, ce li presti? ....
Adoro queste storie! Me le leggi? ....
Lettere dall'Australia! Ce le leggi? ....

H. Pronoun combinations with infinitives

Perchè non me lo spieghi? Non posso spiegar**telo** adesso.
Perchè non ce lo lasci? Non posso lasciar**velo** ....
Perchè non me la leggi? ....
Perchè non ce la mandi? ....
Perchè non me li dai? ....
Perchè non ce li presti? ....
Perchè non me le racconti? ....
Perchè non ce le prometti? ....

I. Non ce n'è

Scusi, mi può dare un altro libro? Mi dispiace, non **ce n'è** un altro.
Scusi, mi può dare un'altra foto? Mi dispiace, non **ce n'è** un'altra.
Scusi, mi può dare un altro cappello? ....
Scusi, mi può dare un'altra giacca? ....
Scusi, mi può dare un altro vestito? ....
Scusi, mi può dare un'altra maglia? ....

J. Ce ne sono; quello/a

Questa sedia è bella. Sì, ma **ce ne sono** molt**e** come quella.
Quest'armadio è bello. Sì, ma **ce ne sono** molt**i** come quello.
Questa canzone è bella. ....
Quest'orologio è bello. ....
Questa villa è bella. ....
Questo lago è bello. ....

Espressioni	
essere nato/a	to be born
chiaro e tondo	in plain language, perfectly clearly
girare un film	to shoot a film
il palazzo reale	the royal palace
non vedo l'ora	I can't wait
portare in giro	to take around
stare attento	to be careful
sono tutte storie!	it's all nonsense!
tenere in ordine	to keep tidy
non vale la pena	it's not worth the effort

DEI RAGAZZI SARDI

◀ Ciao, mi chiamo Maria Caterina e abito in Sardegna, sulla costa Smeralda, al nord-est dell'isola. È una zona molto pittoresca con tante spiaggette isolate e montagne rocciose che si vedono sempre nello sfondo.

▲ È un posto talmente incantevole che hanno girato diversi film qui. Avete visto quel film di James Bond "La spia che mi amava"? Ebbene, mio padre che fa il tassista portava in giro quel signore gigantesco con i denti metallici...come si chiamava? Be', non me lo ricordo.

◀ D'estate, specialmente durante i mesi di luglio e agosto, tutti i traghetti sono pieni di turisti che vengono a passare le loro vacanze qui.

SOTTOPIAZZA
TABACCHI
CERVO TENNIS CLUB
MARINASARDA
PORTO VECCHIO
DISCOTECA

◀ Questa è la dolce vita! Alzarsi un po' tardi...andare a fare il bagno...prendere un po' di sole...forse fare anche del windsurf...e poi tornare al bar del Grillo per un buon pranzo, seguito naturalmente da una siesta.

Maria Caterina, hai dimenticato la cosa più importante! Non hai detto che ci stiamo preparando per vincere l'America's Cup. Voi australiani dovete stare attenti, la nostra barca è formidabile.

Guardala! Che forte!

Antonio sei sempre uno spaccone. Sei sicuro che sarà pronta in tempo? C'è ancora molto da fare...e poi non mi sembra così veloce. ▶

Be', cos'aspettiamo allora? Diamoci da fare!

Sempre Avanti! ☞ 271
CAPITOLO 19

CONVERSIAMO

1. L'oroscopo.

Dimmi,	quando sei nato/a? / qual'è la tua data di nascita? / quando è il tuo compleanno?

Sono nato/a / Il mio compleanno è	il due gennaio. / il primo novembre. / il venticinque ottobre. / (give your date of birth)

Dunque, sei	Capricorno. / Scorpione. / (give the appropriate sign)	Secondo l'oroscopo	diventerai ricco/a. / farai un lungo viaggio. / sarai primo ministro. / avrai tredici figli. / troverai il ragazzo dei tuoi sogni. / incontrerai la ragazza ideale. / mi darai tutto quello che voglio.

Ridicolo!
Sono tutte storie!
Benissimo! Non vedo l'ora.
Non dirmi che leggi quelle stupidaggini!
Boh, che sarà, sarà!

2. Farai un lungo viaggio!

Che cosa / Dove	farai / farete / andrai / andrete	quando	sarai / sarete / sei / siete	in Italia?

Prima	andrò / andremo	in Sicilia e in Calabria / nell'Italia meridionale / nel Sud d'Italia / a Genova	e poi	voglio / vogliamo	vedere Roma.

Vedrai / Vedrete / Visiterai / Visiterete	anche	il Nord? / la Costa Adriatica? / la Riviera Ligure? / i parenti in Abruzzo? / gli zii a Trevio?

Sì, certo.	Partirò / Partiremo	per	Rimini / San Remo / Pescara / il Veneto / il Lago Maggiore	il	primo giugno. / quattordici luglio. / sedici agosto. / due settembre.

Fortunato/a/i/e!
Posso venire? Ti porto i bagagli.
Mandami almeno una cartolina.
Mi raccomando. Sta/state lontano dai lupi.
Buon viaggio!

Grazie.
Va bene.

CONVERSIAMO

A. You're sitting around with nothing much to do.
★ Your friend has just finished reading the newspaper or a magazine. You ask him to give it to you.
★ You find the horoscope and ask your friend's date of birth.
★ You work out what sign he is and then read out a prediction of the future.
★ Your friend reacts appropriately.

B. You meet a friend you haven't seen for a while.
➤ Your friend tells you that she's going to Italy next year.
➤ You ask where she will go, what she will do.
➤ She tells you where she will be going first.
➤ You specify some particular destinations and ask if she will be going there.
➤ She tells you when she will be going there.
➤ You're green with envy.

DI CHE SEGNO ZODIACALE SEI?

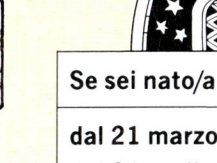

Ariete  
Pesci 
Toro  
Acquario 
Gemelli
Capricorno
Cancro
Sagittario
Leone
Scorpione
Bilancia
Vergine

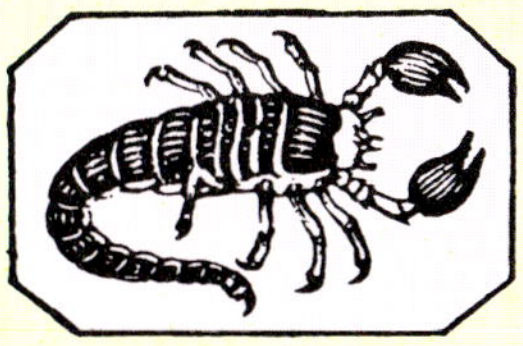

Se sei nato/a	Sei
dal 21 marzo al 20 aprile	Ariete
dal 21 aprile al 20 maggio	Toro
dal 21 maggio al 21 giugno	Gemelli
dal 22 giugno al 22 luglio	Cancro
dal 23 luglio al 23 agosto	Leone
dal 24 agosto al 22 settembre	Vergine
dal 23 settembre al 22 ottobre	Bilancia
dal 23 ottobre al 22 novembre	Scorpione
dal 23 novembre al 21 dicembre	Sagittario
dal 22 dicembre al 20 gennaio	Capricorno
dal 21 gennaio al 19 febbraio	Acquario
dal 20 febbraio al 20 marzo	Pesci

PAROLE NUOVE

attento!	be careful!
calmatevi!	calm yourselves!
chiedere (chiesto)	to ask (asked)
la coincidenza	the coincidence
la corona	the crown
la crisi	the crisis
formidabile	impressive, tremendous
gigantesco	gigantic
la guarigione	the recovery (from illness)
il guastafeste	the spoil-sport, wet blanket
inutile	useless
isolato	isolated
maledetto	damned
il messaggio	the message
muoversi	to move oneself
il nobiluomo	the nobleman
la notizia	the news
l'opinione (f)	the opinion
l'oroscopo	the horoscope
peggio	worse
il periodo	the period
piacevole	pleasing, pleasant
pittoresco	picturesque
preciso	precise
roccioso	rocky
salvare	to save
lo sfondo	the background
spaccone	brag, boaster
la spiaggetta	the little beach
storto	crooked
stupidaggini	nonsense, stupidity, foolishness
il tassista	the taxi driver
tenere	to hold
la zona	the area, zone

Il Tempo — Time

l'anno	the year
il decennio	the decade
il minuto	the minute
quindici giorni	the fortnight
il secondo	the second
la settimana	the week
la stagione	the season
oggi	today
domani	tomorrow
dopodomani	the day after tomorrow
ieri	yesterday
l'altro ieri	the day before yesterday
adesso	now
dopo	after
più tardi	later
subito	immediately

In che secolo?

1900's	il **Novecento** è il ventesimo secolo
1800's	l'**Ottocento** è il diciannovesimo secolo
1600's	il **Seicento** è il diciassettesimo secolo
1400's	il **Quattrocento** è il quindicesimo secolo
1300's	il **Trecento** è il quattordicesimo secolo

In che secolo...?

RIASSUNTO DI GRAMMATICA

1. The Future tense

In English you need several words to form the *Future tense*,
e.g. he will speak, they will finish. In Italian you only need one word:

Parl**are***	to speak	Prend**ere**	to take	Fin**ire**	to finish
parl**erò**	I will speak	prend**erò**	I will take	fin**irò**	I will finish
parl**erai**	you will speak	prend**erai**	you will take	fin**irai**	you will finish
parl**erà**	he, she, it will speak	prend**erà**	he, she, it will take	fin**irà**	he, she, it will finish
parl**eremo**	we will speak	prend**eremo**	we will take	fin**iremo**	we will finish
parl**erete**	you will speak	prend**erete**	you will take	fin**irete**	you will finish
parl**eranno**	they will speak	prend**eranno**	they will take	fin**iranno**	they will finish

*You need to be a bit careful with **-are** verbs, don't you?!

Essere	to be	**Avere**	to have
sarò	I will be	**avrò**	I will have
sarai	you will be	**avrai**	you will have
sarà	he, she, it will be	**avrà**	he, she, it will have
saremo	we will be	**avremo**	we will have
sarete	you will be	**avrete**	you will have
saranno	they will be	**avranno**	they will have

2. Using the Future

a) Using the *Future* is very straightforward.
It's the tense you need to tell what will happen.

e.g. **Tornerà fra due settimane.**
He'll come back in two weeks (time).

Arriveranno fra cinque giorni.
They'll arrive (be arriving) in five days.

Notice that **fra** is used for the English <u>in</u> with *future* expressions.

b) Often, Italian will have a *Present tense* where English uses the *Future*. This is especially true when referring to the very near future.

e.g. **Torno subito.**
I'll be right back.

Va bene, ve lo leggo adesso.
O.K., I'll read it to you now.

3. A special use of the Future

Occasionally the *Future* is used to express what must be or is probably the case.

e.g. **Dunque Lei <u>sarà</u> una delle studentesse.**
So you must be one of the school-girls.
No, non è venuto. <u>Avrà</u> troppo da fare. No, he hasn't come. He probably has too much to do.

4.
Sometimes Italians use the *Future* after **quando** and **se** where English would use the *Present*.

e.g. **Ve lo <u>dirò</u> quando arriverete.**
I'll tell you when you arrive.
Ci andremo se avremo tempo.
We'll go there if we have time.

5. Irregular forms

The following verbs are irregular in the Future:

andare (to go)	andrò
bere (to drink)	berrò
cadere (to fall)	cadrò
dovere (to have to)	dovrò
potere (to be able)	potrò
rimanere (to remain)	rimarrò
sapere (to know)	saprò
vedere (to see)	vedrò
venire (to come)	verrò
vivere (to live)	vivrò
volere (to want)	vorrò

For the *Future tense* there are no irregular endings.
So what's irregular about these verbs?

6. Pronoun combinations

The pronouns **mi, ti, ci, vi** change to **me, te, ce, ve** when they precede **lo, la, li, le** and **ne**.

e.g. **Perchè non <u>me lo</u> spieghi?**
Why don't you explain it to me?

<u>Ce l'</u>ha letto ieri sera.
He read it to us last night.

Non posso mandar<u>veli</u> oggi.
I can't send them to you today.

<u>Te ne</u> ha parlato stamattina.
He spoke to you about it this morning.

CAPITOLO VENTI
È QUESTA LA FINE?

I ragazzi erano momentaneamente distratti da quel dolore di Giorgio. Adesso però la piena forza delle parole del dottor Tripicchio li sta colpendo.

Ma non capisco come un medico potrebbe dire delle cose simili. E poi, la signora Casati non è tanto vecchia.

Povera signora Casati! Quel dottore è proprio senza cuore. Anche se è vecchia dovrebbe cercare di salvarla.

Kevin, siamo sinceri qui. La Casati avrà quasi trent'anni, sai. Siamo tutti addolorati ma non è colpa nostra. L'abbiamo sempre trattata bene.

Non direi che l'abbiamo trattata molto bene. Vi ricordate di quell'episodio coi motorini a Roma? Le abbiamo detto un sacco di bugie.

Sì, sì, glielo dovremmo confessare, se no, non dormirò mai tranquilla.

Dopo tutte quelle frottole che le avete detto voi ragazze neanch'io dormirei bene. Meno male che la mia coscienza è pulita.

Avresti quella foto di Kevin con la Casati in Sicilia?

Vuoi dire *quella* foto. Sì, eccola. Sono sicura che questa foto piacerebbe moltissimo alla signora Casati. Vuoi dargliela, signor Casanova?

Dammela, Angela!! Sai benissimo che stavo male.

Parlando di fotografie, ce ne sarebbe una di Venezia? Forse quella in Piazza San Marco.

Sì, faccela vedere!

Avete piena ragione. È stata tutta colpa mia. Glielo dirò quando ritorna.

Faye, non te la prendere! Siamo stati tutti cattivi con lei, poveretta! E lei che è così brava con noi, così innocente.

Purtroppo il passato è passato. Dobbiamo pensare a questi suoi ultimi giorni. Devono essere felici per lei.

Panel 1:

Felici per chi? Oh, state guardando delle foto. Aah, la villa di zio Alberto. È una bella casa ma i muri sono troppo sottili. Si sente tutto attraverso quei muri, vero ragazzi?

Ma signora, dev'essere stanca. Vuole un cuscino? Glielo prendo io.

Signora, preferisce un'aranciata o una limonata?

Le posso fare una fotografia, signora. Vorremmo ricordare per sempre la nostra maestra preferita.

Vorrebbe forse un Bacio, signora?

Panel 2:

Signora, è comoda? Le dobbiamo parlare. Ha telefonato quel dottor Tripicchio.

Sì, sì, so già tutto. Sono passata da lui e mi ha spiegato tutto. "Non c'è niente da fare". Ho anche telefonato a Roberto per dirglielo.

Panel 3:

E lui che cos' ha detto? Era veramente commosso?

No, no affatto. Ha detto che la roba vecchia non gli interessa.

Roba vecchia!? Non è vero.

Panel 4:

Sì, è vero. Mi ha convinto l'antiquario.

L'antiquario!??!

Sì, il dottor Tripicchio. Me l'ha detto chiaramente. Quella sedia non vale niente, è da buttar via. Ma voi ragazzi dovreste preparavi. Le valige dovrebbero essere già pronte. Domani si parte per l'Australia.

Sempre Avanti! 278

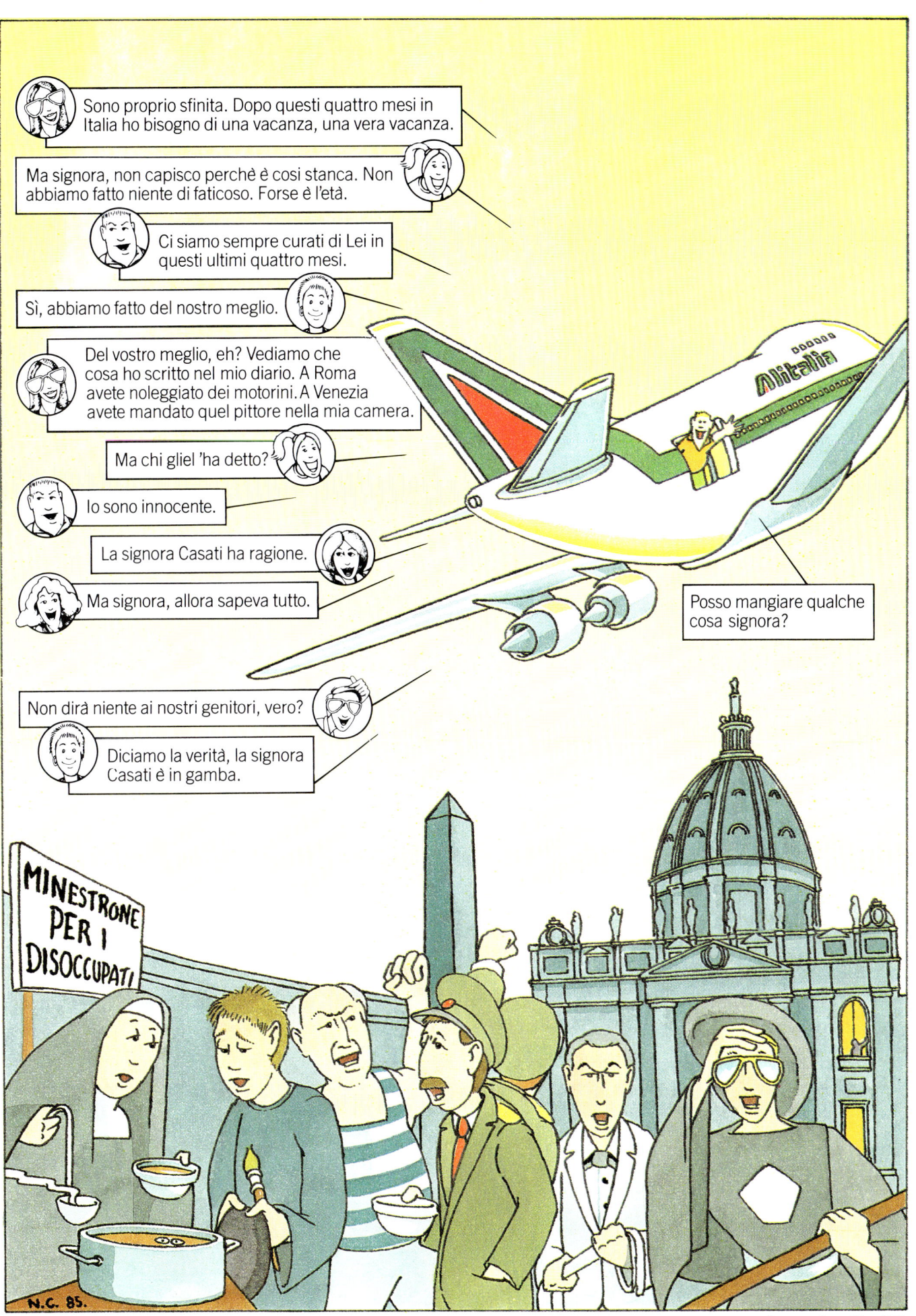

— Sono proprio sfinita. Dopo questi quattro mesi in Italia ho bisogno di una vacanza, una vera vacanza.

— Ma signora, non capisco perchè è cosi stanca. Non abbiamo fatto niente di faticoso. Forse è l'età.

— Ci siamo sempre curati di Lei in questi ultimi quattro mesi.

— Sì, abbiamo fatto del nostro meglio.

— Del vostro meglio, eh? Vediamo che cosa ho scritto nel mio diario. A Roma avete noleggiato dei motorini. A Venezia avete mandato quel pittore nella mia camera.

— Ma chi gliel'ha detto?

— Io sono innocente.

— La signora Casati ha ragione.

— Ma signora, allora sapeva tutto.

— Posso mangiare qualche cosa signora?

— Non dirà niente ai nostri genitori, vero?

— Diciamo la verità, la signora Casati è in gamba.

MINESTRONE PER I DISOCCUPATI

DOMANDE SUL FUMETTO

1. Secondo Faye il dottor Tripicchio è senza cuore. Perchè?
2. Che cosa non capisce Kevin?
3. I ragazzi hanno sempre trattato bene la signora Casati?
4. Perchè Laura vuole confessare tutto alla signora Casati?
5. Le hanno detto sempre la verità?
6. A che cosa devono pensare adesso i ragazzi? Perchè?
7. Quando la signora Casati è tornata che cosa le ha detto Kevin?
8. Come mai la signora sa già tutto quello che ha detto il dottor Tripicchio.
9. Roberto era veramente commosso quando ha sentito la notizia?
10. Perchè le valige dovrebbero essere già pronte?

PARLIAMO

A. *The Conditional — lui/lei, loro*

Credi che tornerà da solo?	Secondo me, non tornerebbe mai da solo.
Credi che compreranno una Ferrari?	Secondo me, non comprerebbero mai. . . .
Credi che venderà la sua Alfa?	Secondo me, non venderebbe . . . .
Credi che vedranno la differenza?	. . . .
Credi che capirà il problema?	. . . .
Credi che usciranno insieme?	. . . .
Credi che sarà contento con lei?	. . . .
Credi che avranno abbastanza soldi?	. . . .

B. *Conditional of* avere

Ho un biglietto per lo spettacolo.	Ne **avresti** due, per caso?
Ha una fotografia di Fausto.	Ne **avrebbe** due, ...
Abbiamo una cartolina di Milano.	Ne **avreste** . . . .
Hanno una valigia quasi vuota.	Ne . . . .
Hanno una cuccetta sul treno.	. . . .
Abbiamo un giorno libero a Roma.	. . . .
Ha un posto riservato per domani.	. . . .
Ho un francobollo da 300 lire.	. . . .

C. *Conditional of* dovere → potere

Dovresti confessarle tutto.	Non potrei mai confessarle tutto.
Dovrebbe dargli la foto.	Non potrebbe mai . . . .
Dovreste dirle la verità.	Non potremmo. . . . .
Dovrebbero leggergli quella lettera.	. . . .
Dovresti stare a letto.	. . . .
Dovrebbe lasciare la scuola.	. . . .
Dovrebbero buttar via quella sedia.	. . . .

D. *Conditional of* volere, dovere

Vuoi andare proprio adesso?	Sì, **vorrei** andare adesso se è possibile.
Vuole andare proprio adesso?	Sì, **vorrebbe** andare adesso, se . . . .
Volete andare proprio adesso?	Sì, **vorremmo** . . . .
Vogliono andare proprio adesso?	Sì, ...
Devi andare proprio adesso?	Sì, **dovrei** . . . .
Deve andare proprio adesso?	. . . .
Dovete andare proprio adesso?	. . . .
Devono andare proprio adesso?	. . . .

E. *Conditional of* piacere; glielo/li/la/le

Questa foto piacerebbe ad Angela.	Allora perchè non **gliela** dai?
Questa foto piacerebbe a Dario.	Allora perchè non **gliela** . . . .
Questo libro piacerebbe a Laura.	Allora perchè non **glielo** . . . .
Questo libro piacerebbe a Giorgio.	. . . .

PARLIAMO

Questi francobolli piacerebbero a Faye. . . . .
Questi francobolli piacerebbero a Kevin. . . . .
Queste cartoline piacerebbero alla zia. . . . .
Queste cartoline piacerebbero allo zio. . . . .

F. Fa! + pronoun combinations

Sarebbe tua questa fotografia?   Non so, **fammela** vedere!
Sarebbe tuo questo giornale?   Non so, **fammelo** vedere!
Sarebbero tuoi questi francobolli?   . . . . !
Sarebbero tue queste cartoline?   . . . . !
Sarebbe vostra questa rivista?   Non so, **faccela** vedere!
Sarebbe vostro questo biglietto?   . . . . !
Sarebbero vostri questi soldi?   . . . . !
Sarebbero vostre queste lettere?   . . . . !

G. Glielo/li/la/le with infinitive

Quest'orecchino è di Vito.   Dunque, dovresti **darglielo**.
Questo cappello è di Sandra.   Dunque, dovresti **darglielo**.
Questa giacca è di Tullio.   . . . .
Questa camicia è di Carla.   . . . .
Questi jeans sono di Ciccio.   . . . .
Questi calzini sono di Teresa.   . . . .
Queste scarpe sono di Adriano.   . . . .
Queste calze sono di Felicia.   . . . .

H. Conditional of essere; ce n'è, ce ne sono

Che belle fotografie!
Ce ne sarebbe una di Venezia?   Ma certo che ce n'è una. Eccola.
Ce ne sarebbero alcune di Roma?   Ma certo che ce ne sono alcune. Eccole.
Ce ne sarebbe una del lago?   . . . . Eccola.
Ce ne sarebbero alcune di Roberto?   . . . .
Ce ne sarebbe una della villa?   . . . .
Ce ne sarebbero alcune della sedia?   . . . .

I. Penso che sia, siano.

Dov'è la Signora Casati, in città?   Sì, penso che **sia** in città.
Dove sono i ragazzi, nella camera 24?   . . . penso che **siano** nella camera 24.
Dov'è Giorgio, in cucina?   . . . . **sia** in cucina.
Dov'è il professore, in classe?   . . . .
Dove sono le fotografie, nell'album?   . . . .
Dove sono i cinema, in centro?   . . . .
Dov'è Faye, dal dentista?   . . . .
Dove sono gli sbandieratori, in piazza?   . . . .

J. Credo che sia, siano, abbia, abbiano.

So che hanno una macchina, ma la Vespa?   Credo che **abbiano** anche una Vespa.
So che è bello, ma simpatico?   Credo che **sia** anche . . . .
Sono sicuro/a che ha una sedia, ma un cuscino?   . . . .
So che è povero, ma disoccupato?   . . . .
Sono sicuro/a che hanno fame, ma sete?   . . . .
Sono sicuro/a che sono a casa, ma liberi?   . . . .
So che ha la moglie, ma bambini?   . . . .
So che sono ricchi, ma contenti?   . . . .

Piazza San Pietro

Piazza di Spagna con in fondo la chiesa di Trinità dei Monti

IMPRESSIONI D'ITALIA

Giorgio: Però quei ragazzi italiani hanno la vita facile. Mentre noi in Australia studiamo e lavoriamo in luglio ed agosto loro sono completamente liberi. Vanno al mare, si divertono…insomma fanno la dolce vita. Dal mio viaggio c'è di buono che mi sono sempre tenuto in forma. Con tutto quel camminare, correre e nuotare ho perso parecchi chili.

Casati: Non so perchè, ma non dimenticherò mai Sirmione e il Lago di Garda. Forse sono i cieli azzurri, forse sono gli alberi in fiore, o forse le barchette ed i motoscafi, o forse è la gentilezza e la cordialità della gente…
Angela: O forse sono i windsurf e le persone che li noleggiano.

IMPRESSIONI D'ITALIA

Dario: Prima di andare in Italia pensavo di conoscere tutti i monumenti famosi come il Colosseo e la Torre di Pisa. Ma quando si vedono di persona sembrano molto diversi.

Kevin: Sì, infatti. Ti ricordi quando viaggiavamo verso Pisa in pullman? Da lontano si vedeva già la Torre attraverso la campagna. È una veduta che non si trova mai nelle cartoline.

Laura: Io invece ricorderò sempre quelle bellissime città nell'Italia centrale come Assisi e Siena. Quelle piccole vie strette strette chiuse al traffico dove passeggiavamo e facevamo nuove amicizie...

Faye: Hai ragione. Siena è bellissima, specialmente la veduta della piazza che si ha dalla torre. Non potrei mai dimenticare quel ragazzo che mi ha buttato la sua bandiera...come si chiamava? Ma, non importa. Era un vero fusto.

Laura: Vuoi dire Fausto! E non l'ha buttata a te, l'ha buttata a me.

IMPRESSIONI D'ITALIA

Angela, non dirmi che sai guidare la mia Ape perchè non ci credo.

Angela: La cosa che mi ha impressionato di più è stata la cordiale accoglienza dei miei parenti. Conoscevo i loro nomi ma non li avevo mai incontrati. Ma sono stati così affettuosi non soltanto con me ma anche con i miei amici. Ci hanno portato dappertutto. Come quel giorno quando abbiamo fatto un picnic in campagna dallo zio Stefano. Ricordate quella sua Vespa vestita da camioncino? Si chiamava un'Ape, no? Ho detto allo zio Stefano che io la sapevo guidare e gli ho raccontato la mia esperienza a Roma. Ma lui non è rimasto molto convinto.

CONVERSIAMO

1. **Mi saprebbe dire....?**

Scusi	signore, signora, signorina,	mi	può potrebbe sa saprebbe	dire	dov'è la stazione? se c'è una pensione qui vicino? dove potrei trovare un meccanico? quando apre questo negozio?

No,	mi dispiace. non sono di qua. non saprei dire. non sono sicuro/a.	Deve Dovrebbe Sarebbe meglio Potrebbe	comprare una pianta. cercare un vigile. domandare a quel signore. andare all'ufficio informazioni.

Va bene. E	avrebbe, per caso mi potrebbe dare vorrei anche	il nome di un buon medico? un orario dei treni? l'indirizzo di un buon avvocato? il numero dell'ufficio informazioni?

Ma gliel'ho già detto.	Non conosco questa città. Anch'io sono turista. Vorrei aiutarla ma non posso.

2. **Sempre opinioni!**

Penso Credo	che	la gente le persone quelli	che	abita abitano vive vivono	in campagna in città	sia siano	sfortunato/a/i/e. noioso/a/i/e. meno felice/i. matto/a/i/e.

Ma io	credo penso	che	abbia abbiano	una vita più tranquilla. tantissimo da fare. almeno aria pura.

No affatto, secondo	me mio fratello mia sorella	si sta meglio qui. abbiamo più da fare noi. anche qui l'aria è buona.

Davvero. Ecco	mio cugino mia zia il mio amico	che è	contadino/a. romano/a. di Milano.	Glielo vuoi ripetere?

No, grazie.	Preferirei stare zitto. Non vorrei offenderlo/la. Sarebbe meglio non dire niente.

Fifone! Sicuro/a? Come vuoi.

CONVERSIAMO

A. Your first day in a big Italian city and you need help.
- You approach someone and ask for some information.
- This person is unable to help and suggests that you go elsewhere for assistance.
- You then ask for further information or assistance.
- You are told again that you've asked the wrong person. He doesn't know much more than you do.

B. You're arguing with a friend about life in the city and life in the country.
- You give your opinion.
- Your friend disagrees completely.
- You get a bit carried away and make a few strong statements.
- By sheer chance your friend's tough looking aunt, who is from the city/country is making her way towards you. You're challenged to repeat what you just said.
- You break down rapidly.
- Your friend tells you what he thinks of you.

PAROLE NUOVE

l'accoglienza	the welcome, reception
addolorato	heart broken, sorrowful
l'albero	the tree
l'antiquario	the antique dealer
attraverso	across, through
la barchetta	the little boat
faticoso	tiring, exhausting
la felicità	happiness
il fiore	the flower
la frottola	the tall story, fib
la gentilezza	kindness
impressionare	to make an impression on, to impress
l'impressione (f)	the impression
interessare	to interest
miracoloso	miraculous
misterioso	mysterious
momentaneamente	momentarily
il muro	the wall
neanche	not even
offrire	to offer
parecchio	quite a lot of
prolungare	to extend, prolong
riservato	reserved
sfinito	exhausted, worn-out
lo spazzino	the street sweeper
lo spettacolo	the show
trattare	to treat
colpire	to hit, strike
confessare	to confess
convincere (convinto)	to convince (convinced)
la cordialità	warmth, cordiality
la coscienza	the conscience
la cura	the care, cure
curarsi (di)	to take care of
il cuscino	the cushion, pillow
la disgrazia	the misfortune, bad luck
la disoccupazione	unemployment
distratto	distracted
l'episodio	the episode
l'età	the age

Espressioni

avete per caso...?	have you by any chance...?
c'è di buono che...	it's a good thing that...
fare la dolce vita	to lead a life of leisure
non è rimasto molto convinto	he wasn't very convinced
non te la prendere	don't take it badly, don't get upset
neanch'io	I wouldn't either, I haven't either
penso che abbia sete	I think he's thirsty
tenersi in forma	to keep fit
un sacco di	a lot of

RIASSUNTO DI GRAMMATICA

1. The Conditional

Parl**are**	to speak	Prend**ere**	to take	Fin**ire**	to finish
parl**erei**	I would speak	prend**erei**	I would take	fin**irei**	I would finish
parl**eresti**	you would speak	prend**eresti**	you would take	fin**iresti**	you would finish
parl**erebbe**	he, she would speak	prend**erebbe**	he, she, it would take	fin**irebbe**	he, she, it would finish
parl**eremmo**	we would speak	prend**eremmo**	we would take	fin**iremmo**	we would finish
parl**ereste**	you would speak	prend**ereste**	you would take	fin**ireste**	you would finish
parl**erebbero**	they would speak	prend**erebbero**	they would take	fin**irebbero**	they would finish

2.

Like the *future*, the *conditional* has no irregular **endings**. But the irregular forms of the conditional are just like the future tense.

Infinitive	Future	Conditional
andare	an**drò**	an**drei**
bere	be**rrò**	be**rrei**
dovere	do**vrò**	do**vrei**
potere	po**trò**	po**trei**
rimanere	rima**rrò**	rima**rrei**
sapere	sa**prò**	sa**prei**
vedere	ve**drò**	ve**drei**
venire	ve**rrò**	ve**rrei**
volere	vo**rrò**	vo**rrei**

Essere	to be		**Avere**	to have
sarei	I would be		**avrei**	I would have
saresti	you would be		**avresti**	you would have
sarebbe	he, she, it would be		**avrebbe**	he, she, it would have
saremmo	we would be		**avremmo**	we would have
sareste	you would be		**avreste**	you would have
sarebbero	they would be		**avrebbero**	they would have

3. Using the Conditional

You use the Conditional to ask or tell what someone would do, have, be, etc.

e.g. **Avresti** quella foto della signora Casati?
Would you have that photo of Mrs. Casati?

Non dormirei tranquillo dopo tutte quelle frottole.
I would not sleep in peace after all those lies.

Ce ne sarebbe una di Venezia?
Would there be one of Venice?

4. The Conditional — a softer alternative

Like the conditioner you use on your hair or in your washing machine, the conditional can have a "softening" effect. It turns what would otherwise be a very blunt statement or request into something that sounds just a little "softer". For this reason it is used very often in everyday conversation.

e.g. **Ha/Avrebbe** una camera doppia per stasera?
Do you/Would you have a double room for this evening?

Voglio/Vorrei andare al cinema con te.
I want/I would like to go to the pictures with you.

Puoi/Potresti aiutarmi oggi?
Can you/Would you be able to (i.e. could you) help me today?

Signora, suo figlio deve/dovrebbe studiare di più.
Madam, your son must/should study more.

Sa/Saprebbe quando parte il prossimo treno?
Do you know/Would you know when the next train leaves?

A reminder! Sometimes the English word <u>would</u> is used in the *Imperfect* tense.

e.g. When I was young I would get up at 5:30 a.m.
Quand'ero giovane mi <u>alzavo</u> alle cinque e mezzo.

Il condizionale? Sì lo uso spesso.

RIASSUNTO DI GRAMMATICA

5. More pronoun combinations

gli + lo
le + lo } glielo   gli + la
le + la } gliela

gli + ne
le + ne } gliene

gli + li
le + li } glieli   gli + le
le + le } gliele

e.g. **Questa foto piacerebbe alla signora Casati. Vuoi dargliela?**
Mrs. Casati would like this photo. Do you want to give it to her?

Glielo dirò quando ritorna.
I'll tell him/her when he/she gets back.

No, non ha comprato i biglietti. Glieli ho dati.
No, he/she didn't buy the tickets. I gave them to him/her.

Perchè non gliene mandi?
Why don't you send some to him/her?

6. People

One Italian expression for people is **la gente**. Be careful if you use it in Italian because it is *feminine* and **Singular**.

e.g. **La gente non è contenta perchè ha freddo.**
The people aren't happy because they're cold.

You'll probably find it easier to use **le persone** since it is a *plural* expression (**la persona** means the person).

e.g. **Le persone che aspettano fuori stanno perdendo la pazienza.**
The people who are waiting outside are losing their patience.

In expressions such as old people, young people use **gli anziani, i giovani**.

7. Sia, siano; abbia, abbiano

Sia, siano and **abbia, abbiano** are the forms that Italians use instead of **è, sono** and **ha, hanno** after **penso che** and **credo che**.

e.g. **È francese?**
Is he French?

No, credo che sia svizzero.
No, I think he is Swiss.

So che non hanno una macchina ma penso che abbiano una Vespa.
I know they don't have a car but I think they have a Vespa.

VOCABOLARIO

USING THIS VOCABULARY

☿ The vocabulary lists provided here should serve as a very useful reference as long as they are used sensibly. Imagine that you're having trouble understanding the proverb **"Chi va piano va sano e va lontano"**. You look up the word **piano** and find "slowly, softly; floor; piano". Obviously, to make sense of the proverb, you need to select the appropriate English meaning from the four that are given. Otherwise you end up with people going to the floor or the piano. You need to be just as careful consulting the English/Italian vocabulary. If you want to say "He's just arrived", you say **"È appena arrivato"**. To translate "Just what I wanted", you might say **"Proprio quello che volevo"**. And if you wanted to say "Just a moment please," you would be wasting your time looking up the word for "just". Italians simply say **"Un momento, per favore"**. You may get some clue as to which word is the one you want by checking each in the Italian/English vocabulary. In this case you would look up **appena** and **proprio** and hope this would shed more light on the situation.

☿ The moral of the story? Use the vocabulary in conjunction with your understanding of how the Italian and English languages work. Going from one language to another is never simply a matter of grabbing the nearest word out of the vocabulary list. Try to get into the habit of seeing and learning words in context. If you learn the **Espressioni** in each chapter, your task of understanding the Italian idiom will become easier.

☿ You don't want to be like the student who was trying to express in Italian, "Do you come here often?" His first move? To look up "do" in the vocabulary??!!?

Some other useful hints:

1. When you look up a verb you will usually find only the infinitive. It's up to you to use the appropriate form of the verb.
2. Generally the masculine singular form of an adjective is given. You have to remember to make any necessary agreement with nouns.
3. Often adverbs are not given. In those cases you are expected to known how to form them. If you look up "slowly" you may only find "slow: **lento**". You'll know how to form the adverb, won't you.
4. Prepositions (**a, di, da, su, in, con, per,** etc.) cannot be adequately handled by a vocabulary list. Their meanings vary according to the context.
5. Note the gender of nouns. This will affect any adjectives you use with them. Where the gender is not obvious, it is indicated by (m) or (f).
6. Never try to translate English idioms literally. If you said to an Italian **"Non posso più mettere su con te"**, he would look at you very strangely!

VOCABOLARIO — ITALIANO/INGLESE

A

abbandonare: to abandon
abbastanza: enough
abbigliamento: clothing
abbraccio: hug
abbronzante — crema abbronzante: suntan lotion
abbronzarsi: to get a tan
abbronzatura: suntan
abitare: to live
abituarsi: to get used to
abruzzese: from the region of Abruzzo
accanto (a): next to
acceleratore (m): accelerator
accendere: to switch on
accento: accent
acchiappare: to catch
accidente (m): mishap; see **incidente**
accoglienza: reception, welcome
accomodarsi: to make oneself comfortable
aceto: vinegar
acqua: water
Acquario: Aquarius (star sign)
acquatico: aquatic
acquedotto: aqueduct
addolorato: sorrowful, sorry
addormentarsi: to fall asleep
adesivo: sticker
adesso: now
adorare: to adore
aereo: airplane

aeroporto: airport
afa: sultriness
affare (m): deal, bargain
affatto: not at all
affettuoso: affectionate
affittare: to lease, rent
affollare: to crowd
affollato: crowded
afoso: sultry
agenzia: agency
agenzia viaggi: travel agency
aggettivo: adjective
agitarsi: to become upset
aglio: garlic
ago: needle
agosto: August
agricoltura: agriculture
aiutare: to help
albergatore (m): hotel keeper, owner
albergo: hotel
albero: tree
albicocca: apricot
alcuni/e: some, a few
allacciare: to fasten
allenamento: training (sport)
allenarsi: to train
allibratore (m): bookmaker
alloggiare: to lodge, live temporarily
allora: then, well then
almeno: at least
altare (m): altar
alto: tall
altoparlante (m): loudspeaker, speaker

altrettanto: the same to you
altro: other
alunno: pupil
alzarsi: to rise, get up
amaca: hammock
amalfitano: from Amalfi
amare: to love
amaro: bitter
ambulatorio: surgery
Amburgo: Hamburg
americano: American
amichevole: friendly
amicizia: friendship
amico: friend
ammalato: sick
ammazzare: to kill
amore (m): love
amoroso: affectionate
analisi (f): analysis, test
ananas (m): pineapple
anche: also
ancora: still
andare: to go
anfiteatro: amphitheatre
angelico: angelic
angolo: corner
anguria: watermelon
animale (m): animal
animato — cartone animato: cartoon
anno: year
annoiarsi: to be bored
antenna: antenna
antico: ancient
antipasto: appetizer
antipatico: disagreeable

antiquario: dealer in antiques
antiquato: old-fashioned
anziano/a: old person
ape (f): bee
aperto: open (p.p. **aprire**)
appartamento: apartment
appena: as soon as, just
appetito: appetite
apprezzare: to appreciate
appuntamento: appointment
aprile: April
aprire: to open
arabo: Arab, Arabic
arancia: orange
aranciata: orange drink
arancino: rice ball
arancione: orange (colour)
architettura: architecture
arcivescovo: archbishop
argento: silver
aria: air, choke (motor)
armadio: cupboard
arrabbiarsi: to get angry
arrestare: to arrest
arrivare: to arrive
arrivederci: see you soon
arrogante: arrogant
arrossire (-isc-): to blush, become red
arrosto: roast
arte (f): art
articolo: article
artificio — fuochi/giochi d'artificio: fireworks
artista (m,f): artist
artistico: artistic

VOCABOLARIO   ITALIANO/INGLESE

asciugamano: towel
asciugarsi: to dry oneself, to wipe
asciutto: dry
ascoltare: to listen to
asino: donkey
aspettare: to wait (for)
aspirina: asprin
assegno: cheque
asso: ace
assolutamente: absolutely
astronauta (m,f): astronaut
astuccio: pencil case
atletica: athletics
atmosfera: atmosphere
attento: attentive; **stare attento:** — be careful, listen carefully
attenzione (f): attention
atterrare: to land
attirare: to attract
attore: actor
attraversare: to cross
attraverso: across
attrice: actress
audacia: boldness
auguri: congratulations, good luck
aula: classroom
australiano: Australian
autista (m,f): driver
auto (mobile) (f): car
autobus (m): bus
autocarro: truck, lorry
autogrill (m): motorway restaurant
automobile (f): car
automobilismo: car racing
autostrada: freeway
autunno: autumn
avanti: forward, ahead, come in
avere: to have
avvelenare: to poison
avvicinarsi: to come nearer, approach
avvocato (m): lawyer
avvocatessa (f): lawyer
azienda: firm, business
azione (f): action; share (business)
azzurro: blue

B

baciare: to kiss
bacio: kiss
baffo: moustache
bagaglio: luggage
bagnarsi: to get wet
bagnato: wet
bagnino: beach attendant, lifesaver
bagno: bathroom, bath
balcone (m): balcony
balena: whale
ballare: to dance
ballata: ballad
ballo: dance
bambina: little girl
bambino: little boy
bambola: doll
banana: banana
banca: bank
bancarella: stall
banco: bench, counter, desk
bandiera: flag
barattolo: jar
barba: beard
barbiere (m): barber
barca: boat

barzelletta: joke
basso: short, low
basta: that's enough
bastone (m): stick, a suit in cards
battaglia: battle
battere: to beat, defeat
batteria: battery
battuta: serve (tennis)
be' (abbreviation): well
bellezza: beauty
bello: beautiful, fine
bene: well
benvenuto: welcome
benzina: petrol
bere: to drink
bevanda: drink
bevo: drink
bianco: white
bianconero: black and white
bibita: drink
biblioteca: library
bibliotecaria (f): librarian
bibliotecario (m): librarian
bicchiere (m): glass
bicicletta: bicycle
biddelonese: Biddelonian
biglietto: ticket
bilancia: scales
Bilancia: Libra
biliardo: billiards
bilingue: bilingual
binario: railway track
binocolo: binoculars
biologia: biology
biondo: blonde, fair
birichino: cheeky
birra: beer
bisogno: need; **avere bisogno di:** to need
bistecca: steak
blu: navy blue
bocca: mouth
bocce (pl): bocce, bowls
bocciato: failed
boccone (m): mouthful, bite to eat
bolognese: from, of Bologna
bomba: bomb
borsa: bag
borsetta: handbag
bottiglia: bottle
bottone (m): button
braccetto — a braccetto: arm in arm
braccio: arm
bravo: good; well done!
briscola: a card game
britannico: British
broccoli (pl): broccoli
brodo: thin soup
bruciare: to burn
bruno: dark
brutto: ugly
buca: hole (e.g. in letter box)
bugia: lie
bugiardo: liar; deceitful
buonanotte: good night
buonasera: good evening, good afternoon
buongiorno: good day, good morning
buono: good
burro: butter
bussola: compass
busta: envelope
buttare: to throw

C

c'è: there is
c'entra: it's relevant, comes into it
c'era: there was
cabina: small room, cabin
cacciatora — alla cacciatora: a cooking style
cadere: to fall
caffè (m): coffee
calabrese: from, of Calabria
calamari (m,pl): calamari, squid
calciatore (m): soccer player
calcio: soccer, football
calcolare: to calculate
calcolo: calculation
caldo: hot, warm
calle (f): narrow street in Venice
calmarsi: to calm down
calmo: calm
calze (f,pl): stockings
calzini (m,pl): socks
calzolaio: shoe maker
cambiare: to change
cambio: change
camera: room, bedroom
cameriera (f): waitress, chambermaid
cameriere (m): waiter
camicetta: blouse
camicia: shirt
camion (m): truck
camioncino: small truck
camminare: to walk
campagna: country, countryside
campeggio: camp, camp ground
campionato: championship
campione (m): champion
campionessa (f): champion
campo: field
canale (m): canal
cancellino: eraser
Cancro: Cancer
candela: candle, spark plug
cane (m): dog
canestro: basket
canguro: kangaroo
cannelloni (pl): cannelloni
cannoli (pl): pastry sweets
cannone (m): ace, champion
canottaggio: rowing
cantante (m,f): singer
cantare: to sing
cantautore (m): singer-songwriter
canzone (f): song
caotico: chaotic
capelli (m,pl): hair
capire (-isc-): to understand
capitale (f): capital
capitano: captain
capitolo: chapter
capo: chief, head, boss
capolinea (m): terminus, end of the line
capostazione (m): station master
cappella: chapel
cappello: hat
cappotto: overcoat
capra: goat
capricciosa: capricious (type of pizza)
Capricorno: Capricorn
carabiniere (m): type of Italian policeman
caramella: lolly

caratteristico: full of character, quaint
carbonara: a pasta style
carico: cargo, load
carino: cute
carne (f): meat
caro: dear
carota: carrot
carro: cart
carta: paper
cartella: school bag
cartolina: post card
cartoni (animati) (m,pl): cartoons
casa: house
casello: toll gate
caso: chance
cassa: cash, cash desk, register
cassata: type of ice-cream
cassetta: cassette
cassiere (m): cashier
catacombe (pl): catacombs
cattivo: bad, naughty
cavaliere (m): knight
cavallo: horse
caviglia: ankle
cavolo: cabbage
celebre: famous
celeste: sky blue
cena: dinner
centinaia (f,pl): hundreds
cento: a hundred
centomila: a hundred thousand
centrale: central
centro: centre, city centre
cercare: to look for
cerotto: bandaid
certo: certain, certainly, of course
cetriolo: cucumber
che: what; that, which, who, whom
chiacchiere (f,pl): chat, talk
chiamare: to call
chiamarsi: to be called
chiaro: clear, light
chiedere: to ask (for)
chiesa: church
chiesto: asked (for), (p.p. **chiedere**)
chilo: kilo
chilometro: kilometre
chimica: chemistry
Chinotto: Chinotto — a cola drink
chiodo: nail
chioma: long, thick hair
chitarra: guitar
chitarrista: guitarist
chiudere: to close, shut
chiuso: closed, shut
ci: there; us, to us
ciao!: hi! bye!
cibo: food
cicalone!: big mouth!
ciclismo: cycling
ciclista (m,f): cyclist
cielo: sky, heaven
cinese: Chinese
cinquanta: fifty
cinque: five
cintura: belt
cioccolato: chocolate
cioè: that is
cipolla: onion
circa: about
città: city
cittadina: town
cittadinanza: citizenship
cittadino: citizen
classico: classical

VOCABOLARIO ITALIANO/INGLESE

cliente (m,f): customer, client
clima (m): climate
cognata: sister-in-law
cognato: brother-in-law
cognome (m): surname
coincidenza: coincidence
colazione (f): breakfast, lunch
collasso: breakdown
collega (m,f): colleague
collegio: college
collezione (f): collection
collo: neck
colomba: dove, pigeon
colonnello: colonel
colore (m): colour
Colosseo: Colosseum
colpa: fault, blame
colpire (-isc-): to strike
coltello: knife
comare (f): godmother
combattere: to fight
combinare: to organise; get up to
come: how, as, like
cominciare: to begin
commedia: play
commerciale: commercial
commerciare: to trade, do business
commercio: business, commerce
commesso (-a): shop assistant
commosso: moved, emotional
comodo: comfortable, convenient
compagno: friend, companion
compare (m): godfather
compatto: compact
compere (f,pl): purchases, shopping
compito: homework, task
compleanno: birthday
complesso: music group
completamente: completely
completo: complete, full
complicato: complicated
complimento: compliment
  fare complimenti (m,pl): to be too shy and polite
comprare: to buy
comune: common; town council
comunione (f): communion
comunque: however
con: with
concentrare: to concentrate
concerto: concert
conchiglia: shell
condimento: seasoning, flavouring
condizionata — aria condizionata: air conditioning
conferenza: conference, lecture
confessare: to confess
confusione (f): confusion
coniglio: rabbit
conoscere: to know, be acquainted with
conquistare: to conquer
considerare: to consider
consumare: to consume, use (up), wear out
contabilità: accountancy
contadino (-a): farmer, peasant
contento: happy
continuamente: continually
continuare: to continue
conto: bill, account
contorno: side dish, vegetables
contrada: district, section (of Siena)
conversare: to converse

convincere: to convince
coperto: cover charge; (p.p. **coprire**)
coppa: sporting trophy, cup
coprire: to cover
coprirsi: to cover oneself
coraggio: courage (a word of support, encouragement)
coraggioso: courageous, daring
cordiale: warm, friendly
cordialità: warmth, friendliness
coricarsi: to go to bed, lie down
corona: crown
corpo: body
correre: to run
corriere (m): courier
corsa: race
corto: short
cosa: thing
cosa?: what?
coscienza: conscience, consciousness
così: so
cosiddetto: so-called
costare: to cost
costume (m): costume; **costume da bagno**: bathers
cotoletta: cutlet, chop
cotone (m): cotton
cozze (f,pl): mussels
cravatta: tie
creare: to create
credere: to think, believe
crema: cream
crepare: to die, kick the bucket
crescere: to grow
cretino: idiot
crisi (f): crisis
cronaca: news report
crudele: cruel
cuccetta: berth, bunk
cucchiaio: spoon
cucina: kitchen; cooking
cucinare: to cook
cuffia: cap, headphones
cugino: cousin
culinario: culinary
cuoco (-a): cook
cuore (m): heart
curarsi di: to look after
curva: curve
cuscino: cushion, pillow

D

d'accordo!: agreed!
da: from etc.
dama: lady; a suit in cards
dammi!: give me!
danno: damage
dappertutto: everywhere
dare: to give
data: date
dattilografo (-a): typist
davanti a: in front
davvero: really
debole: weak
decennio: decade
decidere: to decide
decimo: tenth
deciso: decided (p.p. **decidere**)
decollo: take off
delicato: delicate
denaro: money; a suit in cards
dente (m): tooth
dentista (m, f): dentist

dentro: inside
depositare: to deposit
desiderare: to desire
destare: to awaken
destinazione (f): desination
destra: right
detestare: to detest
detto: said (p.p. **dire**)
devo: I must
di: of, etc.
dialetto: dialect
diario: diary
diavolo: devil
dicembre (m): December
dico: I say, tell
dieta: diet
dietro: behind
differente: different
differenza: difference
difficile: difficult
digerire (-isc-): to digest
digestione (f): digestion
dimenticare: to forget
dimmi!: tell me!
Dio: God
diploma (m): diploma
dire: to say, tell
diretto: direct; (**treno diretto**)
direttore (m): manager, principal
direttrice (f): manager, principal
direzione (f): direction
diritto: straight, straight ahead
disastro: disaster
disco: record
discoteca: discotheque
discreto: quite good, nice
disegnare: to draw, design
disegno: drawing, design
disgrazia: misfortune
disoccupato: unemployed
disoccupazione (f): unemployment
disonesto: dishonest
disonore (m): dishonour
disperato: distraught, distressed
dispiace — mi dispiace: I'm sorry
disteso: outstretched
distinto: distinguished
distratto: distracted
distributore (m): petrol pump
disturbare: to disturb
dito: finger
ditta: company, firm
diventare: to become
divertente: enjoyable, entertaining
divertimento: entertainment
divertirsi: to enjoy oneself
divino: divine
divisione (f): division
do: I give
doccia: shower
documentario: documentary
documento: document
dogana: customs
doganiere (m): customs officer
doge (m): Doge, Venetian duke
dolce (m): sweet
dolore (m): pain, sorrow
domanda: question
domandare: to ask (for)
domani: tomorrow
domare: to tame, break in
domenica: Sunday
domicilio: (place of) residence
donna: woman
dopo: after

dopodomani (m): day after tomorrow
doppio: double, doubles
dormire: to sleep
dottore (m): doctor
dottoressa (f): doctor
dov'è: where is
dove: where
dovere: to have to; duty
dozzina: dozen
dubbio: doubt
ducale: ducal
dunque: so, therefore
duomo: cathedral
durante: during
durare: to last
duro: hard

E

e: and
è: he, she, it is
ebbene: well, well then
eccetera (ecc.): etcetera (etc.)
eccellente: excellent
eccezionale: exceptional
ecco: here, there is, are
ed: and
edicola: news stand
edificio: building
educativo: educational
educazione (f): education, upbringing
effetto: effect
egregio: eminent
ei!: hey!
elefante (m): elephant
elegante: elegant
eleganza: elegance
elementare: elementary, primary
elenco: list
elettricista (m, f): electrician
elettricità: electricity
elettrico: electric
elettronica: electronics
elezione (f): election
elmo: helmet
ente (m): agency, bureau
entrare: to enter
entrata: entrance
episodio: episode
epoca: age, era
era: he, she, it was
erba: grass
errore (m): error
esagerato: exaggerated, too much
esame (m): exam
esatto: exact, exactly
esco: I go out (see **uscire**)
esempio: example
esercitarsi: to exercise
esorcista (m,f): exorcist
esperienza: experience
esposto: displayed
espressione (f): expression
espresso: express
essa: she, it
essere: to be
est: east
estate (f): summer
estetista (m,f): beautician
estinguere: to extinguish, put out
estivo: summer, summery
età: age
etto: 100 grams
Europa: Europe

VOCABOLARIO ITALIANO/INGLESE

evidente: evident
evitare: to avoid

F

fabbrica: factory
facchino: porter
faccia: face
faccia pure: go right ahead!
faccio: I do, make (see **fare**)
facile: easy
fagioli (m,pl): beans
fagiolini (m,pl): string beans
fame: hunger; **avere fame**: to be hungry
famoso: famous
fantascienza: science fiction
fantino: jockey
fare: to do, make
farfalla: butterfly
farmacia: pharmacy
farmacista (m,f): chemist
faticoso: tiring
fatto: did, made (see **fare**)
fattoria: farm
favore (m): favour; **per favore**: please
fazzoletto: handkerchief
febbraio: February
fece: he/she/it did, made
felice: happy
felicità: happiness
fermare: to stop
fermarsi: to stop oneself
fermata: the stop, bus stop
fermo: still, motionless
ferro: iron
ferrovia: railway (noun)
ferroviario: railway (adj)
fertile: fertile
festa: feast, party
festivo: festive
fettuccine (f,pl): pasta in narrow strips
ficcanaso: stickybeak
fico: fig
fidanzamento: engagement
fidanzata: fiancèe
fidanzato: fiancè
fiera: fair, trade exhibition
fifone: wimp, coward
figlia: daughter
figlio: son
figura — **fare bella figura**: to create a good impression
figuri — **si figuri**: don't mention it
filosofia: philosophy
finale (f): final
finalmente: finally
fine (f): end
finestra: window
finire (-isc-): to finish
fino a: until
finta: pretence; **fare finta**: to pretend
fiore (m): flower
fiorentino: Florentine
firmare: to sign
fisica: physics
fisico: physique; physical
fitto: thick
folla: crowd
fondo — **in fondo**: at the end, bottom
fontana: fountain
forchetta: fork

forma: form, shape
formaggio: cheese
formidabile: formidable
fornaio: baker
forno: stove, oven
Foro: Forum
forse: perhaps
forte: strong, loud
fortuna: fortune, luck
fortunato: lucky
forza: strength; come on!
foto (f): photo
fotografare: to photograph
fotografia: photograph(y)
fotografica: photographic
fotografo(-a): photographer
fra: between, among; in
fragola: strawberry
frana: landslide, disaster
francamente: frankly
francese: French
Francia: France
francobollo: stamp
frate (m): brother, monk
fratello: brother
freddo: cold
fregare: to steal, "pinch"
freno: brake
frequentare: to attend
fresco: fresh, cool
fretta: hurry, haste; **avere fretta**: to be in a hurry
frigo (frigorifero): fridge
fritto: fried; "in trouble"
friulano: of, from Friuli
frizione (f): clutch (of car)
frottola: fib, lie
frutta: fruit
fruttivendolo (-a): fruiterer
fu: was
fumare: to smoke
fumetto: comic strip
fungo: mushroom
funicolare (f): cable car
funzionare: to work, function
fuoco: fire
fuori: outside
furbo: cunning, clever
furore — **fare furore**: to be a hit
fustagno: rough cotton cloth
fusto: "hunk", he-man
futbol (m): football
futuro: future

G

gabbiano: seagull
gabinetto: toilet
galleria: gallery; tunnel
gallina: chicken
gamba: leg
gamma: range
gara: race, competition
garage (m): garage
garantire (-isc-): to guarantee
gareggiare: to compete, race
gatto: cat
gelato: ice-cream
geloso: jealous
gemello: twin
generale: general
generi alimentari (m): food store, delicatessen
genero: son-in-law
genio: genius
genitore (m): parent, father

gennaio: January
gente (f): people
gentile: kind
gentilezza: kindness
geografia: geography
Germania: Germany
gerundio: gerund
gesso: chalk
gettone (m): token, chip (for phone)
ghiaccio: ice
ghiottone: glutton
già: already
giacca: jacket
giallo: yellow
Giappone (m): Japan
giapponese: Japanese
giardino: garden
gigantesco: gigantic
ginnastica: gymnastics
ginocchio: knee
giocare: to play
giocatore (m): player
gioco: game
giornalaio: newsagent
giornale (m): newspaper
giornalista (m,f): journalist
giornata: day
giorno: day
giovane (m): young; young person
giovanotto: young person, fellow
giovedì (m): Thursday
gioventù (f): youth, young people
giradischi (m): record player
giraffa: giraffe
girare: to turn
girasole (m): sunflower
giri (m,pl): turns, revolutions
giro: tour; "spin"
gita: trip, outing
giù: down
giubbotto: waist-coat
giugno (m): June
gladiatore (m): gladiator
gli: to him, to them; the
globo: globe
gnocchi (m,pl): gnocchi
gol (m): goal
gola: throat
golfino: cardigan, jumper
gomma: rubber, tyre
gommista (m): tyre repairer, seller
gondola: gondola
gondoliere (m): gondolier
gonna: skirt
gorilla (m): gorilla
gradire (-isc-): to like, welcome
grado: degree; **in grado**: capable
grammatica: grammar
grammo: gram
grande: big, great
grassaggio: greasing, oiling
grasso: fat; oily
grazie: thanks
Grecia: Greece
greco: Greek
gridare: to shout
grido: cry, shout
grigio: grey
grillo: cricket (insect)
grotta: grotto, cave
gruppo: group
guadagnare: to earn
guadagno: earnings
guaio: woe, trouble
guanto: glove
guardare: to watch, look at

guarigione (f): cure
guarire (-isc-): to cure, heal
guastafeste (m,f): "party pooper", "wet blanket"
guasto: broken down, not working
guida: guide, guide-book
guidare: to drive
gusto: taste

H

hobby (m): hobby
hotel (m): hotel

I

Iddio: God
idea: idea
ideale: ideal
identico: identical
idraulico: plumber
ieri: yesterday
ignorante: ignorant
imbecille: imbecile, fool
imbottito: with filling
imbucare: to post, mail
immaginare: to imagine
imparare: to learn
impegnativo: demanding
imperatore (m): emperor
imperiale: imperial
impermeabile (m): rain coat; waterproof
impianto: (mechanical) system
impiegato: "white collar" worker
importa: it's important
importante: important
importanza: importance
impossibile: impossible
impressionare: to impress
impressione (f): impression
incantevole: enchanting, beautiful
incapace: incapable
inchiesta: inquiry
incidente (m): accident
incluso: included
incompetente: incompetent
incontrare: to meet
incontrarsi: to meet
incontriamoci!: let's meet!
incontro: meeting
incredibile: incredible
indicare: to point out, to point to
indirizzo: address
individuo: individual
indossare: to put on, wear
indovinare: to guess
industriale: industrial
industriale (m,f): the businessperson
infatti: in fact
infermiera: nurse
infermiere (m): male nurse
informazione (f): information
ingegnere (m): engineer
ingegneria: engineering
Inghilterra: England
inglese: English
ingresso: entry; entrance hall
inno: hymn
innamorarsi: to fall in love
insalata: salad
insegnante (m,f): teacher
insegnare: to teach
insieme: together

VOCABOLARIO — ITALIANO/INGLESE

insipido: tasteless
insistere: to insist
insomma: um, er, in short
insulto: insult
intanto: meanwhile
intellettuale: intellectual
intelligente: intelligent
interessare: to interest
internazionale: international
intero: whole
interprete (m,f): interpreter
interurbana: inter-city
intervista: interview
intervistare: to interview
introdurre: to insert, introduce
inutile: useless
invariabile: invariable
invece: instead; on the other hand
inventare: to invent
invenzione (f): invention
inverno: winter
investigare: to investigate
inviato: correspondent
invitare: to invite
ippica: horse racing
Irlanda: Ireland
irlandese: Irish
isola: island
isolato: isolated
istituto: institute
istrice (m): porcupine; (a **contrada** of Siena)
istruttivo: educational
Italia: Italy
italiano: Italian
Iugoslavia: Jugoslavia
iva: retail tax

L

labbro: lip
laboratorio: laboratory
ladro: thief
ladrone (m): robber
laggiù: down there
lago: lake
laguna: lagoon
lampadario: lampshade
lanciare: to throw
lancio: throwing
lasagne (f,pl): lasagna
lasciare: to leave
latino: Latin
latte (m): milk
lattuga: lettuce
lavagna: blackboard
lavare: to wash
lavarsi: to wash (oneself)
lavasecco: dry cleaner's
lavorare: to work
lavoro: work
legare: to tie
leggere: to read
leggero: light
lento: slow
leone (m): lion
letto: bed
lezione (f): lesson
libero: free
libraio (-a): bookseller
libreria: bookshop
libro: book
licenza: time off, leave
liceo: high school
lido: beach, shore
lieto: happy, delighted

ligure: Ligurian, of, from Liguria
limonata: lemonade
limone (m): lemon
lingua: language, tongue
linguista (m,f): linguist
linguistico: linguistic
liquore: liqueur
lira: Italian currency
lista: list, menu
litigare: to argue, fight, quarrel
lombardo: Lombard; of, from Lombardy
Londra: London
lontano: far
loro: they; **il loro:** their
luce (f): light
luglio: July
lui: he
luna: moon
lunedì (m): Monday
lungo: long
lungomare: sea-front, esplanade
luogo: place
lupo: wolf

M

ma: but
macchè: what! Of course not
maccheroni (m,pl): macaroni, a type of pasta
macchina: car, machine
macchina fotografica: camera
macedonia: fruit salad
macellaio (-a): butcher
macelleria: butcher's shop
macinacaffè (m): coffee grinder
madre (f): mother
maestro (-a): teacher
magazzino: store
maggio: May
maggiore: bigger; **sorella maggiore:** older sister
magistrale — istituto magistrale: teacher's college
maglia: cardigan, jumper, knitwear
magnifico: magnificent
magro: thin
mai (non...mai): never
maiale (m): pig
male: wrong; ill
maledetto: cursed, damned
maleducato: rude, impolite
malese: Malaysian
mamma: mother, mum
mancia: tip (money given)
mandare: to send
mandarino: mandarin
mangiare: to eat
manifestazione (f): function, display
mano (f): hand
manovella: handle (of a machine)
mantenere: to maintain, keep
manzo: beef
marca: brand
marciapiede (m): footpath
mare (m): sea
maresciallo (m): officer, marshal
marinaio: sailor
marinara: a style of cooking
marito: husband
marrone: brown
martedì: Tuesday
marzo: March

mascalzone (m): rascal
massimo: maximum, greatest
matematica: maths
materia: subject (school)
matita: pencil
matrimonio: marriage, wedding
mattina: morning
matto: mad
maturo: mature
mazzo: bunch, pack (of cards)
meccanica: mechanics
meccanico: mechanic, mechanical
medaglietta: holy medal
media: average; **scuola media:** middle school
medicina: medicine
medico: doctor, medical
meglio: better
mela: apple
melanzana: eggplant
melone (m): melon
meno: less
mento: chin
mentre: while
menù: menu
meravigliarsi: to be surprised, to wonder
meraviglioso: wonderful
mercante (m): merchant
mercato: market
merce (f): the goods
mercoledì: Wednesday
merenda: afternoon/morning tea, snack
meridionale: southern
merletto: lace
mese (m): month
messa: Mass
messaggio: message
messo: put (p.p. **mettere**)
mestiere (m): occupation, trade
meta: destination, goal
metà: half
metallico: metallic
metropolitana: underground railway
mettere: to put
mettersi: to put on
mezzanotte (f): midnight
mezzo: half
mezzogiorno: mid-day
mi: me, to me
mica: at all, in the least, certainly not
miele (m): honey
migliaia (f,pl): thousands
migliore: better, best
mila (pl): thousand(s), e.g. **tremila**
milanese: Milanese; of, from Milan
miliardo: thousand million, billion
milione (m): million
mille: one thousand
minerale: mineral
minestra: soup
minestrone (m): thick vegetable soup
minimo: least
ministro: minister
minore: minor; **fratello minore:** younger brother
minuto: minute
mia/o: my
miracoloso: miraculous
miscela: mixture, blend
misterioso: mysterious

misto: mixed
misura: measure, size
mobile: mobile; **scala mobile:** escalator
moda: fashion
modella: model
moderno: modern
modesto: modest
modo: way, manner
modulo: form
moglie (f): wife
molo: pier
molto: much, a lot of
momentaneamente: momentarily
momento: moment
monaco: monk
mondiale: of the world
mondo: world
monello: brat
moneta: coin, money
montagna: mountain
monte (m): mountain, mount
monumento: monument
morale: moral
mordere: to bite
morire: to die
mortadella: a type of sausage
morte (f): death
motivo: reason, motive
moto: motorbike
motocicletta: motorbike
motore: motor
motorino: motor-scooter
motoscafo: motor-boat
mucca: cow
mucchio: a lot, a heap
multa: fine, penalty
municipio: town hall
nuovere: to move
muoversi: to move
muratore (m): brick-layer
muro: wall
muscolo: muscle
museo: museum
musica: music
musicale: musical
musicista (m,f): musician

N

napoletano: Neapolitan, of from Naples
narici (f,pl): nostrils
nascita: birth
nascondere: to hide
nascondersi: to hide oneself
naso: nose
nastro: tape
Natale (m): Christmas
nativo: native
nato: born (p.p. **nascere**)
naturale: natural
nave (f): ship
nazionale: national; **la nazionale:** the national soccer/sporting team
nazionalità: nationality
nazione (f): nation
nè: neither...nor, (**nè...nè...**)
neanche: not...even (like **nemmeno**)
nebbia: fog
necessario: necessary
necessità: necessity
negoziante (m,f): shop-keeper
negozio: shop

VOCABOLARIO ITALIANO/INGLESE

nemmeno: not...even (like neanche)
nero: black
nervo: nerve
nervoso: nervous
nessuno: no one, nobody
neve (f): snow
nevicare: to snow
niente — non...niente: nothing
nipote (m,f): nephew, niece, grandchild
nipotino: grandson, nephew
nipotina: grandaughter, niece
nobiluomo: nobleman
noi: we, us
noioso: boring
noleggiare: to hire
nome (m): name
nonna: grandmother
nonno: grandfather
nono: ninth
nord (m): north
normale: normal
nostro: our, ours
notare: to notice
notizia: piece of news
notiziario: news bulletin
notte (f): night
novecento: nine hundred; **il Novecento:** the twentieth century
novembre: November
nozze (f,pl): wedding
numero: number
nuora: daughter-in-law
nuotare: to swim
nuoto (m): swimming
nuovo: new
nuvola: cloud
nuvoloso: cloudy

O

o: or
oasi (f): oasis
obbligatorio: compulsory
obelisco: obelisk
oca: goose
occhiali (m,pl): spectacles, glasses
occhio: eye
occupare: to occupy
odiare: to hate
odio: hatred
odore (m): smell, odour
offendere: to offend
officina: work-shop
offrire: to offer
oggi: to-day
ogni: every, each
Olanda: Holland
olandese: Dutch
olfatto: sense of smell
Olimpico: Olympic
olio: oil
oliva: olive
oltre: further, beyond
ombra: shadow, shade
ombrello: umbrella
ombrellone: beach umbrella
onda: wave; (a **contrada** of Siena)
opinione (f): opinion
opportunità: opportunity
oppure: or
ora: hour, time; now
orario: time, time-table, schedule

ordinale: ordinal
ordinare: to order
ordine (m): order
orecchino: ear-ring
orecchio: ear
orfano: orphan
origine (f): origin, beginning
oro: gold
orologiaio: watchmaker, seller
orologio: watch
oroscopo: horoscope
orrendo: horrible, hideous
orrore (m): horror
ospedale (m): hospital
osservare: to observe
osso: bone
osteria: inn, tavern
ottavo: eighth
ottimo: excellent
ottobre: October
ottocento: eight hundred; **l'Ottocento:** the nineteenth century
ovest (m): west
ovunque: wherever, anywhere
ovviamente: obviously

P

pacco: package
pace (f): peace
padre (m): father
padrino: godfather
paesaggio: countryside; landscape
paese (m): country; town
paga: pay
pagamento: payment
pagare: to pay
pagina: page
paio: pair
palazzo: building, palace
palestra: gymnasium
Palio: name of the traditional horse race in Siena
palla: ball
pallacanestro: basketball
pallavolo: volleyball
pallone (m): football
panca: bench
pancia: belly
pane (m): bread
panettiere (m): baker
panificio: bakery
panino: bread roll
panna: cream
panorama (m): view, panorama
panoramico: panoramic
pantaloncini (m,pl): shorts
pantaloni (m,pl): trousers
Papa: Pope
papà: dad
pappagallo: parrot
paradiso: paradise, heaven
parco: park
parecchio: quite a lot of
parente (m): relative
Parigi: Paris
parlare: to speak
parola: word
parrucchiere (-a): hairdresser
parte (f): part, side
partenza: departure
partire: to leave
partita: match, game
partito: political parfy

Pasqua: Easter
passaporto: passport
passare: to pass
passatempo: hobby, pastime
passeggero: passenger
passeggiare: to stroll, walk
passeggiata: the stroll, promenade
passeggio: the stroll, promenade
passo: step
pasta: noodles, pasta, pastry
pastasciutta: pasta with a red sauce
paste (f,pl): sweets,cakes
pasticceria: pastry shop, confectionery
pasticciere (m): pastry cook
pastiglia: tablet
pasto: meal
patata: potato
patatine: chips
patente (f): licence (driver's)
patria: native land
patrono: patron, protector
pattinaggio: skating
pattini (m,pl): skates
paura: fear; **avere paura;** to be afraid
pazienza: patience; **avere pazienza:** to be patient
pazzo: mad
pecora: sheep
peggio: worse
peggiore: worse
pelle (f): skin
pena — non vale la pena: it's not worth the effort
pendente: leaning, hanging; **la Torre Pendente:** the Leaning Tower
penna: pen
pensare: to think
pensione (f): boarding house
pepe (m): pepper
peperone (m): capsicum, pepper
per: for, through, etc.
pera: pear
perchè: why, because
perciò: therefore, for this reason
perdere: to lose
perfetto: perfect
pericoloso: dangerous
periodo: period
permanenza: stay, sojourn
permesso: permission; may I, may I come in
permettere: to permit
però: but, however
perso: lost (p.p. **perdere**)
persona: person
personalità: personality
perugino: of, from Perugia
pesante: heavy
pesca: peach; fishing
pescare: to fish
pescatore (m): fisherman
pesce (m): fish
peso: weight
pessimo: awful, very bad
pettinarsi: to comb your hair
pettine (m): comb
petto: chest
pezza: rag
pezzo: piece
piacciono — mi piacciono: I like (them)
piace — mi piace: I like (it)

piacere (m): pleasure
piacere: to be pleasing to
piacevole: pleasing, pleasant
piangere: to cry
piano: slowly, softly; floor; piano
pianta: map, plan; plant
piatto: plate
piazza: square
piccante: spicy
picchiare: to hit
piccolo: little
piede (m): foot
piemontese: of, from Piemonte
pieno: full
pietra: stone
pigiama (m): pyjamas
pigro: lazy
pila: battery
pillola: pill
pinne (f,pl): flippers
pioggia: rain
pioniere (m): pioneer
piovere: to rain
piscina: swimming pool
pisello: pea
pista: track
pittore (m): painter, artist
pittoresco: picturesque
pittrice (f): painter, artist
pittura: painting
pitturare: to paint
più: more
piuttosto: rather, instead of
pizzetta: small pizza
po': little, bit; **un pò** - a little
poco: little, bit; not very; **poco convincente:** not very convincing
poesia: poetry, poem
poeta (m): poet
poetessa (f): poet
poi: then
polacco: Polish
politica: politics
politico: political; **uomo politico:** politician
poliziotto: policeman
pollo: chicken
polo: pole; **Polo Nord:** North Pole
polpetta: meatball
polso: wrist
pomata: ointment
pomeriggio: afternoon
pomodoro: tomato
pompiere (m): fireman
ponte (m): bridge
popolare: popular
porta: door
portabagagli (m): luggage rack
portafoglio: wallet
portare: to carry, bring; wear
portatile: portable
portineria: lobby, foyer
porto: port
possibilità: possibility
possibilmente: possibly
posso: I can, may, am able
posta: post, Post Office
postale: postal; **Ufficio Postale:** Post Office
postino (-a): postman (postwoman)
posto: place, position, seat, room
potere: to be able
povero: poor
povertà: poverty
pozzo: well

VOCABOLARIO ITALIANO/INGLESE

pranzo: lunch, dinner
praticamente: practically, more or less
praticare: to practise, participate in
prato: grassed area, lawn
precedente: preceding
preciso: precise, exact
preferire (-isc-): to prefer
preferito: favourite, preferred
prefisso: prefix
pregare: to ask, beg, pray
premere: to press, push
prendere: to take; to have
prenotare: to book, order
preoccuparsi: to worry
preparare: to prepare
prepararsi: to get ready
presentare: to introduce, present
presentatore (m): announcer
presentatrice (f): announcer
presidente (m): president
preso: taken (p.p. **prendere**)
prestare: to lend
prestito: loan
presto: quickly, soon, early
prete (m): priest
prezzo: price
prigioniero: prisoner
primavera: spring
primo: first
principale: main
principe (m): prince
problema (m): problem
prodotto: product
professionale — scuola professionale: career oriented high school
professore (m): high school teacher, professor
professoressa (f): high school teacher, professor
profondo: deep
programma (m): program
programmatore (m): programmer
programmatrice (f): programmer
proibito: forbidden
prolungare: to prolong
promesso: promised (p.p. **promettere**)
promettere: to promise
promosso — essere promosso: to pass (an exam)
pronto: ready; "hello" (on phone)
pronuncia: pronunciation
pronunciare: to pronounce
proposito — a proposito: by the way, while we're on the subject
proprietario: owner, shopkeeper
proprio: just, exactly
prosciutto: ham
prossimo: next
provare: to try; experience
proverbio: proverb
provincia: province
prugna: plum
pubblico: public
pugliese: from, of Puglia
pulire (-isc-): to clean
pullman: coach, bus
pulsante: button, knob
punta: "striker" (in soccer)
puntata: episode, instalment
pupo: puppet
puro: pure
purtroppo: unfortunately

Q

qua: here
quaderno: notebook
quadro: picture
qualche: some, a few
qualcosa: something
qualcuno: someone, somebody
quale: which
qualità: quality; type
quando: when
quantità: quantity
quanto: how much
quaranta: forty
quarto: quarter, fourth
quasi: almost, nearly
quello: that
questo: this
questura: police station
qui: here
quinto: fifth

R

racchetta: racquet
raccomando — mi raccomando: don't forget!
raccontare: to tell, relate
racconto: story
raddrizzare: to straighten
radersi: to shave
radio (f): radio
raffreddarsi: to catch a cold, to become cold
raffreddato: suffering from a cold
raffreddore (m): cold
ragazzo: boy, child
ragione (f): reason; **avere ragione:** to be right
ragioneria: accounting
ragioniere (m): accountant
ragno: spider
rapido: — treno rapido: express train
raso: shaved, shaven (p.p. **radere**)
rassomigliare: to resemble
ravioli (m,pl): ravioli
recente: recent
reclame (f): advertisement, commercial
record (m): record
regione (f): region
registrare: to record
registratore (m): tape recorder
regolare: to adjust
regolarmente: regularly
regola: rule
religione (f): religion
religioso: religious
remo: oar
resistente: tough
resistere: to last
respiro: breath
restare: to remain, stay
riassunto: summary
ricchezza: richness, wealth
ricco: rich
ricetta: recipe, prescription
ricevere: to receive
riconoscere: to recognise
ricordare: to remember
ricordo: souvenir; memory
ricotta: ricotta cheese
ridere: to laugh
ridicolo: ridiculous
riempire: to fill, fill in, fill out
riga: ruler, line
rigatoni (m,pl): rigatoni — a type of pasta
rimanere: to remain
rimarrò: I will remain (fut. **rimanere**)
rimasto: remained (p.p. **rimanere**)
rimborsare: to refund, pay back
rimborso: payment, refund
riparare: to repair
ripetere: to repeat
ripieno: filling
riposarsi: to rest
risparmiare: to save
rispetto: respect
rispondere: to answer, reply
risposta: answer, reply
ristorante (m): restaurant
risultato: result, score
ritardo: delay; **in ritardo:** late
ritenere: to retain, hold onto
ritornare: to return
ritratto: portrait
riuscire a: to manage to, to succeed
riva: bank (of lake, river)
rivedere: to see again
riviera: riviera, coast
rivincita: revenge
rivista: magazine
rivoluzionario: revolutionary
roba: stuff
robot (m): robot
robusto: robust, solid, stout
roccioso: rocky
romanista: supporter of Roma soccer team
romano: Roman
romantico: romantic
rompere: to break
rosa: rose; pink
rosso: red
rotto: broken (p.p. **rompere**)
rovinare: to ruin
rozzo: rough
rubare: to steal
rumore (m): noise
rumoroso: noisy
ruota: wheel
russo: Russian

S

sabato: Saturday
sabbia: sand
sacco: bag; heap, stack
Sagittario: Sagittarius
sala: room
salame (m): salami
salato: salty
saldatura: welding
sale (m): salt
salgo: I go up, climb up
salire: to go up, climb up
salita: climb, entrance (e.g. of bus)
salotto: lounge, living room
salsa: sauce
saltare: to jump, leap
saltimbocca: a veal dish
salutare: to greet, say hello/goodbye to
salute (f): health
saluto: greeting
salvagente (m): life buoy
salvare: to save
salve!: hi there!
sandwich (m): sandwich
sangue (m): blood
sano: healthy
santo: saint
sapere: to know; to be able
sapone (m): soap
saporito: tasty
sardo: Sardinian; of, from Sardinia
sarò: I will be (fut. **essere**)
sarto (-a): tailor (dressmaker)
sasso: rock, stone
sbagliarsi: to make a mistake, be mistaken
sbaglio: mistake
sbandierare: to practise flag throwing
sbandieratore (m): flag thrower
scacchi (m,pl): chess
scala: stair, stairway, ladder
scaloppina: veal cutlet
scalzo: barefoot
scandalizzato: scandalised
scandalo: scandal
scappare: to escape, run away
scarpa: shoe
scatola: box
scavi (m,pl): excavations
scegliere: to choose
scelto: chosen (p.p. **scegliere**)
scemo: silly
scena: scene
scendere: to descend, go down, get off
sceso: descended, (p.p. **scendere**)
scheletro: skeleton
scherma: fencing (sport)
schermo: screen
scherzare: to joke
scherzo: joke
schiavo: slave
schiena: back
sci (m): skiing
sciare: to ski
sciarpa: scarf
scientifico: scientific
scienza: science
scienziato: scientist
scimpanzè: chimpanzee
sciocco: foolish, silly
scioglilingua: tongue twister
sciopero: strike
scommettere: to bet
scomodo: uncomfortable
scompartimento: carriage
scopa: broom; game of cards
scoperto: discovered, uncovered (p.p. **scoprire**)
scoprire: to discover, uncover
Scorpione: scorpion, Scorpio
scorso: last
scottatura: burn, sunburn
scritto: written (p.p. **scrivere**)
scrittore (m): writer
scrittrice: (f): writer
scrivere: to write
scudetto: shield (Italian soccer trophy)
scuola: school
scusare: to excuse
scusi: excuse me
sdraiarsi: to lie down, stretch out
sdraio — sedia a sdraio: deck chair
secolo: century
secondo: second; according to
sedere: to sit

VOCABOLARIO   ITALIANO/INGLESE

sedersi: to sit down
sedia: chair
sedile (m): seat (of vehicle)
segnale (m): signal
segnare: to score
segretario (-a): secretary
seguente: following
seguire: to follow
selezione (f): selection
semaforo: traffic light
sembrare: to seem, appear, look
semifreddo: ice-cream cake
sempre: always, still
senese: of, from Siena
sensibile: sensitive
senso: sense
senta!: listen!
sentire: to hear, listen to
senza: without
sera: evening
serbo: Serbian, Serb
serio: serious
servietta: serviette
servizio: service, facility
sesto: sixth
seta: silk
sete (f): thirst; **avere sete**: to be thirsty
settembre: September
settentrionale: northern
settimana: week
settimo: seventh
severo: harsh, strict
sfacciato: cheeky
sfidare: to challenge
sfinito: exhausted
sfondo: background
sfortunato: unfortunate, unlucky
sì: yes
sia: he, she, it is; **sia...che**: both...and
siciliano: Sicilian; of, from Sicily
sicurezza: security, certainty
sicuro: sure
sigaretta: cigarette
signora: Madam, Mrs, Ms.
signore: Sir, Mr.
signorina: Miss, Ms.
silenzio: silence
silenzioso: silent
simbolo: symbol
simile: similar
simpatico: nice, appealing
singolo: single, singles
sinistra: left
sino a: until
sinonimo: synonymous
sistema (m): system
smettere di: to cease
soggiorno: stay:
sogliola: sole (fish)
sognare: to dream
sogno: dream
soldi (m,pl): money
sole (m): sun
solito: usual; **di solito**: usually
solo: alone; only
soltanto: only
sonno: sleep; **avere sonno**: to be sleepy
sopportare: to put up with
sopra: over, above, on top (of)
soprattutto: above all, especially
sorella: sister
sorpresa: surprise
sorriso: smile
sospendere: to suspend

sospeso: suspended (p.p. **sospendere**)
sospirare: to sigh
sospiro: sigh
sosta: stop, pause; **divieto di sosta**: no standing
sostanza: substance
sottaceti (m,pl): pickled vegetables
sotterraneo: underground
sottile: thin
sotto: under
spacco: split
spaccone (m): show-off, boaster
spada: sword
spaghetti (m,pl): spaghetti
spagnolo: Spanish
spago: string
spalla: shoulder
sparire: to disappear
spazzino: street sweeper
spazzolare: to brush
spazzolarsi: to groom oneself
specchietto: rear-vision mirror
specchio: mirror
speciale: special
specialista (m,f): specialist
specialità (f): speciality, specialty
specializzazione: specialisation
spedire: to send
spegnere: to turn off, switch off, put out
spengo: I turn, switch off, put out
spento: switched off, etc. (p.p. **spegnere**)
speranza: hope
sperimentare: to experiment
spesso: often
spettacolare: spectacular
spettacolo: show, show business
spettatore (m): spectator, viewer
spezzatino: stew
spia: spy
spiaggia: beach
spiccioli (m,pl): small change
spiegare: to explain
spinaci (m,pl): spinach
spiritoso: witty; smart alec
spogliarsi: to get undressed
sporco: dirty
sportello: ticket window, counter
sportivo: sporting
sposa: bride
sposato: married
sposo: bridegroom
spremuta: freshly squeezed juice
spuntino: snack
squadra: team
squisito: exquisite, delightful
stadio: stadium
stagione (f): season
stamattina: this morning
stanco: tired
stanza: room
stare: to be, to stay
stasera: this evening
stato: been (p.p. **essere, stare**)
statua: statue
stazione (f): station
stella: star
stesso: same; self
stile (m): style
stoffa: material, cloth
stomaco: stomach
storia: story, history
storico: historical, historic
storto: twisted, crooked

strada: street, road
stradale: (of the) street, road
straniero: foreigner, foreign
strano: strange
stretto: narrow; Strait(s)
studente (-essa): student
studiare: to study
studio: study
stufo: bored, fed up
stupidaggine: stupidity, foolishness
stupido: stupid
su: up, on, etc.
subito: immediately
succedere: to happen
successo: happened (p.p. **succedere**)
succo: juice
sud (m): south
suggerire (-isc-): to suggest
sugo: meat sauce
suo/a: his, hers
suocera: mother-in-law
suocero: father-in-law
suonare: to ring
suora: nun, sister
supermercato: supermarket
svantaggio: disadvantage
svedese: Swedish
svegliare: to awaken
svegliarsi: to wake up
sventura: misfortune, bad luck
Svizzera: Switzerland
svizzero: Swiss

T

tabaccaio (-a): tobacconist
tabacchi (m): tobacconist's shop
tabacchino (m): tobacconist
tabellone (m): notice-board, board
tagliare: to cut
tagliatelle (f,pl): tagliatelle — type of pasta
talmente: so much, in such a way
tamburino: drummer
tanto: so much, such a lot
tarantella: tarantella — name of a dance
tarantola: tarantula
tardi: late
targa: number-plate
tasca: pocket
tassa: tax
tassì (m): taxi
tassista (m,f): taxi driver
tatto: sense of touch
tavola: table
tavolo: table
tazza: cup
tè: tea
teatro: theatre
tecnico: technician, technical
tedesco: German
tegola: tile
telecamera: TV camera
telefonare: to phone
telefonico — elenco telefonico: telephone directory
telefono: telephone
telegiornale (m): TV news
telegramma (m): telegram
televisione (f): television
televisore (m): TV set
temperatura: temperature
tempio: temple

temporale (m): storm
tenda: tent
tenere: to hold
tenersi: to keep, stay
tennis (m): tennis
tennista (m,f): tennis player
tensione (f): tension
tentazione (f): temptation
tenuta — tenuta sportiva: sports clothes
terme (f,pl): thermal baths
terribile: terrible, awful
terrorista (m,f): terrorist
terzo: third
tesoro: treasure
tessuto: fabric
test (m): test
testa: head
testo: text
tetto: roof
ti: you, to you
tifare: to barrack for
tifo: typhus
tifoso: fan, supporter
tigre (f): tiger
timido: shy, timid
tipico: typical
tipo: type
tirare: to throw
titolare (m,f): proprietor
toccare: to touch
tombola: bingo
tondo: round; **parlare chiaro e tondo**: to speak one's mind
tornare: to return
torneo: tournament
toro: bull
torre (f): tower
torrone (m): a nougat sweet
torta: cake
tortellini (m,pl): **tortellini** — a type of pasta
torto: wrong; **avere torto**: to be wrong
toscano: Tuscan; of, from Tuscany
totale (m): total
tra: between, among (also **fra**)
tradizionale: traditional
traduttore (-trice): translator
traffico: traffic
traghetto: ferry
tragico: tragic
tramezzino: type of sandwich
tranquillo: calm
transistor (m): transistor
trasformare: to transform
trasportare: to transport
trasporto: transport
trattare: to treat; to deal with
tratto — ad un tratto: suddenly
trattoria: type of restaurant
tremare: to tremble
tremendo: frightful, awful
treno: train
tresette (m): a game of cards
triangolo: triangle
triste: sad
tritato: minced
tritatrice (f): mincer
troppo: too, too much
trotina: little trout
trovare: to find
trucco: trick; make-up
tuo/a: your, yours
turismo: tourism
turista (m f): tourist

VOCABOLARIO — ITALIANO/INGLESE

turistica — zona turistica: tourist area
tuta: track-suit; overalls
tutto: all, everything

U

ubbidire (-isc-): to obey
uccello: bird
udito: sense of hearing
ufficio: office
uguale: equal, equals
ultimo: last
umanistica: classical studies; humanities
umbro: of, from Umbria
unico: only, unique
unito: joined
università: university
uno: one, a, an
uomo: man
uovo: egg (pl. **le uova**)
urbano — vigile urbano: local policeman
usanza: custom
usare: to use
usato: used
uscire: to go out
uscita: exit

V

vacanza: holiday

vale — non vale la pena: it's not worth the effort
valigia: suitcase
vantaggio: advantage
vaporetto: water-bus
variazione (f): variation
vasto: vast, wide, huge
Vaticano: Vatican
vecchio: old
vedere: to see
velenoso: poisonous
velluto: velvet
veloce: fast, quick, quickly
velocità: speed
vendere: to sell
venerdì: Friday
Veneto: noun — Veneto region
veneto: adjective — from Veneto
veneziano: Venetian, from Venice
vengo: I come (venire)
venire: to come
vento: wind
veramente: really, truly, indeed
verde: green
verdura: vegetables, greens
Vergine: Virgo (star sign)
vergognarsi: to be embarrassed, ashamed
verità: truth
vermicelli (m,pl): vermicelli, type of pasta
vero: true
verrò: I will come (fut. **venire**)
verso: towards; about
vestirsi: to get dressed
vestito: dress, suit, garment

vetro: glass
vi: you, to you
via: way, street; **via aerea:** air mail
viaggiare: to travel
viaggio: trip, journey
viavai (m): coming and going
vicino: near; neighbour
vietato: forbidden
vigile (m): policeman
villa: villa, house
villeggiatura: holiday(s)
vincere: to win
vino: wine
viola: purple
violinista (m,f): violinist
violino: violin
visione (f): vision
visitare: to visit
vista: view
vita: life
vitamina: vitamin
vittoria: victory
vivace: lively
vivere: to live
voce (f): voice
voi: you (pl)
volante (m): steering wheel
volare: to fly
volentieri: willingly, with pleasure
volere: to want, wish
volo: flight
volpe (f): fox
volta: time, occasion
volume (m): volume
vongola: clam
vorrei: I'd like (cond. **volere**)

vorrò: I will want (fut. **volere**)
vostro: your (pl)
vulcano: volcano
vuoto: empty

W

weekend (m): weekend
windsurf (m): windsurfing, windsurfer

Z

zaino: backpack
zecca — nuovo di zecca: brand new
zero: zero
zia: aunt
zio: uncle
zitto: quiet, silent
zodiacale: (of the) zodiac
zona: area, district
zoo (m): zoo
zoppicare: to limp
zucchero: sugar
zuppa: soup; **zuppa inglese:** trifle

VOCABOLARIO — INGLESE/ITALIANO

A

to **abandon:** abbandonare
about: circa; di
above: sopra
absolutely: assolutamente
accelerator: acceleratore (m)
accent: accento
accept: accettare
accident: incidente (m)
to **accompany:** accompagnare
according to: secondo
account: conto
accountant: ragioniere (m)
accurate: esatto, preciso
to **accuse:** accusare
ace: asso
across: attraverso
action: azione (f)
activity: attività
actually: veramente; davvero
address: indirizzo
adjective: aggettivo
advantage: vantaggio
adventure: avventura
adverb: avverbio
affectionate: affettuoso
to be **afraid:** avere paura
after: dopo
afternoon: pomeriggio
again: di nuovo
against: contro
age: età
agency: agenzia
agent: agente (m)
to **agree:** essere d'accordo
agreement: accordo

ahead: avanti; dritto
air: aria
airport: aeroporto
alike: simile
all: tutto
to be **allowed:** potere, avere il permesso di
almost: quasi
alone: solo
along: lungo, per
already: già
also: anche
always: sempre
American: americano
among(st): tra, fra
to **amuse:** divertire
amusement: divertimento
ancient: antico
and: e, ed
angelic: angelico
animal: animale (m)
ankle: caviglia
another: un altro
to **answer:** rispondere (a)
answer: risposta
antique dealer: antiquario
any: qualche, un po' di, ne, del, ecc.
anybody: qualcuno
anyhow: comunque
any more: più, ancora
anything: qualche cosa, qualcosa
anyway: comunque
apartment: appartamento
appetiser: antipasto
apple: mela
appointment: appuntamento
to **appreciate:** apprezzare

to **approach:** avvicinare
apricot: albicocca
April: aprile
aqueduct: acquedotto
Arab: arabo
architecture: architettura
area: zona
to **argue:** litigare
arrogant: arrogante
art: arte (f)
article: articolo
artist: artista (m,f)
artistic: artistico
as: come
to be **ashamed:** vergognarsi
to **ask:** domandare, chiedere
asleep: addormentato
asprin: aspirina
assistance: aiuto, assistenza
assistant: assistente
astronaut: astronauta (m)
at: a, ad (e.g. a casa — **at home**), al, ecc. (e.g. alle due — **at two o'clock**)
athletics: atletica leggera, atletica
to **attempt:** tentare, provare
to **attend:** andare a, frequentare (la scuola)
attention: attenzione (f)
attract: attirare
August: agosto
aunt: zia
autumn: autunno
to **avoid:** evitare
awful: cattivo, orribile

B

baby: bambino
back: schiena
background: sfondo
backpack: zaino
bad: cattivo
bag: borsa, sacco
baker: panettiere (m), fornaio
bakery: panificio, panetteria
balcony: balcone (m)
ball: palla; pallone (m) — **football**
band: complesso, banda
bank: banco, banca
to **bank:** depositare
bar: bar (m)
barber: barbiere (m)
to **barrack for:** tifare per
basketball: pallacanestro
bath: bagno
to **bathe:** fare il bagno
bathers: costume da bagno
bathroom: bagno, stanza da bagno
battery: batteria, pila
to **be:** essere
beach: spiaggia
bean: fagiolo
beard: barba
beautician: estetista (m,f)
beautiful: bello
beauty: bellezza
because: perchè
to **become:** diventare
bed: letto
bedroom: camera da letto
beef: manzo

VOCABOLARIO INGLESE/ITALIANO

beer: birra
before: prima (e.g. il giorno prima — **the day before**); prima di (e.g. prima di partire — **before leaving**)
to **begin:** cominciare, incominciare, iniziare
beginning: inizio
behind: dietro, di dietro
to **believe:** credere
below: sotto, sotto a
belt: cintura
best: migliore
to **bet:** scommettere
better: migliore, meglio
between: tra, fra
beyond: oltre
bicycle: bicicletta
big: grande
bill: conto
billiards: biliardo
binoculars: binocolo
biology: biologia
bird: uccello
birth: nascita
birthday: compleanno
bitter: amaro
black: nero
blackboard: lavagna
blanket: coperta
blond: biondo
blood: sangue (m)
blue: azzurro, celeste, blu
boat: barca
body: corpo
bomb: bomba
bone: osso
book: libro
bookmaker: allibratore (m)
bookseller: libraio
bookshop: libreria
boots: stivali (m,pl)
boring: noioso, (Che barba! — **How boring!**)
born: nato
boss: capo
both: tutti e due
bottle: bottiglia
box: scatola
boy: ragazzo
boyfriend: fidanzato; il mio ragazzo — **my boyfriend**
brakes: freni (m,pl)
brand new: nuovo di zecca
brat: birichino, mascalzone (m)
bread: pane (m)
to **break:** rompere
breakdown: guasto (mec.)
breakfast: prima colazione, colazione (f)
to **breathe:** respirare
bride: sposa
bridge: ponte (m)
to **bring:** portare
brochure: opuscolo
broth: brodo
brother: fratello
brother-in-law: cognato
brown: marrone
building: palazzo, edificio
to **burn:** bruciare
bus: autobus (m), pullman (m)
busy: occupato
but: ma
butcher: macellaio
butter: burro
button: bottone (m)

to **buy:** comprare
by: da, a, ecc.

C

cabbage: cavolo
cable-car: funicolare
cafe: bar (m), caffè (m)
cake: torta, dolce (m), pasta
to **calculate:** calcolare
calculation: calcolo
to **call:** chiamare
calm: calmo
camp: campeggio
can (could): potere
canal: canale (m)
candle: candela
capable: capace
capital: capitale (f)
captain: capitano
car: macchina
card (playing): carta (da gioco)
cardigan: golfino
to **care for:** curarsi di
careful: attento
carriage: scompartimento (**train**), carrozza
carrot: carota
to **carry:** portare
cash: soldi, moneta, contanti
cashier: cassiere/a
cassette: cassetta
to **catch:** acchiappare, prendere
cathedral: cattedrale
to **cease:** smettere, finire, cessare (di)
central: centrale
centre: centro
certain: certo, sicuro
chain: catena
chair: sedia
chalk: gesso
to **challenge:** sfidare
champion: campione/essa
to **change:** cambiare
channel: canale (m)
chaotic: caotico
chapter: capitolo
to **chase:** inseguire, cacciare
to **chat:** chiacchierare
chatter: chiacchiere (f,pl)
check: controllare
cheek: guancia
cheeky: sfacciato, birichino
cheese: formaggio
chemist: farmacista (m,f)
chemistry: chimica
cheque: assegno
cherry: ciliegia
chess: scacchi (m,pl)
chest: petto
chicken: pollo (**cooked**), gallina (**live**)
child: bambino
chips: patatine (f,pl)
chocolate: cioccolata
choice: scelta
choke (mec.): aria
to **choose:** scegliere
Christmas: Natale
church: chiesa
cigarette: sigaretta
cinema: cinema (m)
citizenship: cittadinanza
city: città
clams: vongole (f,pl), frutti di mare

class: classe (f)
classic(al): classico
classmate: compagno/a
classroom: aula
to **clean:** pulire (-isc-)
clean: pulito
clear: chiaro
clerk: impiegato/a
client: cliente (m,f)
climate: clima (m)
to **climb:** salire
clock: orologio
to **close:** chiudere
close: vicino
closed: chiuso
clothes: vestiti, abbigliamento
cloud: nuvola
cloudy: nuvoloso
clutch (mec.): frizione (f)
coast: costa
coat: cappotto, giacca
coffee: caffè
coin: moneta
coincidence: coincidenza
cold: freddo; raffreddore (m)
colleague: collega (m,f)
to **collect:** fare la collezione (di francobolli, ecc.)
Colosseum: Colosseo
colour: colore (m)
comb: pettine (m)
to **comb** your hair: pettinarsi
combination: combinazione (f)
to **come:** venire
comedy: commedia
comfortable: comodo
comic: fumetto
commercial (TV): pubblicità, reclame (f)
common: comune
to **communicate:** comunicare
communication: comunicazione (f)
compact: compatto
companion: compagno
company: ditta, azienda
compartment: scompartimento
to **complain:** lamentarsi (di)
to **complete:** completare
completely: completamente
compliment: complimento
compulsory: obbligatorio
computer: computer (m)
concert: concerto
condition: condizione (f)
to **confess:** confessare
confused: confuso
confusion: confusione (f)
to **consider:** considerare
to **contact:** contattare
contact: contatto
to **continue:** continuare
to **convince:** convincere
to **cook:** cucinare
cook: cuoco/a
cool: fresco
corner: angolo
correspondent: inviato
cost: costo, prezzo
to **cost:** costare
costume: costume (m)
cotton: cotone (m)
cough: tosse (f)
to **cough:** tossire
could: potrei — **I could**
to **count:** contare
country: nazione (f), paese (m); campagna

countryside: campagna
court: campo (sportivo)
cousin: cugino/a
to **cover:** coprire
cow: mucca
coward: fifone (m)
crazy: pazzo, matto
cream: crema, panna
to **create:** creare
crisis: crisi (f)
crooked: storto
to **cross:** attraversare
crowd: folla
crown: corona
cruel: crudele
to **cry:** piangere
cucumber: cetriolo
cuisine: cucina
culture: cultura
cunning: furbo
cup: tazza
cushion: cuscino
to **cut:** tagliare
cute: carino, simpatico
cutlery: posate (f,pl)
cutlet: cotoletta
cyclist: ciclista (m,f)

D

dad: papà
to **dance:** ballare
dance: ballo
dangerous: pericoloso
dark: scuro, bruno (**person**)
darling: tesoro
date: data
daughter: figlia
daughter-in-law: nuora
day: giorno, giornata
dead: morto
dear: caro
decade: decennio
December: dicembre
decent: decente
to **decide:** decidere
deep: profondo
degree: grado
delay: ritardo
delicate: delicato
delicatessen: generi alimentari
delicious: squisito, delizioso
dentist: dentista (m,f)
to **deny:** negare
departure: partenza
to **depend:** dipendere
deposit: deposito
to **deposit:** depositare
to **descend:** scendere
to **describe:** descrivere
dessert: dolce
to **desire:** desiderare
desk: banco
desperate: disperato
despite: nonostante
destination: destinazione (f)
to **detest:** detestare
to **develop:** sviluppare
dialect: dialetto
to **die:** morire
diet: dieta
difference: differenza
different: differente
difficult: difficile
to **digest:** digerire (-isc-)
digestion: digestione (f)

VOCABOLARIO INGLESE/ITALIANO

to **dine**: cenare
dining room: sala da pranzo
dinner: cena, pranzo
direct: diretto
direction: direzione (f)
directory: elenco telefonico (**phone**)
dirty: sporco
disadvantage: svantaggio
to **disagree**: non essere d'accordo
disagreeable: antipatico, spiacevole, sgradevole
disappear: sparire (-isc-)
disaster: disastro
to **discover**: scoprire
to **discuss**: parlare (di), discutere (di)
dish: piatto
dishonest: disonesto
distance: distanza
distracted: distratto
to **disturb**: disturbare
to **dive**: tuffarsi
doctor: dottore/essa, medico
documentary: documentario
dog: cane (m)
doll: bambola
donkey: asino
door: porta
double(s): doppio
to **doubt**: dubitare
down: giù, in giù, di sotto
dozen: dozzina
draughts: dama
to **draw**: disegnare
drawing: disegno
dream: sogno
to **dream**: sognare
dress: vestito
to **dress**: vestirsi
dressing (on food): condimento
drink: bere, (bevo: **I drink**)
to **drive**: guidare
driver: autista (m,f)
drummer: tamburino
dry: asciutto, secco
to **dry**: asciugare
dry cleaners: pulitura (a secco), lavanderia
during: durante
duster: cancellino
Dutch: olandese

E

each: ogni
ear: orecchio
earring: orecchino
early: presto, di buon'ora
to **earn**: guadagnare
Easter: Pasqua
easy: facile
to **eat**: mangiare
education: educazione (f), istruzione (f)
educational: educativo, istruttivo
effect: effetto
effort: sforzo, fatica
eggplant: melanzana
egg: uovo
eighth: ottavo
either...or: o...o
electrician: elettricista (m)
electronics: elettronica
elegance: eleganza
elegant: elegante

elephant: elefante (m)
electricity: elettricità
elsewhere: altrove, in qualche altro luogo
to **embarrass**: imbarazzare
to **embrace**: abbracciare
emotion: emozione (f)
emperor: imperatore (m)
employee: impiegato/a
empty: vuoto
encounter: incontro
end: fine (f)
engagement: fidanzamento
engineer: ingegnere (m)
engineering: ingegneria
English: inglese
to **enjoy**: mi piace — **I enjoy**, ecc.
to **enjoy yourself**: divertirsi
enough: abbastanza; (basta: **that's enough**)
to **enter**: entrare
entrance: entrata
envelope: busta
envy: invidia
to **envy**: invidiare
episode: episodio, puntata
error: errore (m)
especially: specialmente
essential: essenziale
etc.: ecc.
Europe: Europa
even: anche, perfino, addirittura; **not even**: nemmeno, neanche
evening: sera
ever: mai (e.g. Sei mai stato?: **Have you ever been?**)
every: ogni
everyone: tutti
everything: tutto
exact: esatto, preciso
to **exaggerate**: esagerare
exam: esame (m)
example: esempio
excellent: eccellente
except: eccetto
exchange: cambio
to **exchange**: cambiare, scambiare
exciting: emozionante
excited: emozionato
exclusive: esclusivo
excursion: gita, escursione (f)
excuse: scusa
exercise: esercizio
exhausted: sfinito, stanco morto
exit: uscita
except: eccetto
expensive: costoso, caro
experience: esperienza
experiment: sperimento
to **experiment**: sperimentare
to **explain**: spiegare
explanation: spiegazione (f)
expresso: espresso
expression: espressione (f)
expressive: espressivo
exquisite: squisito
to **extinguish**: spegnere
extremely: estremamente; -issimo (bruttissimo — **extremely ugly**)
eye: occhio
eyelash: ciglio

F

face: faccia
fact: fatto

fail: essere bocciato (**school**), non riuscire (a)...
fair: fiera, mostra; biondo (**colour**)
to **fall**: cadere
family: famiglia
famous: famoso, celebre
farmer: agricoltore (m), contadino
fashion: moda
fast: veloce
father: padre (m)
fault: colpa
favour: favore
favourite: preferito, favorito
fear: paura (avere paura: to **be afraid**)
February: febbraio
fed-up: stufo
to **feed**: dare da mangiare (a)
to **feel**: sentire, sentirsi, provare
ferry: traghetto
fever: febbre (f)
few: pochi, poche; (qualche: **a few**)
fiancè: fidanzato
fiancèe: fidanzata
field: campo
fifth: quinto
fig: fico
to **fight**: lottare, litigare, combattere
to **fill**: riempire
film: film (m)
final: finale
finally: finalmente
to **find**: trovare
fine: bello, (bel tempo: **fine weather**)
finger: dito
to **finish**: finire (-isc-)
fire: fuoco
fireman: pompiere, vigile del fuoco
fireworks: fuochi d'artificio
first: primo
fish: pesce (m)
fisherman: pescatore (m)
to **fix**: riparare
flag: bandiera
flag-thrower: sbandieratore (m)
flavour: sapore (m)
flight: volo
flippers: pinne (f,pl)
floor: piano (storey), pavimento
flour: farina
flower: fiore (m)
to **fly**: volare
to **fold**: piegare
to **follow**: seguire
food: cibo, cucina
fool: sciocco, cretino
foolish: stupido, sciocco
foot: piede (m)
for: per, ecc.
forbidden: proibito, vietato
foreground: primo piano
foreigner: straniero/a
to **forget**: dimenticare
fork: forchetta
form: modulo; forma
fortune: fortuna
Forum: Foro
forward: avanti
fountain: fontana
fourth: quarto
France: Francia
free: libero, gratis
freeway: autostrada
French: francese

fresh: fresco
Friday: venerdì
fridge: frigo, frigorifero
fried: fritto
friend: amico/a
friendly: amichevole
friendship: amicizia
from: da, ecc.
in **front** of: davanti a
fruit: frutta
fruiterer: fruttivendolo
full: pieno
fun: divertimento
funny: divertente, comico
furniture: mobilia, mobili (m,pl)
further: più lontano
furthermore: inoltre
future: futuro

G

game: partita, gioco
garage: officina, garage (m)
garden: giardino
general: generale
genius: genio
gentlemen: signori (m,pl)
geography: geografia
German: tedesco
to **get**: prendere, comprare, ecc.
to **get up**: alzarsi
gigantic: gigantesco
giraffe: giraffa
girl: ragazza
to **give**: dare
glad: contento, lieto, felice
glass: bicchiere (bicchiere d'acqua: **glass of water**); vetro (statua di vetro: **a glass statue**)
glasses: occhiali (m,pl)
glutton: ghiottone (m)
to **go**: andare
goat: capra
godfather: padrino, compare
gondolier: gondoliere (m)
good: buono
goodbye: arrivederci
goose: oca
grandaughter: nipote (f), nipotina
grandfather: nonno
grandmother: nonna
grandparents: nonni
grandson: nipote (m), nipotino
grapes: uva
grass: erba
great: grande, importante; forte (colloq.)
Greek: greco
green: verde
to **greet**: salutare
greetings: saluti (m,pl)
grey: grigio
groom: sposo
ground: terra, campo (da gioco)
group: gruppo, complesso (**musical**)
to **grow**: crescere, coltivare
to **guarantee**: garantire (-isc-)
to **guard**: guardare
to **guess**: indovinare
guest: ospite (m)
guide: guida (turistica)
guilty: colpevole
gym: palestra

VOCABOLARIO INGLESE/ITALIANO

H

hair: capelli (m,pl)
hairdresser: parrucchiere/a
half: mezzo
halt: alt
ham: prosciutto
Hamburg: Amburgo
hand: mano (la mano)
handbag: borsetta
handkerchief: fazzoletto
handle: manovella
to **happen:** succedere
happiness: felicità
happy: contento, felice
hard: duro, difficile
hat: cappello
to **hate:** odiare, detestare
to **have:** avere
he: lui
head: testa
headphones: cuffia
headache: mal di testa
health: salute (f)
to **hear:** sentire
heart: cuore (m)
heat: caldo
heavy: pesante
help: aiuto
here: qui, qua
herself: se stessa
to **hide:** nascondere, nascondersi
high: alto
hill: collina
himself: se stesso
to **hire:** noleggiare
history: storia
to **hit:** colpire (-isc-)
to **hold:** tenere
holiday: vacanza
holy: santo
home: casa
homework: compiti (m,pl)
honest: onesto
honey: miele (m)
hope: speranza
to **hope:** sperare
horn (car): clacson
horoscope: oroscopo
horrible: orribile, orrendo
horror: orrore (m)
horse: cavallo
hospital: ospedale (m)
hospitality: ospitalità
hot: caldo
hotel: albergo, hotel, pensione (f)
hour: ora
house: casa
how: come
how many: quanti/e
how much: quanto/a
however: comunque
hug: abbraccio
to **hug:** abbracciare
hundred: cento
hunger: fame (f); to be **hungry:** avere fame
hurry: fretta; to be in a **hurry:** avere fretta
to **hurt:** fare male (a)
husband: marito

I

I: io

ice: ghiaccio
idea: idea
ideal: ideale
identical: identico
idiot: idiota (m,f), cretino
if: se
to **ignore:** ignorare
ill: malato
to be **ill:** stare male, essere malato
imagine: immaginare
imbecile: imbecille (m)
immediate: immediato
immediately: subito
important: importante
importance: importanza
to **import:** importare
impossible: impossibile
impression: impressione (f)
to **include:** includere, comprendere
incompetent: incompetente
incorrect: sbagliato
incredible: incredibile
independent: indipendente
Indian: indiano
to **indicate:** indicare
industrial: industriale
information: informazione (f)
inn: osteria
innocent: innocente
insane: pazzo, matto
to **insert:** introdurre
inside: dentro
insipid: insipido
to **insist:** insistere
instead of: invece di
institute: istituto
intellectual: intellettuale
intelligent: intelligente
interest: interesse (m)
interesting: interessante
interpreter: interprete (m,f)
to **interrogate:** interrogare
interview: intervista
to **interview:** intervistare
to **introduce:** presentare (una persona)
to **invent:** inventare
invention: invenzione (f)
to **investigate:** investigare
to **invite:** invitare
invitation: invito
Irish: irlandese
island: isola
to **isolate:** isolare
Italian: italiano
it's: è

J

jacket: giacca
jam: marmellata
January: gennaio
Japan: Giappone (m)
Japanese: giapponese
jar: barattolo
jealous: geloso
jewellery: gioielleria
job: (posto di) lavoro, impiego
joke: barzelletta
journalist: giornalista (m,f)
juice: succo
July: luglio
to **jump:** saltare
jumper: maglia, pullover (m)
June: giugno

just: solo, appena, proprio

K

to **kill:** ammazzare
kilo: chilo
kilometre: chilometro
kind: gentile
kiss: bacio
to **kiss:** baciare
kitchen: cucina
knee: ginocchio
knife: coltello
to **knock:** bussare
to **know:** sapere, conoscere

L

laboratory: laboratorio
lace-work: merletto
ladder: scala
lady: signora
lagoon: laguna
lake: lago
land: terra
language: lingua
large: grande, grosso
last: ultimo
late: tardi
to be **late:** essere in ritardo
to **laugh:** ridere
law: legge (f)
lawyer: avvocato
lazy: pigro, pigrone
leader: capo, leader (m)
leaf: foglia
leaning: pendente
to **learn:** imparare
least: minimo
at **least:** almeno
to **leave:** lasciare (ti lascio la macchina: **I'll leave you the car**); partire (parto per Bologna: **I'm leaving for Bologna**)
left: sinistro
leg: gamba
lemon: limone (m)
lemonade: limonata
to **lend:** prestare
less: meno
lesson: lezione (f)
to **let:** lasciare **(allow)**; affittare **(rent)**
letter: lettera
lettuce: lattuga, insalata
level: livello
liar: bugiardo
liberty: libertà
librarian: bibliotecario/a
library: biblioteca
licence: patente (f)
to **lie:** dire bugie
lie: bugia, frottola
life: vita
lifesaver: bagnino **(person)**, salvagente (m) **(equipment)**
light: luce (f) **(the light)**; leggero **(weight)**; chiaro **(colour)**
to **light:** accendere
like: come, simile, così, ecc.
to **like:** gradire, desiderare; mi piace — **I like it**
likeable: simpatico
likely: probabile
limit: limite (m)

line: linea
linguist: linguista (m,f)
lion: leone (m)
lip: labbro
liqueur: liquore (m)
list: lista, elenco
to **listen:** ascoltare
little: piccolo
live: vivo
to **live:** vivere, abitare
local: locale
long: lungo
look: sguardo
to **look:** guardare **(to look at)**; sembrare **(to seem)**
to **look for:** cercare
to **lose:** perdere
lotion: — **sun-tan lotion:** crema abbronzante
lots: molto
loud: forte, alto
loudspeaker: altoparlante (m)
loungeroom: salotto
to **love:** amare, volere bene a
love: amore (m)
lovely: bello, incantevole, piacevole
low: basso
luck: fortuna
lucky: fortunato
luggage: bagaglio
luggage-rack: portabagagli (m)
lunch: pranzo, colazione (f)
luxurious: lussuoso, di lusso

M

mad: pazzo, matto
madam: signora
magazine: rivista
mail: posta
to **mail:** imbucare, mandare per posta, spedire (-isc-)
main: principale
to **maintain:** mantenere, conservare
major: maggiore, principale
to **make:** fare, costruire, fabbricare
male: maschio
man: uomo
manager: manager (m,f), direttore (m); direttrice (f)
mandarin: mandarino
many: molti, parecchi, numerosi
map: carta (geografica), mappa
March: marzo
market: mercato
marriage: matrimonio, nozze (f,pl)
marvellous: meraviglioso
to **marry:** sposare
masculine: maschile
match: partita **(game)**
material: materiale (m), stoffa
mathematics: matematica
matter: (non fa niente, non importa: **it doesn't matter**)
mature: maturo
May: maggio
maybe: forse, può darsi
meal: pasto
to **mean:** significare, volere dire
meaning: significato
meanwhile: nel frattempo, intanto
meat: carne (f)
mechanics: meccanica

VOCABOLARIO INGLESE/ITALIANO

medal: medaglia, medaglietta
medicine: medicina
to meet: incontrare, conoscere
meeting: incontro, riunione (f)
melon: melone (m)
member: membro, socio
memories: ricordi (m,pl)
to mention: menzionare
menu: lista, menù (m)
message: messaggio
method: metodo
middle: centro, mezzo
milk: latte (m)
mind: mente (f)
to mind: badare a, curarsi di
mine: mio
mineral: minerale
minister: ministro
minute: minuto
miracle: miracolo
miraculous: miracoloso
mirror: specchio
misfortune: sventura
miss: signorina
to miss: perdere (il treno, ecc.)
mistake: errore (m), sbaglio
to mix: mischiare
mixed: misto
model: modello, modella **(fashion)**
modern: moderno
modest: modesto
moment: momento
momentarily: momentaneamente
Monday: lunedì
money: soldi, moneta, denaro
month: mese (m)
monument: monumento
moon: luna
more: più
morning: mattina, mattinata
most: la maggior parte di
mother: madre (f)
motor: motore (m)
motorbike: motocicletta
motorboat: motoscafo
mountain: montagna, monte (m)
moustache: baffi (m,pl)
mouth: bocca
to move: muovere, muoversi
movie: film (m)
Mr.: signore
Mrs.: signora
Ms.: signora, signorina
much: molto
mud: fango
muscles: muscoli (m,pl)
museum: museo
mushroom: fungo
music: musica
musician: musicista (m,f)
must: dovere (devo: **I must**)
my: mio
myself: me stesso
mysterious: misterioso

N

name: nome (m)
to narrate: raccontare, narrare
narrow: stretto
nation: nazione (f)
national: nazionale
nationality: nazionalità
natural: naturale
naturally: naturalmente
navy: marina

near: vicino a
necessary: necessario
necessity: necessità
neck: collo
need: bisogno
to need: avere bisogno di
nephew: nipote (m)
nerves: nervi (m,pl)
nervous: nervoso
never: non...mai, mai
new: nuovo
news: notizie, telegiornale (TV)
newspaper: giornale (m)
next: prossimo
nice: bello, simpatico, carino, piacevole
niece: nipote (f)
night: notte (f)
ninth: nono
nobleman: nobiluomo
nobody: nessuno
noise: rumore (m)
noisy: rumoroso
none: nessuno/a
no-one: nessuno
normal: normale
northern: settentrionale, del nord
nose: naso
not: non
to note: notare
note: nota, biglietto (money)
nothing: non...niente, niente
notice: annuncio, avviso
to notice: notare
November: novembre
now: adesso
number: numero
nurse: infermiere/a

O

oasis: oasi (m)
o'clock: (e.g. sono le tre: **it's three o'clock**)
obelisk: obelisco
to obey: ubbidire (-isc-)
object: oggetto
to observe: osservare
to obtain: ottenere, prendere
obvious: ovvio, evidente, chiaro
occasion: occasione (f)
occasionally: ogni tanto
occupation: occupazione (f), mestiere (m), professione (f)
to occupy: occupare, impiegare
to occur: succedere, accadere
October: ottobre
of: di, ecc.
off: spento
to turn off: spegnere
to offer: offrire
office: ufficio
often: spesso
oil: olio
old: vecchio, antico, anziano
old-fashioned: antiquato
olive: oliva
Olympic: Olimpico
on: su, sopra, ecc.
once: una volta
one-way: senso unico
oneself: se stesso
onion: cipolla
only: solo, unico, soltanto
onto: su, sopra
open: aperto

to open: aprire
opinion: opinione (f)
opposite: di fronte; contrario
or: o, oppure
orange: arancia **(fruit)**, arancione **(colour)**
order: ordine (m)
to order: ordinare, prenotare
ordinary: normale
origin: origine (f)
orphan: orfano
other: altro, diverso, differente
otherwise: altrimenti
our: nostro
ourselves: noi stessi
out: fuori
outing: gita
outside: fuori
oven: forno
over: sopra, di sopra, su, ecc.
overalls: tuta
overcoat: cappotto
overseas: estero, all'estero
to owe: dovere
own: avere, possedere
owner: proprietario

P

package: pacco
packet: pacchetto
page: pagina
pain: dolore (m)
to paint: dipingere **(art)**, pitturare
painter: artista (m,f), pittore
painting: quadro, pittura
pair: paio
palace: palazzo
pants: pantaloni (m,pl)
paper: carta
parcel: pacco
parent: genitore (m)
park: parco
to park: parcheggiare
part: parte (f)
to participate: partecipare
particular: particolare
party: festa
to pass: passare; essere promosso: **to pass exams**
passport: passaporto
passenger: passeggero
past: passato
pastries: paste (f,pl)
patience: pazienza
to be patient: avere pazienza
pay: paga
payment: pagamento
to pay: pagare
peace: pace (f)
peach: pesca
pear: pera
peas: piselli (m,pl)
pen: penna
pencil: matita
pencilcase: astuccio
people: gente (f,s), persone (f,pl)
perfect: perfetto
perhaps: forse, può darsi
period: periodo, epoca
permissible: permesso
permission: permesso
person: persona
personality: personalità
to persuade: persuadere, convincere

persuasion: persuasione (f)
petrol: benzina
philosophy: filosofia
to phone: telefonare
phone: telefono
photo: foto, fotografia
to photograph: fotografare
photographer: fotografo/a
phrase: frase (f)
physical: fisico
physics: fisica
to pick: scegliere
pickled: sottaceto
picture: quadro, ritratto, fotografia
picturesque: pittoresco
piece: pezzo
pig: maiale (m)
pigeon: colomba
pill: pillola
pillow: cuscino, guanciale (m)
pioneer: pioniero
place: posto, luogo; da me: **my place**
plane: aereo
plate: piatto
platform: binario
to play: giocare, suonare (music)
player: giocatore (m,f)
pleasant: piacevole, simpatico
please: per favore
pleased: contento
pleasure: piacere (m)
plenty: molto
plum: prugna
plumber: idraulico
plus: più
pocket: tasca
poem: poesia
poet: poeta (m)
to point at: indicare
poison: veleno
police: polizia
policeman: poliziotto, carabiniere
Polish: polacco
polite: gentile
politician: uomo politico, donna politica
politics: politica
polluted: inquinato
poor: povero
popular: popolare
porter: facchino
portrait: ritratto
position: posizione (f)
to possess: possedere, avere
possible: possibile
possibility: possibilità
post: posta
to post: imbucare, spedire
postcard: cartolina
postman: postino
post office: ufficio postale
powerful: potente, forte
practice: prova
to practise: provare, praticare
to pray: pregare
to precede: precedere
preceding: precedente
precise: preciso
prefer: preferire (-isc-)
prefix: prefisso
to prepare: preparare
preposition: preposizione (f)
presence: presenza
present: presente, attuale; regalo **(gift)**
to present: presentare

VOCABOLARIO INGLESE/ITALIANO

president: presidente (m)
press: stampa
to press: premere
pressure: pressione (f)
to presume: presumere, immaginare
to pretend: fare finta di
pretty: bello, carino, simpatico
previous: precedente
price: prezzo
priest: prete (m)
primary school: scuola elementare
prison: prigione (f)
prisoner: prigioniero
probable: probabile
problem: problema (m)
to proceed: procedere, andare avanti
product: prodotto
profession: professione (f)
professor: professore/essa
program: programma (m)
prohibited: proibito, vietato
to prolong: prolungare
promise: promessa
to promise: promettere
promotion: promozione (f)
pronunciation: pronuncia
to protest: protestare
proverb: proverbio, detto
province: provincia
public: pubblico
to pull: tirare
pullover: pullover (m)
pulse: polso
pupil: alunno
pure: puro
purple: viola
purpose: scopo, motivo
to put: mettere
pyjama: pigiama (m)

Q

question: domanda
quick: veloce, presto
quickly: veloce, presto, velocemente
quiet: zitto
quite: veramente, abbastanza

R

rabbit: coniglio
race: corsa, gara
racing: l'ippica (**horses**); automobilismo (**cars**); ciclismo (**bikes**)
rack (luggage): portabagagli (m)
racquet: racchetta
radio: radio (f)
railway: ferrovia; ferroviario (adj)
rain: pioggia
to rain: piovere, (piove: **it's raining**)
raincoat: impermeabile (m)
range: gamma, assortimento
rapidly: rapidamente, presto, veloce
rascal: mascalzone (m)
rather: piuttosto
raw: crudo
to reach: raggiungere, arrivare (a)
to react: reagire

to read: leggere
readily: facilmente
ready: pronto
real: vero
really: veramente
rear: posteriore; il dietro
reason: ragione (f), motivo
reasonable: ragionevole
reasonably: ragionevolmente
to receive: ricevere
recent: recente
recently: recentemente, ultimamente
reception: accoglienza (**welcome**), ricevimento (**function**)
recipe: ricetta
reckless: imprudente
recognise: riconoscere
recommend: raccomandare, suggerire (-isc-)
record: disco (**musical**); (il record mondiale: **the world record**)
red: rosso
reflexive: riflessivo
refund: rimborso
to refund: rimborsare
region: regione (f)
regular: regolare
regularly: regolarmente
to relate: raccontare, comunicare
relationship: rapporto
relative: parente (m,f)
to relax: riposarsi, rilassarsi
relaxing: divertente
religion: religione (f)
religious: religioso
to remain: rimanere, restare
remark: osservazione (f)
to remark: osservare
to remember: ricordare, ricordarsi di
remote: remoto
Renaissance: Rinascimento
to rent: affittare, noleggiare
repair: riparazione (f)
to repair: riparare
to repeat: ripetere
to replace: sostituire (-isc-)
reply: risposta
to reply: rispondere
report: cronaca, servizio (**news**); pagella (**school**)
reporter: reporter (m), inviato
republic: repubblica
reputation: reputazione (f), fama
request: richiesta
to request: chiedere, richiedere, domandare
research: ricerca
to research: fare ricerche, investigare
resemblance: somiglianza
to resemble: assomigliare a
reserved: riservato, prenotato
reside: abitare
residence: domicilio
resistence: resistenza
respect: rispetto
to respect: rispettare
rest: riposo; resto
to rest: riposarsi
restaurant: ristorante (m)
to retain: ritenere
retired: pensionato
return: ritorno

to return: tornare, ritornare (**come, go back**); ridare, riportare (**give, take back**)
reunion: riunione (f)
to reveal: rivelare, scoprire
to revise: rivedere, ripassare
revision: revisione (f)
revolutionary: rivoluzionario
rice: riso
rich: ricco
riches: ricchezze (f,pl)
to ride: andare in bicicletta, andare a cavallo, ecc.
ridiculous: ridicolo
right: diritto; a destra
to be right: avere ragione
to ring: telefonare (a)
risk: rischio
to risk: rischiare
road: strada, via
to rob: rubare, derubare
rock: roccia, pietra, sasso; la musica rock
rocky: roccioso
rogue: mascalzone (m), birichino
roll: panino (**bread**), registro (**school**)
roller-skates: pattini (m,pl) a rotelle
Rome: Roma
Roman: romano
romantic: romantico, amoroso
roof: tetto
room: stanza, camera, sala; posto
rough: rozzo
row: fila
to row: remare
rowing: canottaggio
royal: reale
rubber: gomma
rubbish: rifiuti (m,pl); sciocchezze (f,pl)
rude: maleducato
ruin: rovina
to ruin: rovinare
rule: regola
ruler: riga
Rumanian: rumeno
to run: correre
running: atletica, footing (m)
to rush: andare a tutta velocità, andare in fretta
Russia: Russia
Russian: russo

S

sad: triste
safe: salvo, sicuro
sail: vela
saint: santo
salad: insalata
salt: sale (m)
salty: salato
same: stesso
sand: sabbia
sandwich: sandwich (m)
Saturday: sabato
sauce: salsa, sugo
to save: salvare; risparmiare (**money, time**)
saw: sega
to say: dire
saying: detto, proverbio
scandal: scandalo
scandalise: scandalizzare

scared: impaurito
to be scared: avere paura
scarf: sciarpa
scene: scena
school: scuola
science: scienza
scientific: scientifico
scientist: scienziato
scooter (motor): motorino
score: risultato
to score: segnare
scoundrel: mascalzone (m)
screen: schermo
seafood: frutti di mare (m,pl)
to search: cercare
season: stagione (f)
seasoning: condimento
seat: posto; sedia
seated: seduto
second: secondo
secretary: segretario
section: sezione (f), quartiere (m)
to see: vedere
to seem: sembrare, avere l'aria di
selection: selezione (f)
to sell: vendere
seller: venditore (m)
semi-final: semi-finale (f)
to send: mandare, spedire (-isc-)
sense: senso (**common sense:** buon senso)
sensible: ragionevole
sentence: frase (f)
separate: separato
September: settembre
serial: serie (f) a puntate
series: serie (f)
seriously: sul serio
service: servizio
seven: sette
seventh: settimo
severe: severo
to sew: cucire
sex: sesso
shade: ombra
shadow: ombra
shape: forma
share: parte (f); azione (**business**)
to share: condividere
to shave: radere, radersi
she: lei
she-wolf: lupa
sheep: pecora
shelf: scaffale (m)
to shine: brillare, splendere
ship: nave (f)
shirt: camicia
shoe: scarpa
shop: negozio
shopkeeper: negoziante, proprietario
short: corto, breve, basso (**person**)
shortly: fra poco
shoulder: spalla
shout: grido
to shout: gridare
shovel: badile (m)
show: spettacolo, mostra
to show: mostrare, far vedere
shower: doccia
shy: timido, vergognoso
Sicily: Sicilia
Sicilian: siciliano
sick: malato
side: parte (f)
sigh: sospiro

VOCABOLARIO INGLESE/ITALIANO

to **sigh**: sospirare
sign: segno; insegna, cartello, segnale
signal: segnale (m)
silence: silenzio
silk: seta
silly: sciocco, ridicolo, scemo
silver: argento, d'argento
similar: simile
simple: semplice
simply: semplicemente
since: poichè, fin da
singer: cantante (m,f)
single: singolo
singles: singolo (**tennis**)
singular: singolare
sinister: sinistro, cattivo
to **sink**: affondare
to **sit**: sedere, sedersi; essere seduto
situated: situato
situation: situazione (f)
six: sei
sixteen: sedici
sixteenth: sedicesimo
sixth: sesto
size: misura, taglia, numero, grandezza
skating: pattinaggio
skeleton: scheletro
to **ski**: sciare
skier: sciatore
skiing: sci (m)
skin: pelle (f)
skinny: magro, magroncino
skirt: gonna
sky: cielo
sleep: sonno
to **sleep**: dormire
to be **sleepy**: avere sonno
slice: fetta
slow: lento
slowly: lentamente, piano
small: piccolo
smart alec: spiritoso
smell: odore (m)
smile: sorriso
to **smile**: sorridere
smog: smog (m)
smoke: fumo
to **smoke**: fumare
snack: spuntino
snow: neve (f)
to **snow**: nevicare
soccer: calcio
social: sociale
socks: calzini (m,pl)
soft: morbido, piano
sole: sogliola (**fish**)
some: del, ecc.; alcuni/e, qualche, un po' di
someone: qualcuno
something: qualcosa, qualche cosa
sometimes: qualche volta
somewhere: in qualche posto
son: figlio
son-in-law: genero
song: canzone (f)
soon: presto, fra poco
sophisticated: sofisticato
sore: (e.g. mal di gola: **sore throat**)
sorry — I'm sorry: mi dispiace
sort: tipo, qualità
sound: suono
soup: minestra, zuppa

south: sud (m)
southern: del sud, meridionale
souvenir: ricordo
space: spazio, posto
Spanish: spagnolo
to **speak**: parlare
speaker: altoparlante (m)
special: speciale
speciality: specialità
specialisation: specializzazione (f)
specific: specifico
spices: spezie (f,pl)
spicy: piccante
spider: ragno
spinach: spinaci (m,pl)
split: spacco
to **spoil**: rovinare, guastare
spoil-sport: guastafeste (m,f)
sponsor: compare, comare
spoon: cucchiaio
sport: sport (m)
sporty: sportivo
spring: primavera
spy: spia
squad: squadra
square: quadrato
squash: squash (m) (**sport**)
squeezed: spremuto
squid: calamaro
stack: mucchio
stadium: stadio
staff: personale (m)
staircase: scala
stamp: francobollo
to **stand**: stare (in piedi)
starving: affamato
state: stato
station: stazione (f)
statue: statua
to **stay**: rimanere, restare
steak: bistecca
to **steal**: rubare
stealing: furto
steering-wheel: volante (m)
step: scala, grado
stereo: stereo (m)
stern: severo
stew: spezzatino
stick: bastone (m)
sticker: adesivo
still: ancora, sempre (adv); calmo, tranquillo (adj)
stomach: stomaco
stomach-ache: mal di stomaco (m)
stone: pietra, sasso
stop: fermata
to **stop**: fermare, femarsi; smettere di
store: magazzino, negozio
storm: temporale (m)
story: storia, racconto
stout: robusto
straight: diritto, dritto
to **straighten**: raddrizzare
strait(s): stretto
strange: strano
stranger: forestiero; sconosciuto
strawberry: fragola
street: strada, via
strength: forza
stress: stress (m)
to **stretch**: stendere
to **stretch out**: sdraiarsi, stendersi
strict: severo
strike: sciopero; colpo
to **strike**: colpire; fare lo sciopero
string: spago

stroll: passeggiata
to **stroll**: fare una passeggiata, passeggiare
strong: forte
student: studente/essa
study: studio
to **study**: studiare
stuff: roba
stuffed: ripieno (**food**)
stunned: stupito
stupid: stupido
subject: materia (**school**); soggetto
success: successo
such: tale
suddenly: ad un tratto
suffering: dolore (m)
suffix: suffisso
sugar: zucchero
to **suggest**: suggerire (-isc-)
suggestion: suggerimento
suit: vestito
suitcase: valigia
to **sulk**: fare il muso
sultriness: afa
sultry: afoso
summer: estate (f)
sun: sole (m)
Sunday: domenica
sunflower: girasole (m)
sunglasses: occhiali da sole (m,pl)
sunny: di sole
suntan: abbronzatura
supermarket: supermercato
supporter: tifoso (**sport**)
sure: sicuro
surf: surf (m)
surgery: ambulatorio
surname: cognome (m)
surprise: sorpresa
to be **surprised**: meravigliarsi di, essere sorpreso
surroundings: ambiente (m)
to **suspend**: sospendere
suspicious: sospettoso
to **sweat**: sudare
Swedish: svedese
sweet: dolce
sweets: dolce (m), caramelle (f,pl)
to **swim**: nuotare, fare un bagno
swimming: nuoto
swimming pool: piscina
Swiss: svizzero
Switzerland: Svizzera
symbol: simbolo
symptom: sintomo, segno
synonymous: sinonimo
system: sistema (m)

T

table: tavola, tavolo
tablet: compressa, pillola
tailor: sarto
to **take**: prendere
to **talk**: parlare, chiacchierare
tall: alto
to **tame**: domare
to **tan**: abbronzarsi
tape: nastro
tart: torta
task: compito
taste: sapore (m)
tasty: saporito
tax: tassa
taxi: tassì, taxi

taxi driver: tassista (m,f)
tea: tè
teacher: maestro/a, professore/essa
team: squadra
tear: lacrima
technology: tecnologia
telegram: telegramma (m)
telephone: telefono
television: televisione (f), televisore (m) (**set**)
to **tell**: dire, raccontare
teller: cassiere (m)
temple: tempio, (pl: templi)
temporary: temporaneo
tennis court: campo da tennis
tennis player: tennista (m,f)
tent: tenda
tenth: decimo
term: trimestre (m)
terminus: capolinea (m)
terrible: orribile, cattivo
terrorist: terrorista (m,f)
text: testo
than: che, di
to **thank**: ringraziare
thank you: grazie
that: che, ecc.
the: il, ecc.
theatre: teatro
their: il loro, ecc.
then: allora
there: lì, là, ci
therefore: dunque, perciò
thermometre: termometro
they: loro
thick: grosso, spesso
thief: ladro
thin: magro, sottile
thing: cosa
to **think**: pensare
third: terzo
thirst: sete (f)
to be **thirsty**: avere sete
this: questo
thousand: mille, (pl: mila)
throat: gola
through: per, attraverso, ecc.
throw: lancio
to **throw**: lanciare, buttare
Thursday: giovedì
ticket: biglietto
tidy: ordinato
tie: cravatta
to **tie**: legare
tiger: tigre (f)
time: tempo; ora, orario
timetable: orario, programma
tiny: piccolissimo
to **tire**: stancarsi
tired: stanco
title: titolo
to: a, ecc.
tobacconist: tabaccaio, tabacchino, tabacchi
today: oggi
toe: dito del piede
together: insieme
toilet: gabinetto
tomato: pomodoro
tomorrow: domani
tongue: lingua
tonight: stasera, questa sera
too: anche; troppo
tooth: dente (m)
toothache: mal di dente (m)
total: totale

Sempre Avanti! ☞ 303

VOCABOLARIO INGLESE/ITALIANO

to **touch**: toccare
tough: duro, resistente
tourist: turista (m,f)
tournament: torneo
towards: verso
towel: asciugamano
tower: torre (f)
town: paese, città, cittadina
tracksuit: tuta
trader: commerciante (m,f)
tradition: tradizione (f)
traditional: tradizionale
traffic: traffico
tragic: tragico
train: treno
to **train**: allenarsi
tranquil: tranquillo
to **translate**: tradurre
translation: traduzione (f)
translator: traduttore (m)
transparent: trasparente
transport: trasporto
to **travel**: viaggiare
traveller: viaggiatore (m)
to **treat**: trattare
tree: albero
to **tremble**: tremare
tremendous: tremendo
trick: trucco
trifle: zuppa inglese
trip: viaggio, gita
trousers: pantaloni (m,pl)
truck: camion (m), autocarro
true: vero
truth: verità
to **try**: cercare di, provare a
Tuesday: martedì
to **turn**: girare
Tuscan: toscano
twins: gemelli (m,pl)
type: tipo
typewriter: macchina da scrivere
typhus: tifo
typical: tipico
typist: dattilografo/a
tyre: gomma

U

ugly: brutto
unable: incapace
uncle: zio
uncomfortable: scomodo
under(neath): sotto
underground railway: metropolitana
to **understand**: capire (-isc-)

to **undress**: spogliare, spogliarsi
unemployment: disoccupazione (f)
unfortunately: sfortunatamente, purtroppo
unhappy: scontento, infelice
uniform: divisa, uniforme (m)
united: unito
unity: unità
universe: universo
university: università
unless: se non
unlike: dissimile
unlikely: improbabile
unpleasant: sgradevole, antipatico
until: fino a, sino a, finchè
unusual: insolito
unwell: male
up: su, ecc.
upon: su, sopra
upset: agitato, scontento
urgent: urgente
us: ci
to **use**: usare
useful: utile
useless: inutile
usual: solito
usually: di solito

V

valley: valle (f)
variety: varietà, selezione, gamma, assortimento
various: vario
vast: vasto
veal: vitello
vegetables: verdura
velvet: velluto
Venetian: veneziano
Venice: Venezia
very: molto
victim: vittima
video: video (m)
Vietnam: Vietnam (m)
Vietnamese: vietnamita (m)
view: veduta, vista
viewer (TV): telespettatore (m)
vinegar: aceto
violence: violenza
violin: violino
visible: visibile
vision: visione (f)
visitor: ospite (m)
vocabulary: vocabolario
voice: voce (f)
volcano: vulcano
volleyball: pallavolo

W

wagon: carro
to **wait (for)**: aspettare
waiter: cameriere (m)
to **wake up**: svegliare, svegliarsi
to **walk**: camminare; to **go for a walk**: fare una passeggiata
wall: muro
wallet: portafoglio
to **want**: volere
warm: caldo
warmth: calore (m)
to **wash**: lavare, lavarsi
to **waste**: perdere
watch: orologio
to **watch**: guardare
watchmaker: orologiaio
water: acqua
water-skiing: sci nautico
watermelon: anguria
wave: onda
way: via; modo
way out: uscita
we: noi
weak: debole
weakly: debolmente
to **wear**: indossare, portare
weary: stanco
weather: tempo
wedding: matrimonio, sposalizio
Wednesday: mercoledì
week: settimana
weekend: weekend (m)
weight: peso
weird: strano
welcome: benvenuto
to **welcome**: dare il benvenuto a; gradire (-isc-)
welding: saldatura
west: ovest
western: dell'ovest; western (cinema)
wet: umido, bagnato
wet-suit: tuta
whale: balena
what: che cosa; quello che
wheel: ruota
when: quando
where: dove
wherever: dovunque
whether: se
which: quale
while: mentre
to **whisper**: bisbigliare, mormorare

white: bianco
who: chi; che
whole: intero, tutto
whom: che
whose: di chi
why: perchè
wife: moglie (f)
to **win**: vincere
wind: vento
windsurfing: windsurf (m)
to **windsurf**: fare il windsurf
window: finestra
it's windy: tira vento
wine: vino
winter: inverno
to **wipe**: asciugare
to **wish**: volere; augurare
best wishes!: auguri!
with: con
without: senza
wolf: lupo
woman: donna
wonderful: meraviglioso
word: parola
work: lavoro
to **work**: lavorare
workbook: quaderno
world: mondo
worm: verme (m)
worn-out: sfinito; consumato
worried: preoccupato
to **worry**: preoccuparsi
worse: peggio, peggiore
to be **worth**: valere
to be **worth** the trouble: valere la pena
wrist: polso
to **write**: scrivere
to be **wrong**: avere torto

Y

yachting: vela
year: anno
to **yell**: gridare
yellow: giallo
yes: sì
yesterday: ieri
yet: ancora
you: tu, ti; lei, la, le; voi, vi
young: giovane
your(s): tuo, suo, vostro

Z

zone: zona